주석
정산종사법어

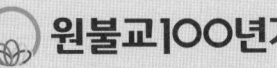
원불교100년기념성업회

정산종사법어 : 원불교 교서의 하나. 소태산 대종사의 수제자인 정산 종사의 법문을 제자들이 수필(受筆)해 편집 수록했다.

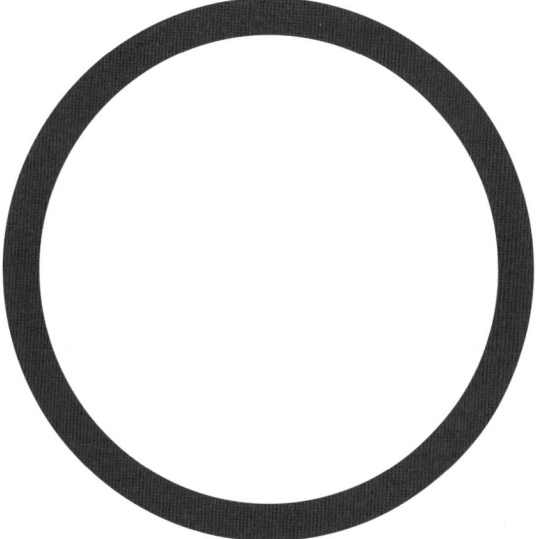

○ 차례

7 제1 기연편(機緣編)

25 제2 예도편(禮道編)

47 제3 국운편(國運編)

71 제4 경륜편(經綸編)

97 제5 원리편(原理篇)

131 제6 경의편(經義編)

177 제7 권도편(勸道編)

207 제8 응기편(應機編)

235　제9 무본편(務本編)

265　제10 근실편(勤實編)

281　제11 법훈편(法訓編)

299　제12 공도편(公道編)

331　제13 도운편(道運編)

353　제14 생사편(生死編)

375　제15 유촉편(遺囑編)

제1 기연편

機緣編

기연편(機緣編) 소태산 대종사와 만남의 인연, 스승에 대한 신성, 교법에 대한 전망, 주세불 관 등에 관한 법문으로 구성되어 있다.

1. 원기 2년 7월에 **대종사**께서 이 **회상** 최초의 **단**을 조직하실 제 먼저 **8인**으로 **8방**의 **단원**만 정하시고 중앙위는 임시로 대리케 하시며 말씀하시기를 "이 자리에는 맞아들일 사람이 있느니라." 하시고 기다리기를 마지아니하시더니, 드디어 **정산 종사**[鼎山 宋奎 宗師]를 맞아 **중앙위**를 맡기시느니라.

2. 대종사께서 **초창** 당시에 몇몇 제자에게 글을 지으라 하시며 정산 종사에게는 '일원(一圓)'이라는 제목을 주시매, '만유화위일 천지시대원(萬有和爲一 天

원기(圓紀) 원불교에서 사용하는 연호로써 소태산 대종사가 대각한 해(1916년)를 원기 1년으로 삼는다.

대종사(大宗師) 원불교 교조인 소태산 박중빈 대종사.

회상(會上) 궁극적 진리를 깨달은 부처 혹은 성자의 가르침을 실현하는 곳. 교단.

단(團) 원불교 교화 조직인 교화단을 이름. 10인 1단을 원칙으로 단장과 중앙과 단원으로 구성됨.

8인(八人) 이재철(李載喆), 이순순(李旬旬), 김기천(金幾千), 오창건(吳昌建), 박세철(朴世喆), 박동국(朴東局), 유건(劉巾), 김광선(金光旋).

8방(八方) 주역의 팔괘(八卦), 즉 건(乾), 감(坎), 간(艮), 진(震), 손(巽), 이(離), 곤(坤), 태(兌)의 여덟 방향.

단원(團員) 원불교 교화 조직인 교화단의 구성원.

정산 종사(鼎山 宗師) 송규(宋奎, 1900~1962) 경북 성주 출생. 법호는 정산(鼎山)이며 법훈은 종사. 소태산 대종사의 수제자로 뒤를 이어 종법사에 취임하였으며 교서 정비, 원불교 교명 선포 등 원불교 교단의 기반을 다졌다. 그의 법문을 수록한 『정산종사법어』가 있으며 저서로는 『건국론』 등이 있다.

중앙위(中央位) 원불교 교화단 조직에서 단장을 보좌하여 단원들의 공부와 사업을 지도하는 위치.

초창(草創) 어떤 사업을 처음으로 시작함. 또는 그 시초.

地是大圓)'이라 지으시니, 번역하면 '**만유**는 일(一)로써 되고 천지는 크게 둥근 것'이라 함이러라.

3. 원기 4년 8월 21일, 최후의 **법인 기도** 때 대종사께서 **9인 제자**에게 마지막 남길 말을 물으시니, 정산 종사 사뢰기를 "저희는 이대로 기쁘게 가오나 남으신 대종사께서 혹 저희의 이 일로 인하여 **추호**라도 괴로우실 일이 없으시기를 비나이다." 하시니라.

4. 다음 달에 대종사께서 정산 종사를 **부안 변산 월명암**에 보내시며 말씀하시기를 "불경은 보지 말라." 하시었더니, **경상(經床)**까지 외면하고 보지 아니하셨으며, 그 후 다시 **진안 만덕산**에 보내시며 말씀하시기를 "전주에는 들르지

만유(萬有) 우주에 있는 모든 존재, 현상, 이치.
법인 기도(法認 祈禱) 9인제자들이 소태산 대종사의 뜻을 받들어 창생을 구원하려는 원을 세우고 천지신명(天地神明)에게 올린 기도.
9인(九人) 제자 소태산 대종사와 함께 법인기도에 참여 했던 아홉 명의 제자. 송규·이재철·이순순·김기천·오창건·박세철·박동국·유건·김광선 등을 말함.
추호(秋毫) 가을철 짐승의 가는 털이라는 뜻으로 매우 작거나 적은 것을 비유.
부안(扶安) 변산(邊山) 전북 부안군에 위치해 있으며 일명 봉래산으로 불리어진다. 예로부터 천재(天災)나 전쟁에도 안심하고 살 수 있다는 열 군데의 땅, 즉 십승지지(十勝之地)의 한 군데로 알려진 명산(名山)이다. 소태산 대종사는 이곳에서 5년간 머무르며 교법을 초안하고 창립 인연들을 만났다.
월명암(月明庵) 전북 부안군 변산면 중계리 내변산에 있는 암자. 소태산 대종사가 영산에서 법인기도를 끝내고 봉래정사로 와 월명암 주지 백학명 선사와 교유(交遊)하였다.
경상(經床) 경(經)을 올려놓고 읽을 때 쓰는 책상.
진안 만덕산(鎭安 萬德山) 전북 진안군과 완주군에 걸쳐 있는 약 800m 높이의 산. 소태

말라." 하시었더니, 전주를 바라보지도 아니하고 지나시니라. 후일, 학인에게 말씀하시기를 "내 일찍 대종사께 물건으로 바친 것은 하나도 없으나 **정(情)과 의(義)**에 조금도 섭섭함이 없었노니, 마음으로 한때도 그 어른을 떠나 본 일도 없었고 일로 한번도 그 어른의 뜻을 거슬러 본 적도 없었노라."

5. 정산 종사, 월명암에서 글을 지으시니 '땅기운은 구름 만리 **훈더이** 적시우고, 하늘 맘은 달 가운데 깊숙이 사무치도다.[地氣薰濛雲萬里 天心洞徹月中間)]'

6. 성산 종사 말씀하시기를 "내가 일찍 경상도에서 구도할 때 간혹 눈을 감으면 원만하신 용모의 큰 스승님과 고요한 해변의 풍경이 눈앞에 떠오르더니, 대종사를 **영산**에서 만나 뵈오니 그때 떠오르던 그 어른이 대종사시요 그 강산이 영산이더라."

7. 정산 종사, **구도 일념**으로 전라도를 방황하실 제, 정읍 화해리 **김해운(金海**

산 대종사가 교단 최초의 훈련을 시행한 초선(初禪) 성지이다. 정산 종사가 이곳에서 최도화(崔道華)를 만났으며, 그 인연으로 박사시화(朴四時華)를 비롯한 많은 창립 인연들이 대종사께 귀의하였다.

정(情)과 의(義) 인정과 신의(信義).

훈더이(薰-) 훈훈하게.

영산(靈山) 전남 영광군 백수읍에 위치한 원불교의 발상지. 소태산 대종사가 탄생, 성장, 구도 과정을 거쳐 대각하고 교단 창립의 기초를 다졌던 성지.

구도 일념(求道一念) 도(道)를 구하는 간절한 마음.

運)이 뵈옵고 크게 기쁜 마음을 내어 집에 청하여 알뜰히 공경하며 **시봉**하더니, 드디어 그의 집에서 대종사와 만나시니라. 후일에 **학인**이 여쭙기를 "화해리에서 대종사님 만나시기 전에는 종종 **이적**을 나투셨다 하오니 어떠한 공부의 결과이오니까?" 답하시기를 "내가 그때는 도를 몰랐기 때문에 부질없는 일이 나타난 것이며, 혹 때로 나도 모르는 가운데 **이상한 자취**가 있었을 따름이니라."

8. 정산 종사 말씀하시기를 "나는 평생에 기쁜 일 두 가지가 있노니, 첫째는 이 나라에 태어남이요, 둘째는 대종사를 만남이니라." 또 말씀하시기를 "모든 사람이 스승님의 은혜를 다 같이 느낄 것이나, 나는 특히 친히 찾아 이끌어 주신 한 가지 은혜를 더 입었노라."

9. 정산 종사 말씀하시기를 "나는 8, 9세 때부터 **보통 인간의 길**을 벗어나 모든 것을 다 알고 살 수는 없을 것인가 하는 한 생각으로 마음 고통이 심하여,

---

김해운(金海運,1872~1959) 법호 경타원(菙陀圓). 증산교 신자로 전북 모악산 대원사에서 정산 종사를 만나 정읍 화해리의 자기 집에서 머물기를 청하여 원기 3년(1918) 이른 봄부터 7월까지 모셨다. 그의 집에서 소태산 대종사와 정산 종사가 만났으며 그 인연으로 새 회상에 귀의하였다.

시봉(侍奉) 모시어 받듦.

학인(學人) 공부인. 도(道)를 배우는 사람.

이적(異跡/異蹟) 신비스럽고 불가사의한 신통력 또는 행위.

이상한(異常-) 자취 이적(異蹟).

보통 인간의 길 평범한 사람들의 삶.

혹은 집을 뛰쳐나와 **이인**을 찾기도 하고 혹은 하늘에 **축원**도 하며 9년간을 여기저기 방황하다가, 다행히 대종사를 뵈온 그날부터는 그 모든 고통이 **일소**되고, 오로지 나의 **심리 작용**이 추호라도 **사**(私)에 끌리어 허공같이 되지 못하는가 걱정이요 **삼대력**이 부족하고 **공심**이 널리 미치지 못하는가 근심이 될 뿐, 학문이나 기술이나 **명리** 등에는 조금도 끌리거나 부러운 바가 없었노라."

10. 정산 종사 말씀하시기를 "나는 대종사를 뵈온 후로는 **일호**의 이의가 없이 오직 가르치시는 대로만 순종하였으며, 다른 것은 모르지마는 이 법으로 부처 되는 길만은 확실히 자신하였노니, 그대들이 기필 **성불**하고자 하거든 대종사의 교법대로만 수행하고 나의 지도에 순종하라. 법을 알기 전에는 고행도 하고 **편벽**되이 헤매기도 하지마는 스승을 만나 법을 안 후에는 스승의 지도대로만 하면 되느니라."

이인(異人) 재능이 비범하여 이적을 행하고 신통 묘술을 부리는 사람.
축원(祝願) 원하는 바를 간절히 아뢰고 이루어지기를 빎.
일소(一掃) 한 번에 깨끗하게 제거됨.
심리 작용(心裏作用) 속 깊은 마음 작용.
사(私) 개인적인 욕심과 이익을 꾀하는 것.
삼대력(三大力) 삼학 수행을 아울러 닦아 얻은 세 가지 큰 힘. 수양력, 연구력, 취사력.
공심(公心) 공익심. 봉공심.
명리(名利) 명예와 권세와 이익.
일호(一毫) 한 가닥의 털이라는 뜻으로 극히 작은 정도를 비유하는 말.
성불(成佛) 부처를 이룸.
편벽(偏僻) 한쪽으로 치우침. 또는 정상에서 벗어나 지나침.

11. 정산 종사 말씀하시기를 "과거에 모든 부처님이 많이 지나가셨으나 우리 대종사의 교법처럼 **원만한 교법**은 **전무후무**하나니, 첫째는 **일원상**을 진리의 근원과 신앙의 대상과 수행의 **표본**으로 모시고 일체를 이 일원에 통합하여 신앙과 수행에 직접 활용케 하여 주셨음이요, 둘째는 **사은**의 큰 윤리를 밝히시어 인간과 인간 사이의 윤리뿐 아니라 천지·부모·동포·법률과 우리 사이의 **윤리 인연**을 원만하게 **통달**시켜 주셨음이요, 셋째는 이적을 말씀하지 아니하시고 오직 **인도상 요법**을 주체로 삼아 진리와 사실에 맞는 **원만한 대도**로써 대중을 제도하는 참다운 법으로 삼아 주셨음이라. 아직도 대종사를 참으로 아는 이가 많지 않으나 앞으로 세상이 발달하면 할수록 대종사께서 새 **주세불**이심을 세상이 고루 인정하게 되리라."

12. 정산 종사, 일찍이 대중과 더불어 대종사께 선서하시기를 "우리는 다행히

원만한 교법(圓滿-敎法) 결함 없이 모든 것을 다 갖춘 큰 가르침.
전무후무(前無後無) 이전에도 없었고 앞으로도 없을 것이라는 뜻으로 뛰어나고 희귀한 것을 표현한 말.
일원상(一圓相) 한 둥근 모습(O)으로 원불교 교조(소태산 박중빈 대종사)가 제시한 법신불의 상징. 일원, 원상 등으로 표현하기도 함. 궁극적 진리에 대한 상징.
표본(標本) 닮아가는 본보기.
사은(四恩) 법신불의 네 가지 은혜. 천지은, 부모은, 동포은, 법률은.
윤리 인연(倫理因緣) 마땅히 행해야 할 보은의 도리와 사은과 사람 사이의 관계.
통달(通達) 걸리고 막힘이 없이 밝혀 알려줌.
인도상 요법(人道上要法) 사람으로서 마땅히 행해야 할 도리를 밝힌 요긴한 법.
원만한 대도(圓滿-大道) 결함 없이 모든 것을 다 갖춘 큰 가르침.
주세불(主世佛) 한 시대와 세상을 책임지고 중생을 교화하는 부처님.

이 **대도** 회상을 만나서 **성불 제중**의 **대업**을 한가지로 목적하온바, 이 목적을 달성하기 위하여 더욱 굳은 결심과 지극한 원으로써 다음 조항을 선서하나이다. 우리는 대종사의 **정법** 아래 오로지 신앙을 바쳤으니 어떠한 **역경 난경**을 지낼지라도 영원히 이 마음을 **퇴전**하지 아니하겠나이다. 우리는 **삼학**의 바른길을 찾았으니 어떠한 유혹과 **마장**이 있을지라도 영원히 이 공부를 쉬지 아니하겠나이다. 우리는 사은의 근본원리를 알았으니 어떠한 역경이나 원망할 일을 당할지라도 끝까지 감사 생활을 변하지 아니하겠나이다. 우리는 **무아봉공**의 대의를 배웠으니 어떠한 **천신만고**가 있을지라도 끝까지 이 **공도**에 정성을 다하겠나이다."

대도(大道) 크고 넓은 가르침.

성불 제중(成佛濟衆) 부처를 이루며 중생을 구제함.

대업(大業) 큰 과업. 사명.

정법(正法) 원만하고 바른 가르침.

역경 난경(逆境難境) 힘들고 어려운 상황.

퇴전(退轉) 물러남. 퇴보.

삼학(三學) 법신불 일원상을 표본 삼아 인격을 함양해 가는 세 가지 수행 방법. 정신 수양, 사리 연구, 작업 취사.

마장 마(魔)의 장애. 수행을 방해하는 장애.

무아봉공(無我奉公) 나를 잊고 세상을 위하여 힘써 일함.

천신만고(千辛萬苦) 천 가지 매운 것과 만 가지 쓴 것. 온갖 어려운 고비.

공도(公道) 공중, 공익을 위한 사업. 큰 진리를 실현하는 도덕 회상.

13. 정산 종사, 원기 28년 6월에 대종사 **영결식**에서 **성령** 전에 고하시기를 "대종사께옵서는 **몽매**한 저희를 가르치시고 지도하실 제 온갖 수고를 잊으시고 모든 사랑을 이에 다 하시와 **천만 방편**과 **무량 법문**으로써 어둠에 헤매던 저희의 앞길을 인도하셨사오니, 스승님이 아니시면 **부유**(蜉蝣) 같은 이 중생으로서 어찌 영원한 생명을 찾을 수 있었사오며, 스승님이 아니시면 주객을 구분하지 못하던 이 **우자**(愚者)로서 어찌 죄와 복의 근원을 알 수 있었사오며, 스승님이 아니시면 유혹이 많은 이 세간에서 어찌 정당한 **인도**를 깨칠 수 있었사오며, 스승님이 아니시면 끝없는 이 **미륜**(迷淪)에서 어찌 성불의 길을 감히 바랄 수 있었사오리까. 은혜를 생각하오면 **창천**(蒼天)이 한이 없사옵고 **정의**(情誼)를 말씀하오면 **하해**(河海)가 더욱 깊나이다."

영결식(永訣式) 장례(葬禮)에서 친척·친지·가족들과 열반한 사람이 마지막으로 헤어지는 의식.
성령(聖靈) 대종사의 성스러운 영혼.
몽매(蒙昧) 꿈속을 헤매듯 어리석고 사리에 어두움.
천만 방편(千萬方便) 천 가지 방법과 만 가지 수단. 중생을 구제하기 위하여 사용하는 다양한 방법을 비유.
무량 법문(無量法門) 헤아릴 수 없이 많은 법문.
부유(蜉蝣) 하루살이.
우자(愚者) 어리석은 사람.
인도(人道) 사람으로서 마땅히 지켜야 할 도리.
미륜(迷淪) 어리석음의 소용돌이.
창천(蒼天) 맑고 푸른 하늘.
정의(情誼) 사람 사이의 따뜻한 정.
하해(河海) 큰 강과 바다.

14. 정산 종사, 원기 28년 6월에 종법사 취임식에서 대종사 성령 전에 고하시기를 "소자는 일찍이 **종부주**(宗父主)를 모시고 이 **공부**와 **사업**에 착수하온 이래 항시 **태산** 같은 믿음으로써 모든 일을 오로지 종부주께 의뢰해 오옵다가, 이제 돌연히 **천붕지통**을 당하오니 마치 어린 양이 **목자**를 잃은 것 같사와 **창황망조**함을 금키 어렵사오나, 종부주께서 그동안 소자 등에게 주신 그 정신은 뚜렷이 저의 뇌리에 남아 있어 **영겁**을 지내도록 변하지 아니하기로 맹세하옵나이다. 이제 소자같이 **불민**한 것으로 **후계**의 **대임**을 담당케 되옴은 실로 송구함이 있사오나, 오로지 평일의 **교의**(教義)에 의하여 **전긍리박**(戰兢履薄)의 태도

소자(小子) 어버이 같은 스승에게 자기를 낮추어 부르는 말.
종부주(宗父主) 정산 종사가 소태산 대종사를 스승인 동시에 아버지로 받드는 마음에서 사용한 존칭.
공부(工夫) 도를 배우고 깨달아 실천하는 것. 도학(道學). 마음공부.
사업(事業) 사은의 은혜에 감사 보은하고 공도에 헌신하는 일.
태산(泰山) 중국 오악(五嶽) 중의 하나로 흔히 높고 큰 산을 비유하는 명칭.
천붕지통(天崩之痛) 하늘이 무너지는 것 같은 아픔.
목자(牧者) 양(羊)을 치는 사람. 제자를 보살피는 스승을 이르는 말.
창황망조(蒼黃罔措) 너무 급하고 당황하여 어찌할 줄 모름.
영겁(永劫) 영원한 세월.
불민(不敏) 어리석고 둔함.
후계(後繼) 어떤 일이나 사람의 뒤를 이음.
대임(大任) 중대한 임무.
교의(教義) 가르쳐 주신 참 뜻.
전긍리박(戰兢履薄) 살얼음을 밟듯이 삼가고 조심함.

로써 종부주의 정신을 **체득** 실현하기에 노력하겠사오니, 안으로 동지들의 협력이 있고 위로 종부주 성령의 **감호(鑑護)**하심이 있으시기를 **지심 복망**하옵나이다."

15. 정산 종사, 매년 6월에 대종사 성령 전에 고하시기를 "**대범**, 세상에는 도덕이 있으므로 사람의 정신이 **개척**되고, 도덕은 부처님이 계시므로 **천명**되며, 부처님은 회상이 있으므로 그 광명을 널리 미치게 되옵나니, 부처님의 광명은 곧 세상의 등불이요 중생의 정신적 생명이옵나이다. 오호라, 영산회상이 지난 지 이미 삼천 년이 되옵고 동서 각지에 성자의 자취가 끊어진 지 오래되오매, 참된 교화가 이뤄지지 못하고 바른 법이 서지 못한 위기에 당하여, 대종사께옵서 희미한 **불일(佛日)**을 도로 밝히시고 쉬려는 **법륜**을 다시 굴려 주시니, 앞으로

체득(體得) 뜻을 깊이 이해하고 몸소 실천하여 본받음.
감호(鑑護) 지켜보시고 보호하여 주심.
지심 복망(至心伏望) 지극히 간절한 마음으로 엎드려 빎.
대범(大凡) 무릇.
개척(開拓) 밝아지고 열림.
천명(闡明) 드러내어 밝힘.
불일(佛日) 부처님의 지혜 광명을 밝은 태양에 비유한 말.
법륜(法輪) 법의 수레바퀴. 불법으로 중생의 어리석음을 거침없이 타파하여 나아가는 것을 비유하여 이르는 말.

무량겁을 통하여 이 **도운**이 길이 융창하옵고, 이 **교법**이 널리 발전됨을 따라 세계는 전부 **일원의 극락**으로 화하게 되옵고, 중생은 모두 참다운 성자가 될 것으로 예상하옵나이다."

16. 정산 종사, 매년 4월에 대종사의 대각과 우리 회상의 개교를 **봉축**하시기를 "오늘 4월 28일은 대종사의 대각과 우리 회상의 개교를 기념하는 **경절**이온바, 새 세상의 새 부처님이신 우리 대종사께서 **구원겁래**에 세우신 큰 **서원**으로 도덕이 희미한 위기에 출현하시와, 어리실 때부터 **비상한** 생각을 가지시고 우수의 대신리를 깨치시고자 스스로 큰 의심을 발하시고, 스스로 고행을 닦으시고 스스로 **대각**을 이루신 후 **제생 의세**의 목적 아래 **대법고**를 울리시고 대법륜을 굴리시어, 종래에는 서로 막혀서 통하지 못하던 모든 도를 다 통하게 하시

무량겁(無量劫) 헤아릴 수 없는 긴 세월.
도운(道運) 대도 정법의 운세.
교법(敎法) 원불교의 가르침.
일원의 극락(一圓-極樂) 일원의 진리가 실현되는 낙원.
봉축(奉祝) 받들어 공경하는 마음으로 축하함.
경절(慶節) 경축하는 날.
구원겁래(久遠劫來) 아득히 멀고 오랜 과거 이래로.
서원(誓願) 원(願)을 세우고 그것을 이루고자 다짐하는 일.
비상한(非常-) 평범하지 않고 뛰어난.
대각(大覺) 큰 깨달음.
제생 의세(濟生醫世) 고통 받는 생령들을 구제하고 병든 세상을 치유함.
대법고(大法鼓) 절에 있는 큰 북. 깊은 잠에 빠진 중생을 깨우쳐 해탈의 길을 열어주는 큰 북.

고 낱낱이 나누어 있던 모든 법을 다 통일하기 위하사, 우주 만유의 근본이시요 **천만 사리**의 **통일체**인 **법신불** 일원상을 크게 드러내시어, **수양·연구·취사**의 원만한 수행 길을 밝히시고, 사은 **사요**의 광대한 도리로써 **시방세계 일체중생**의 윤리를 두루 통하여 주셨나이다."

17. 정산 종사, 원기 38년 4월에 **원각성존 소태산 대종사 비**(圓覺聖尊 少太山 大宗師碑)를 **영모원**에 세우시며 비에 새기시기를 '대범, 천지에는 **사시**가 순환

> **천만 사리(千萬事理)** 수없이 많은 인간의 일과 우주의 이치.
> **통일체(統一體)** 하나의 통일된 근원. 또는 통합된 한 덩어리.
> **법신불(法身佛)** 진리 부처님.
> **수양(修養)** 정신 수양의 준말.
> **연구(研究)** 사리 연구의 준말.
> **취사(取捨)** 작업 취사의 준말.
> **사요(四要)** 은혜를 사회적으로 실현하여 평등세계를 건설하는 네 가지 요긴한 길. 자력양성, 지자 본위, 타자녀 교육, 공도자 숭배.
> **시방세계(十方世界)** 온 세상. 시방은 동·서·남·북·동남·서남·동북·서북의 8방과 상·하를 합친 전체 공간.
> **일체중생(一切衆生)** 깨달음을 얻지 못한 어리석은 자로서 부처의 구제 대상이 되는 인간을 포함한 일체 생령.
> **원각성존(圓覺聖尊)** 일원상의 진리를 원만하게 깨달으신 성스럽고 존귀한 성인.
> **원각성존 소태산 대종사 비** 소태산 대종사의 생애와 업적을 기린 추모 비석. 제명(題銘)은 '원각성존소태산대종사비명병서(圓覺聖尊少太山大宗師碑銘並序)'이며 원불교 익산 성지에 세워져 있음.
> **영모원(永慕園)** 영모전 주위나 또는 경치가 수려한 지대에 대종사 이하 역대 성현들을 추모하기 위하여 조성한 기념 공원.
> **사시(四時)** 봄·여름·가을·겨울의 네 계절.

하고 **일월이 대명**(代明)하므로 만물이 그 **생성**의 도를 얻게 되고, 세상에는 **불불**(佛佛)이 **계세**(繼世)하고 **성성**(聖聖)이 **상전**(相傳)하므로 중생이 그 제도의 은(恩)을 입게 되나니 이는 우주 자연의 **정칙**(定則)이다. 옛날 **영산회상**이 열린 후 **정법**과 **상법**을 지내고 **계법 시대**에 들어와서 바른 도가 행하지 못하고 삿된 법이 세상에 **편만**하며 정신이 세력을 잃고 물질이 천하를 지배하여 **생령의 고해**가 날로 **증심**(增深)하였나니 이것이 곧 **구주**이신 대종사께서 다시 이 세상에 출현하시게 된 **기연**이다.' 하시고, 대종사의 약력을 기술하신 후 '오호라. 대종

일월이 대명(日月-代明) 해와 달이 낮과 밤으로 번갈아 세상을 밝힘.

생성(生成) 생겨나고 자람.

불불이 계세(佛佛-繼世) 부처님들이 시대의 운을 따라 뒤를 이어 세상에 나오시어 중생들을 제도함.

성성이 상전(聖聖-相傳) 성현과 성현이 서로 법을 전해주고 받으며 그 법이 길이 이어 나가게 함.

정칙(定則) 정해진 법칙.

영산회상(靈山會上) 석가모니불이 제자들에게 가르침을 베풀었던 초기 교단.

정법(正法) **시대** 불법과 불법에 바탕한 수행의 노력, 깨달음의 결실이 있어 부처님의 가르침이 세상에 바르게 실현되는 시대.

상법(像法) **시대** 불법에 바탕 한 수행 노력은 있으나 깨달음의 결실이 없는 시대.

계법(季法) **시대** 불법이라는 형식은 남아 있으나 실질적인 수행의 노력과 깨달음의 결실이 없는 시대. 말법(末法) 시대라고도 함.

편만(遍滿) 두루 가득함.

생령의 고해(生靈-苦海) 한없는 괴로움의 바다 속에 빠져 있는 중생의 세계.

증심(增甚/增深) 더욱 깊어짐.

구주(救主) 구세주.

기연(機緣) 계기와 인연.

사는 일찍이 **광겁 종성(曠劫種聖)**으로 **궁촌 변지**에 생장하시어, 학문의 **수습**이 없었으나 **문리**를 스스로 아시고 **사장**의 지도가 없었으나 대도를 자각하시었으며, **판탕(板蕩)한 시국**을 당하였으나 사업을 주저하지 아니하시고 **완강(頑强)**한 중생을 대할지라도 제도의 만능이 구비하시었으며, 기상은 **태산교악** 같으시나 **춘풍화기**의 자비가 **겸전**하시고 **처사**는 **뇌뢰낙락(磊磊落落)**하시나 **세세곡절**의 **진정(眞情)**을 통해 주시며, 옛 법을 개조하시나 **대의**는 더욱 세우시고 시

광겁 종성(曠劫種聖) 한없이 오랜 세월을 통하여 성자의 혼을 이어 오신 성인.
궁촌 변지(窮村邊地) 궁촌 벽지. 매우 가난하고 살기 어려운 외딴 마을.
수습(修習) 배워 익힘.
문리(文理) 글의 뜻. 또는 사물의 이치.
사장(師長) 스승과 웃어른.
판탕한 시국(板蕩-時局) 어지럽고 혼란한 시대 상황.
완강(頑强) 기질이 모질고 고집이 셈.
태산교악(泰山喬嶽) 높고 큰 산과 웅장한 봉우리. 인품이나 능력이 뛰어나 수많은 사람들로부터 존경과 신뢰를 받을 만함을 비유.
춘풍화기(春風和氣) 봄날의 따뜻하고 화창한 기운.
겸전(兼全) 두루 온전하게 갖춤.
처사(處事) 일을 처리함.
뇌뢰낙락(磊磊落落) 마음이 매우 너그럽고 시원하여 작은 일에 얽매이지 아니함.
세세곡절(細細曲節) 사물이나 인정의 세밀하고 자세한 사정 또는 까닭.
진정(眞情) 참되고 애틋한 정이나 마음. 참다운 일의 실상.
대의(大義) 근본 뜻이나 정신.

대의 병을 바루시나 **완고(頑固)**에는 그치지 않게 하시며, 만법을 하나에 **총섭**하시나 **분별**은 오히려 역력히 밝히시고 하나를 만법에 **시용(施用)**하시나 **본체**는 항상 여여히 드러내사, 안으로는 **무상 묘의(無上妙義)**의 원리에 근거하시고 밖으로는 **사사물물**의 **지류**까지 통하시어, 일원 대도의 바른 법을 시방 **삼세**에 한없이 여시었으니, 이른바 **백억화신**의 여래시요 **집군성이대성(集群聖而大成)**이시라.' 하시니라.

18. 정산 종사 말씀하시기를 "과거 부처님의 **일대(一代)**는 **팔상(八相)**으로 기록하였거니와 대종사의 일대는 십상(十相)으로 기록하리니, 대종사 십상은 첫

완고(頑固) 융통성이 없이 올곧고 고집이 셈.
총섭(總攝) 모두 거두어들임.
분별(分別) 서로 다른 일이나 사물을 구별하여 가름.
시용(施用) 베풀어 씀.
본체(本體) 본질. 본바탕.
무상 묘의(無上妙義) 가장 높고 현묘한 진리.
사사물물(事事物物) 모든 일과 모든 물건. 또는 모든 현상.
지류(支流) 강의 본류에서 갈려 나온 물줄기. 모든 사물의 세밀한 부분을 뜻함.
삼세(三世) 과거, 현재, 미래의 영원한 세상.
백억화신(百億化身) 중생 제도를 위해 나타나는 부처의 다양한 모습.
집군성이대성(集群聖而大成) 여러 성인들의 위대한 점을 다 갖추어 크게 이룬 성인이라는 뜻.
일대(一代) 일생(一生).
팔상(八相) 도솔래의상(兜率來儀相)·비람강생상(毘藍降生相)·사문유관상(四門遊觀相)·유성출가상(踰城出家相)·설산수도상(雪山修道相)·수하항마상(樹下降魔相)·녹원전법상(鹿苑轉法相)·쌍림열반상(雙林涅槃相).

째, 하늘 보고 의문 내신 상[觀天起疑相], 둘째, **삼밭재**에서 기원하신 상[蔘嶺祈願相], 셋째, 스승 찾아 고행하신 상[求師苦行相], 넷째, 강변에서 **입정**하신 상[江邊入定相], 다섯째, **노루목**에서 대각하신 상[獐項大覺相], 여섯째, 영산에서 **방언**하신 상[靈山防堰相], 일곱째, **혈인**으로 **법인** 받은 상[血印法認相], 여덟째, **봉래산**에서 **제법**하신 상[蓬萊制法相], 아홉째, **신룡리**에서 **전법**하신 상[新龍轉法相], 열째, **계미년**에 **열반**하신 상[癸未涅槃相]이시니라."

삼밭재 전남 영광군 구수산(九岫山)에 위치해 있는 구호동에서 구수리로 넘어가는 고갯마루.

입정(入定) 선정(禪定)에 들어가는 것.

노루목 전남 영광군 백수읍 길룡리 중앙봉 아래에 있는 작은 길목.

방언(防堰) 바다를 막아 논을 만드는 일. 바닷물이 밀려들어오는 것을 막기 위해 둑을 쌓음.

혈인(血印) 9인제자들이 "사무여한(死無餘恨 : 죽어도 여한이 없다는 의미)"이라 쓴 종이 위에 맨손가락으로 지장을 찍은 자리에 붉은 피 빛이 선명하게 나타난 이적(異蹟).

법인(法認) 법계(허공처럼 텅 비어 보이지 않는 신령스러운 세계)의 인증.

봉래산 전북 부안군에 위치해 있는 변산의 다른 호칭. 소태산 대종사가 5년간 머무르며 교법을 초안하고 창립 인연들을 만난 곳.

제법(制法) 원불교의 교법을 제정함.

신룡리(新龍里) 전북 익산시 신룡동의 옛 지명으로 원불교 중앙총부가 처음 자리 잡은 곳.

전법(轉法) 법륜을 굴렸다는 뜻으로 중생을 구제하기 위한 교화 활동을 전개하였다는 의미.

계미년(癸未年) 소태산 대종사가 열반한 원기 28년(1943).

열반(涅槃) 불도를 완전하게 이루어 일체의 번뇌를 해탈한 경지. 여기에서는 삶을 다하여 목숨을 마친다는 것을 의미.

제2 예도편

禮道編

예도편(禮道編) 예(禮)의 근본 정신, 예의 형식과 절차, 원불교 예법(禮法)과 실천 등의 법문으로 구성되어 있다.

1. 정산 종사, 원기 36년 9월에 **수계교당**에서 새 **예전**의 편찬을 마치시고, **시자 이공전(李空田)**에게 말씀하시기를 "예는 원래 시대와 국토를 따라 그 형식이 한결같지 아니할 뿐 아니라, 지금은 묵은 세상을 새 세상으로 건설하는 중요한 시기에 당한지라, 이로써 새 세상 예법의 **만전**을 기하기는 어려울 터인즉, 우선 이를 **등사**하여 한 10년 임시로 시행하여 본 후 앞으로 차차 새 시대의 예전으로 **완정**하자." 하시고, 또 말씀하시기를 "예의 근본정신은 공경이요, 우리 예전의 요지는 널리 공경하고 **공(公)**을 존숭하자는 데에 있느니라. 예를 밝히는데 **만고**에 바꾸지 아니할 **예의 체(體)**가 있고 수시로 변역할 **예의 용(用)**이 있나니, 예의 체를 바꾸면 그 법이 서지 못하고 예의 용을 수시로 **변역**

수계교당 전북 완주군 삼례읍 수계리에 위치한 교당.

예전(禮典) 원불교의 기본 교서의 하나로 예의 근본 정신, 형식과 절차 등을 밝힌 경전. 소태산 대종사는 관혼상제의 혁신을 중심으로 예전을 발표하였는데, 정산 종사는 가례와 교례의 일부를 보완하고, 조신의 예를 새로이 첨가하여 새 예전을 편찬하였다.

시자(侍者) 귀한 사람이나 어른을 모시고 받드는 사람.

이공전(李空田, 1927~2013) 전남 영광 출생. 법호는 범산(凡山)이며 법훈은 종사. 정화사 사무장, 중앙문화원장 등을 역임하였고 저서로는 『범범록(凡凡錄)』이 있다.

만전(萬全) 허술함이 없이 완전함.

등사 인쇄기의 일종인 등사기로 찍음.

완정(完整) 완전히 갖추어 정비함.

공(公) 공익. 공중.

만고(萬古) 오랜 세월.

예의 체(禮-體) 예(禮)의 근본 정신.

예의 용(禮-用) 예(禮)의 형식. 또는 절차.

변역(變易) 변하여 바꿈.

할 줄 모르면 그 법이 쓰이지 못하느니라."

2. 시자 여쭙기를 "**조신(操身)**의 예를 밝히신 첫 편의 모든 조항은 그 설명이 너무 자상하고 **비근**하여 경전의 품위에 혹 손색이 없지 않을까 하나이다." 정산 종사 말씀하시기를 "무슨 법이나 **고원**하고 심오한 이론은 특별하게 생각하나 평범하고 비근한 **실학**은 등한히 아는 것이 지금 사람들의 공통된 병이니, 마땅히 이에 깊이 각성하여 평상시에 평범한 예절을 잘 지키는 것을 예전 실행의 기본으로 삼을 것이며, 너무 자상한 **주해**는 앞으로 예전을 완정할 때 줄일 수 있는 데까지 줄이자."

3. 시자 여쭙기를 "모든 의식이 매양 **일원상**을 대상으로 하여 거행되는데, 만일 일원상을 **봉안**하지 못한 장소에서는 어떻게 하여야 하오리까?" 정산 종사 답하시기를 "예를 행하는 이의 마음에 일원상을 모시면 **유상(有相) 무상(無相)**

조신(操身) 몸과 마음을 삼가고 조심함.
비근(卑近) 흔하고 가까워 알기 쉬운 것.
고원(高原) 아득하고 높음.
실학(實學) 삶에 실질적으로 도움이 되는 학문.
주해(註解) 본문의 뜻을 알기 쉽게 풀이함.
일원상(一圓相) 한 둥근 모습(○)으로 원불교 교조(소태산 박중빈 대종사)가 제시한 법신불의 상징. 일원(一圓), 원상(圓相) 등으로 표현하기도 함.
봉안(奉安) 받들어 모심.
유상(有相) 형상 있는 것.
무상(無相) 형상 없는 것.

이 다 일원상의 진리이며 **상하 팔방**이 다 **법신불**의 **전신**(全身)이 되므로 그 마음을 따라 감응하지 않는 곳이 없느니라."

4. 시자 여쭙기를 "**열반**에 따른 모든 의식은 법신불 앞에 바로 사진이나 **위패**를 모시고 하게 되고, 식 중에도 **불전**에 대한 예와 **영전**에 대한 예를 한 장소에서 하게 되오니 서로 혼잡하지 않사오리까?" 정산 종사 답하시기를 "법신불의 진리는 우주를 다 **포섭**하는지라 **영위**를 불전에 모시는 일도 좋은 일이며, 예를 행하는 이의 마음에 불전과 영전을 구분하면 그 마음을 따라 자연히 구분되느니라."

5. 시자 여쭙기를 "재래 풍속에 혼인·회갑·**상장**(喪葬)·제사 등 의식에는 힘 미치는 대로 장엄과 음식을 성대히 차리어 많은 손님을 접대하는 것을 영광으로

상하 팔방(上下八方) 온 세상. 동·서·남·북·동남·서남·동북·서북의 8방과 상·하를 합친 전체 공간.

법신불(法身佛) 진리 부처님.

전신(全身) 온 몸.

열반(涅槃) 불도를 완전하게 이루어 일체의 번뇌를 해탈한 경지. 여기에서는 삶을 다하여 목숨을 마친다는 것을 의미.

위패(位牌) 죽은 사람의 위(位)를 모시는 나무패.

불전(佛前) 봉안된 법신불 일원상.

영전(靈前) 죽은 이의 영혼을 모셔 놓은 자리의 앞.

포섭(包攝) 포함하고 감싸 안음.

영위(靈位) 위패 또는 영정.

상장(喪葬) 상례와 장례. 사람이 죽었을 때 상중에 하는 모든 의식과 장사 지내는 의식.

알며 자녀와 친족 간의 도리로 알아 왔사온데, 우리 **회상**에서는 모든 것을 간소 절약만 위주하고 그 절약된 금액을 불전에 바쳐서 **사업** 부문에 쓰게 하오니, 그것이 너무나 현실에 무미(無味)한 일이며 부처님을 빙자하여 금전을 취하는 방법으로 오인되지 않사오리까?" 정산 종사 답하시기를 "모든 의식에 장엄과 음식을 성대히 차리는 것이 현장에서는 대단히 광채 나는 일이나 그것은 한때의 소비에 지나지 않는 것이며, 생활이 가난한 이는 그로 인하여 장래에 **곤궁**을 불러들이는 수가 없지 않으므로 정도에 맞게 간소 절약하여 생활에 위협을 받지 않도록 하자는 것이요, 생활이 넉넉한 이는 한때의 소비를 절약하여 교화·교육·자선 등 공익사업에 이용함으로써 참으로 영원한 기념이 되게 하는 동시에 **당인**의 **명복**도 쌓고 사회에도 그만한 이익을 주자는 것이니라. 그러나 절약도 정도(程度)의 문제라. 현장에서 적당히 쓸 것은 쓰고 다만 허비나 과한 부문만 절약하라는 것이니, 이것을 잘 이해하여야 할 것이니라. 만약 절약하는 이가 한갓 인색한 마음으로 현장에서 절약만 하고 헌공이나 공익사업에 정성을 바치지 아니한다면 그것은 예의 원리에 모순된 일이며, 또는 **주례자**가

회상(會上) 궁극적 진리를 깨달은 부처 혹은 성자의 가르침을 실현하는 모임. 교단.
사업(事業) 어떤 일을 일정한 목적과 계획을 가지고 짜임새 있게 지속적으로 경영함.
곤궁(困窮) 매우 가난하고 어려움.
당인(當人) 열반 당사자.
명복(冥福) 죽은 뒤에 받는 복.
주례자(主禮者) 의식을 집행하는 사람.

그 **헌공금**을 공사에 운용하되 조금이라도 **사적 처분**이 있다면 그것은 부처님을 **빙자**하여 사리를 취함이 되므로 죄업을 쌓는 것이며, 또는 그것으로써 교육이나 **원호**를 받는 이가 **신심**과 **공심**이 없거나 공중에 아무런 공헌이 없다면 그것은 큰 빚이 쌓이는 것이니, 이러한 이치를 잘 알아야 할 것이니라."

6. 시자 여쭙기를 "재래 풍속에 **열반인**의 **수의(襚衣) 등속**은 대개 값비싼 옷감으로 새로 지으며, 혹은 영전에 바친다는 뜻으로 옷을 지어 불태우는 일까지 있사온데, 우리 회상에서는 수의 등속은 묵은 옷이라도 깨끗하기만 하면 쓰라 하였사오니, 마지막 가는 그 신체에 너무 섭섭하지 아니하오리까? 또한, 제사 때는 **제단**에 음식을 차리어 영혼의 흠향을 구하며, 기타 **시제**에도 모두 음식으로써 정성을 표하옵는데, 우리 회상에서는 제사에 제물을 차리지 않사오니 그 영을 대접하는 데 섭섭하지 않으오리까?" 정산 종사 답하시기를 "수의는 깨끗한 묵은 옷이 없으면 새 옷을 짓는 것도 좋으나 묵은 옷이라도 새 옷과 다름없는

헌공금(獻供金) 불전에 바치는 금전 등의 재물.
사적 처분(私的處分) 개인적으로 처리하는 행위.
빙자(憑藉) 자기 이익을 위하여 남의 힘을 빌려서 의지함.
원호(援護) 도와주고 보살핌.
신심(信心) 믿는 마음.
공심(公心) 공익심. 봉공심.
열반인(涅槃人) 죽은 사람.
수의(襚衣) 등속(等屬) 시신에게 입히는 옷 등을 말함.
제단(祭壇) 제사를 지내는 단.
시제(時祭) 연중 정해진 시기에 조상들에게 지내는 제사.

옷이 있다면 기어이 새로 지을 것이 없다는 것이니, 그것은 이미 **토석**으로 화한 신체에 지나친 소비를 하지 말자는 것이며, 더욱이 옷을 지어 태우는 것 등은 알지 못하는 믿음으로써 공연한 소모를 하여 열반인의 미래에 복을 감할 따름이니 이것은 마땅히 금하여야 할 것이니라. 또한, 제단에 음식을 차리는 것은 그 관계자의 정성을 바치는 한 형식이 되는 것은 사실이나 영혼이 **흠향**한다는 것은 잘 이해되지 않는 바가 있나니, 몸이 이미 없는 이상 다시 인간 음식을 취하여 생활할 리 없으며 각자의 **과보**에 따라 **수생**한 이상 이 음식이 무슨 관계가 있으리오. 만일 영혼이 음식을 취하는 감이 있다고 하면 이는 다만 생전에 익힌 바 **업식**으로써 취하는 데 불과할 것이니, **재래 예법**도 영혼이 음식으로 생활하는 줄로 꼭 믿었다면 어찌 1년에 한두 번의 제사 음식에 한하였을 것인가. 그러므로 제사를 지내는 이가 마땅히 이 이치를 알아서 위에 말한 바와 같이 음식 차리는 정신을 돌려서 마음으로써 **천도** 기원을 극진히 하며, 물질 희사로써 그 명복을 비는 것이 영을 대접하는 데에 참다운 방법이 되는 것이니라."

토석(土石) 흙과 돌.
흠향(歆饗) 제물의 기운을 받아서 먹음.
과보(果報) 지은 바(원인)에 따라 받게 되는 결과.
수생(受生) 몸을 받아 태어남.
업식(業識) 과거의 행위(업)로 익힌 습관 또는 관념.
재래 예법(在來禮法) 과거로부터 전해 내려온 예법.
천도(薦度) 죽은 사람의 명복을 빌고 그 영혼을 선도(善道)로 인도하는 것. 영가(靈駕)가 괴로움을 떠나서 즐거움을 얻고, 악업을 끊고 선업을 지으며, 무명 번뇌에서 벗어나 깨달음을 얻도록 축원하는 것.

7. 시자 여쭙기를 "재래 **복제**에는 부모가 열반하시면 일부러 **흉복**을 입어서 그 슬픈 정성을 표하며, 복제 기간도 '자식이 난지 3년 후에야 부모의 품을 면한다.' 하여 최장 3년 **복**부터 각 관계에 따라 복제 등급이 있사온데, 우리 회상에서는 간소한 의복에 작은 **복표** 하나를 차서 그 복을 표할 뿐이요 복제 기간도 최장 **49일**에서부터 차차 **기별**을 정하였사오니 이것이 인정상 너무 가볍지 않사오리까?" 정산 종사 답하시기를 "슬퍼하고 추모하는 정성은 마음에서 우러나오는 것이라. 흉복을 입고 안 입는 데와 복제 기간의 길고 짧은 데에 있는 것이 아니라 오직 관계자의 **보은** 사상이 철저하고 철저하지 못한 데에 있는 것이니라. 사람의 정도가 유치할 때는 형식으로써 그 마음을 감동하게 할 수 있으므로 상주가 일부러 흉복을 입으며 3년을 **거상(居喪)**하게 하여 그 슬퍼하고 추모하는 정성을 장려하였으나 지금에 와서는 인지가 밝은지라 한갓 형식으로

복제(服制) 상복(喪服)에 대한 규정이나 제도.
흉복(凶服) 상(喪)을 당했을 때 입는 거칠고 험한 옷.
복(服) 상중에 입는 예복.
복표(服標) 상중(喪中)에 관계있는 사람들이 열반인에 대한 애도의 뜻을 표하는 표지(標識). 원불교에서는 왼쪽 가슴에 착용.
복(服) 상복을 입음.
49일 사람이 죽은 후 새로운 몸을 받기 전에 머무는 기간. 중음기(中陰期)라고도 부름.
기별(期別) 열반인과의 관계에 따라 정해진 복제 기간의 차이.
보은(報恩) 은혜에 감사하고 보답함.
거상(居喪) 상중에 있음.

써 그 마음을 지도하기가 어려우며, 사회의 생활 체제가 **분망**한 이때 **졸연히** 흉복을 갖추고 3년간이나 직업에 등한하며 사회 교제를 끊기가 어렵게 되었으니 이는 일반적으로 실행하기가 어려울 뿐 아니라, 흉복을 입고 3년 거상을 함으로써 열반인의 **영근(靈根)**에 혹 이익이 있다면 능히 행할 수 있는 이에게 혹 권장도 하겠지마는 열반인의 영근에는 아무 관계가 없나니 어찌 진리와 시대에 맞지 않는 법을 그대로 고집할 것인가. 무슨 방법으로든지 오직 보은 사상을 보급하면 **인륜 정의**가 그 가운데에서 자연히 건널 줄로 믿노라."

8. 시자 여쭙기를 "재래 풍속에 부모가 열반하시면 자손이 **음양지리**에 의하여 **산지**에 장사함으로써 모든 정성을 다하며 그로써 자손의 **화복**을 말하옵는데, 우리 회상에서는 매장이든 화장이든 적당한 방법으로 하라 하였사오니 그것이 어떠한 까닭이오니까?" 정산 종사 답하시기를 "부모가 열반하시면 자손이 토질 좋은 산지를 골라 장사하는 것은 좋으나, 거기에다 자손의 화복을 붙여서 공연한 노력을 과히 하며 혹 무슨 연고가 있으면 **백골 천동(遷動)**을 자주

분망(奔忙) 매우 바쁨.
졸연히(卒然-) 갑작스럽게.
영근(靈根) 영혼의 바탕을 나무뿌리에 비유한 말. 나무뿌리에 영양분이 필요하듯이 영가의 천도를 위해 영적(靈的) 자양분이 필요하다는 것을 비유한 표현.
인륜 정의(人倫情誼) 사람과 사람 사이에 지켜야 할 도리와 따뜻한 정(情).
음양지리(陰陽地理) 음양에 관한 이치.
산지(山地) 묏자리로 적당한 땅.
화복(禍福) 재앙과 복.
백골(白骨) 천동(遷動) 죽은 사람의 살이 썩고 남은 뼈를 다른 곳으로 옮김. 이장하는 것.

하는 것은 옳지 못하나니, 보통 식물도 살아 있을 때는 땅의 **정기**를 받으나 말라 죽은 이상에는 땅의 정기를 받지 못하거늘 생기가 이미 떠나서 토석으로 화한 그 백골이 어찌 땅의 정기를 받아서 자손의 화복을 좌우할 수 있으리오. 이것도 또한 과거에 보은 사상을 장려한 한 형식이요 방편인 줄을 알아야 할 것이니라. 또한, 화장이 우선 보기에는 좀 **박절**한 것 같으나 **영식**이 이미 없고 토석으로 화한 백골에 매장과 화장이 무슨 차별이 있으리오. 불교의 해석에는 사람의 육체는 이 업의 결합된 바라 하였으니 영을 위하여서는 화장하는 것이 도리어 유익 될 점이 없지 아니할 것이니라."

9. 시자 여쭙기를 "모든 의식 가운데 법신불을 상대로 하거나 열반인의 영을 상대로 하는 것이 오직 무형한 마음으로써 무형한 세계를 상대하게 되었사오니 이것을 한갓 신앙적으로 생각하오면 다시 더 **이론**을 부칠 것이 없사오나 만일 현실적 해석으로 본다면 무형한 가운데 서로 감응된다는 것이 좀 이해하기 어렵지 아니하오리까?" 정산 종사 답하시기를 "**우주 만유의 본원**은 법신불의 **체**요, 그 체 가운데에 한 기운이 순환하여 **천변만화**를 행하는 것은 법신불

정기(精氣) 생명의 원천이 되는 기운.
박절(迫切) 인정이 없고 쌀쌀함.
영식(靈識) 영혼.
이론(異論) 다른 주장. 견해.
우주만유의 본원(宇宙萬有-本源) 우주에 있는 모든 존재, 현상, 이치의 근원.
체(體) 근본 바탕.
천변만화(千變萬化) 온갖 조화와 변화.

의 **용**이요, 그 체용 가운데에 형상도 없고 소리도 없고 냄새도 없어서 무엇으로 가히 말할 수가 없으나 항상 **허령불매(虛靈不昧)**하여 엄연히 체용을 **주재**하는 것은 법신불의 **영지(靈知)**니라. 그러므로 체와 용과 영지가 다 법신불 하나이며 우리의 육체와 기운과 마음도 법신불의 한 **분자**로서 서로 통하여 둘이 아니니, 둘이 아니므로 생로병사와 **인과보응**이 다 법신불의 도를 따라 **호리**도 어긋나지 않는 것이요, 둘이 아니므로 마음에 법신불을 상대하여 무슨 서원을 올릴 때도 일심이 지극하면 자연히 우주의 **위력**을 얻을 수 있는 것이며, 둘이 아니므로 열반인의 영을 상대하여 무슨 행사를 할 때도 일심이 지극하면 비록 어떠한 세계에 있을지라도 서로 통하여 감응이 되고 그 위력이 미쳐 가나니 이것이 곧 일원의 융통한 진리니라. **무선전신**을 이용하면 천만리 밖의 소리를 듣게 되는 것도 기운이 서로 통한 까닭이며, **무정한** 식물도 그 주위에 비료를 주면 자연히 흡수할 줄 아는 것도 기운이 서로 통한 까닭이니, 만일 이 둘 아닌 이치를 통달하고 모든 현실이 다 무형한 가운데 근원 된 이치를 깨친다면 무형한

용(用) 조화. 작용.
허령불매(虛靈不昧) 텅 비고 신령스러워 어둡지 않음.
주재(主宰) 주체가 되어 관장함.
영지(靈知) 신령스럽게 앎.
분자(分子) 요소를 갖춘 한 개체.
인과보응(因果報應) 지은 바(원인)에 따라 반드시 결과를 받게 되는 원리.
호리(毫釐) 털 끝. 매우 적은 분량을 비유적으로 표현한 말.
위력(威力) 법신불의 큰 힘과 은혜.
무선전신(無線電信) 전선을 쓰지 않고 전파를 이용하는 통신 방식.
무정한(無情-) 영식(靈識)이 없는.

마음으로써 무형한 세계를 상대하는 것이 과히 이해하기 어렵지 아니할 것이니라."

10. 시자 여쭙기를 "열반인을 위하여 **법요** 행사를 하오면 **영가**에 어떻게 공덕이 미쳐 가나이까?" 정산 종사 답하시기를 "법요 행사를 하는 것은 열반인으로 하여금 **도문**에 인연을 맺게 하는 것이요, **재주(齋主)**나 주례나 대중이 일심으로 기원하면 법신불과 우리가 둘 아닌 이치를 따라 영가의 **업장**이 자연히 녹아지는 수도 있고, **도력** 있는 **선지식**이 독경이나 설법을 하면 **부지중** 열반인의 **혜로**가 혹 열리는 수도 있고, **헌공**을 바쳐서 **공사**에 도움이 있으면 영가의 명복에 도움이 되는 수도 있고, 또는 한때의 행사뿐 아니라 관계자가 그 영을 위하여 많은 공사를 하고 모든 선행을 닦으며 **수도 문중**에 도력을 얻은 자손이 있

법요(法要) 원불교에서 거행하는 각종 의식 행사.
영가(靈駕) 죽은 사람의 넋. 영혼.
도문(道門) 불도를 수행하는 정법 회상. 여기서는 일원 대도의 회상을 의미함.
재주(齋主) 재(齋)를 올리는 당사자.
업장(業障) 과거에 지은 업으로 인하여 받게 되는 온갖 장애 또는 과보를 나타나게 하는 업의 힘.
도력(道力) 도를 닦아서 얻은 힘.
선지식(善知識) 불법을 잘 수행하여 뛰어난 지혜와 덕을 갖춘 사람.
부지중(不知中) 알지 못하는 사이.
혜로(慧路) 사물의 이치나 도리를 밝게 분별하는 지혜의 길.
헌공(獻供) 법신불 사은 전에 재물 등을 바침.
공사(公事) 대중을 위하는 일. 공공사업.
수도 문중(修道門中) 수도(修道)의 길을 함께 하는 사람들.

다면 그 **음덕**이 그 영에 미쳐 갈 수도 있기 때문이니, 이것이 다 **무위자연**한 이치를 따라 되는 것이므로 단지 현장에 나타난 것만으로는 능히 판단하지 못하느니라."

11. 시자 여쭙기를 "우리 회상에서는 법신불을 신앙의 대상으로 모시고 모든 의식에 **심고**하는 예가 있사오나, 석가모니불이나 대종사에게는 심고하는 예가 없사오니, 법신불과 인격 부처님과의 관계가 어떠하오며 신앙하는 도가 어떻게 구분되어 있나이까?" 정산 종사 답하시기를 "이것은 대종사께서 모든 **신앙처**를 통일하기 위하사 법신불 신앙법을 정하신 것이니, 법신불은 우주 만유의 근본이시요 제불 제성의 **본성**이신바, **제불 제성**께서는 **자성**을 떠나지 아니하신 어른들이시니, 법신불 전에 심고를 올리는 것이 곧 제불 제성 전에 심고를 올리는 것이 되느니라. 또한, 인격 부처님이 계시므로 법신불의 진리를 알게 되고 법신불의 진리가 있으므로 인격 부처님이 이를 **천명**하시게 되었으니, 신앙하는 도가 둘이 아니나, 구분하여 말하자면 법신불 신앙은 **진리적 신앙**이

음덕(陰德) 보이지 않게 작용하는 은혜로움.
무위자연(無爲自然) 스스로 저절로 되어 짐.
심고(心告) 법신불 사은 전에 마음으로 고하여 기원함.
신앙처(信仰處) 신앙의 대상.
본성(本性) 본래 마음. 성품, 자성, 진성, 불성 등으로도 표현함.
제불 제성(諸佛諸聖) 모든 부처님과 성자들.
자성(自性) 사람이 본래 갖추고 있는 성품.
천명(闡明) 드러내어 밝힘.
진리적 신앙(眞理的信仰) 부처님과 성자가 깨달은 궁극적 진리 자체를 믿고 우러러 모심.

요 인격 부처님 신앙은 **교법적 신봉**이라고 할 것이니라."

12. 시자 여쭙기를 "종래 불교에서는 석가모니불이 **본사**(本師)가 되시므로 모든 신자의 **신봉**하는 정성이 거기에 집중되어 있었사온데, 우리 회상에서는 대종사님을 **봉대**하는 정성이 석가모니불에 비하여 더 깊사오니, 석가모니불과 대종사와의 관계는 어떠하오며 그 신봉하는 도는 어떻게 구분되나이까?" 정산 종사 답하시기를 "대종사께서 대각을 하신 후, 모든 종교 가운데 불교가 제일 근본이 되고 모든 성현 가운데 부처님이 제일 거룩하신 것을 아시고 당신이 스스로 부처님에게 **연원**을 정하셨고, 우리는 또한 대종사의 회상을 만나서 대종사에게 법을 받았으니, 그 관계를 말하자면 석가모니불은 조부님과 같고 대종사는 아버님과 같으며, 신봉하는 도에 있어서도 조부님은 조부님으로 받들고 아버님은 아버님으로 받드니, 그 **윤기**와 인정이 직접 아버님께 더 쏠리는 것은 피할 수 없는 일이니라."

교법적 신봉(敎法的信奉) 교법을 제정해 주신 교조에 대한 지극한 숭배를 바탕으로 한 믿음.
본사(本師) 근본되는 스승.
신봉(信奉) 믿고 받듦.
봉대(奉戴) 공경하여 높이 받듦.
연원(淵源) 어떤 사상이나 이념의 뿌리.
윤기(倫紀) 사람과 사람 사이에 연(連)하는 기운.

13. 시자 여쭙기를 "**영모전** 위패에 대종사에게 **여래**의 **명호**를 바쳤사온데 종래 불교에서는 석가모니불 이외에는 함부로 쓰지 못하게 한 명호이오니 혹 **외람**되이 생각하는 이가 있지 아니하오리까?" 정산 종사 답하시기를 "여래는 부처님의 열 가지 명호 가운데 하나로서 대단히 존중한 명호인 것은 사실이나, 여래의 명호를 가지신 어른이 한 분에만 그치고 다시 이어 나오는 인물이 없다면 이는 쇠퇴하는 불교에 지나지 못하는 것이요, 그러한 인물이 있음에도 불구하고 공연히 그 명호를 금한다면 이는 정신적 제압에 지나지 못할 것이니라. 우리가 **추상**으로 생각해 보아도 석가모니불께서 삼천 년 동안에 중생을 위하사 여러 번 이 세상에 출현하셨을 것인데, 그 한 부처님 한 **법력**으로써 같은 명호를 갖지 못하셨다면 도리어 이치에 모순된 일이 아니겠는가. 그러므로 우리 회상에서는 여섯 가지 법위 가운데 **대각여래위**의 최고 법위를 정식으로 두어서, 대종사뿐 아니라 어느 대를 막론하고 **선진 도인**이 **인가**하시든지 많은 대중이

영모전(永慕殿) 소태산 대종사 이하 역대 선령 열위의 법은(法恩)을 추모하기 위하여 위패를 모신 사당.

여래(如來) 부처님을 부르는 열 가지 명칭 가운데 하나로 진리 실상 그대로 오신 분이라는 의미.

명호(名號) 존중하여 부르는 호칭.

외람(猥濫) 분수에 지나침.

추상(抽象) 추측하여 생각함.

법력(法力) 불법을 닦아 얻은 지혜와 힘.

대각여래위(大覺如來位)『정전』법위등급 중 최고의 경지.

선진 도인(先進道人) 먼저 도를 닦아 깨달은 사람.

인가(印可) 깨달음의 경지를 인정해 줌.

일제히 봉대할 때는 그 실력에 따라 여래의 명호를 제한하지 아니할 것이니라. 그러나 이것이 그 중한 명호를 함부로 쓰거나 종래의 **법통**을 문란히 하자는 것이 아니라 법위를 올릴 때는 반드시 승진에 관한 **조례**가 있고 법통에도 조상은 조상이요 자손은 자손인 그 **대수(代數)** 구분이 역력히 있나니, 이를 무조건하고 외람이라고만 평한다면 다시 변명할 것이 없지마는 만일 **조리**를 찾아서 말한다면 이것이 외람이 아니라 도리어 **불법**의 문을 크게 열어 주는 것이라고 생각하노라."

14. 시자 여쭙기를 "영모전에 대종사 이외에는 다 공동 **위패**를 봉안하였사오니 그 수많은 **선령**께옵서 어찌 작은 위패 하나에 공동으로 머무실 수 있사오리까?" 정산 종사 답하시기를 "위패를 봉안하는 것은 선령께옵서 그 위패에 상주해 계신 것을 의미하는 것이 아니라 어느 세계에 계시든지 통하여 **조감**하는 것을 의미하는 것이니, 조감하시는 것이야 천리만리가 무슨 계한이 있으며 **천령 만령**이 한곳에 조감하지 못할 것이 무엇 있겠는가. 그런즉 공동 위패를 봉

법통(法統) 올바른 법의 진수. 법의 계통이나 전통.
조례(條例) 세세한 조건이나 규정.
대수(代數) 불법이 전해지는 올바른 계통의 순서.
조리(條理) 체계적인 순서와 논리.
불법(佛法) 부처님의 가르침.
위패(位牌) 죽은 사람의 영위(靈位)를 모시는 나무 패.
선령(先靈) 먼저 열반한 영혼.
조감(照鑑) 비추어 감응함.
천령 만령(千靈萬靈) 수많은 영혼.

안하는 것이 **영계**에 조금도 착란하지 않느니라."

15. 시자 여쭙기를 "모든 **예식**에서 **예문**에 의하여 심고하는 방법은 어떠하나이까?" 정산 종사 답하시기를 "심고 하는 법은, 단독으로 할 때는 대개 묵상으로 심고를 올리는 것이요, 대중적 의식에는 대중의 심고 내용을 통일하기 위하여 **설명 기도**를 올리는 것인바, 의식에서 예문에 의하여 심고하는 방법은, 주례자나 대중의 대표 한 사람이 예문을 설명 기도로 하면 대중은 일제히 그 기도에 정신을 집중하고 있다가 끝나면 마음으로 '일심으로 비옵나이다.' 하고 마치는 것이며, 각 예문은 표준으로 한 예를 보인 것인즉 혹 예외로 심고할 일이 있을 때는 상황에 따라 가감하여 쓸 것이니라."

16. 정산 종사 말씀하시기를 "무슨 일이나 준비가 없는 일은 분망하고 질서가 맞지 아니하나니, 그러므로 예의 실현이 먼저 연마와 준비로부터 시작되는 것이요, 혼자 있을 때 방심하고 몸을 함부로 가지면 남이 있을 때도 그 습관이 나오게 되느니라. 그러므로 옛 성현의 말씀에 '**그 혼자 있을 때를 삼가라.**' 하신 것은 숨은 것과 나타난 것이 곧 둘 아닌 까닭이니, 예를 행하는 이가 먼저 주의

영계(靈界) 영혼 세계의 계통이나 질서.
예식(禮式) 일정한 예법과 절차에 따라 행하는 의식.
예문(禮文) 각종 예식을 진행할 때에 읽는 글. 기도문, 고축문, 고유문, 독경할 때의 경문 등.
설명 기도 여러 사람이 잘 듣고 감동이 되어 각성이 생기도록 법신불 사은 전에 올리는 기도.
그 혼자 있을 때를 삼가라 『중용』 1장 가운데 '愼其獨(신기독)'을 말한다.

할 바이니라."

17. 정산 종사 말씀하시기를 "**불의**한 말로써 사람의 **천륜**을 끊는 것은 곧 인간의 **강상**(綱常)을 파괴하는 큰 죄가 되며, 고의로나 또는 무의식중일지라도 사람과 사람 사이에 좋지 못한 말을 함부로 전하여 서로 원망하고 원수가 되게 한다면 그 죄가 심히 큰 것이니, **방편**이나 사실을 막론하고 사람과 사람 사이에 좋은 말을 잘 연락시켜서 종래에 있던 원망과 원수라도 풀리게 하며, 옳은 일에는 상대로 하여금 매양 **발심**이 나게 하고 그 잘한 일을 추진해 주는 것이 곧 사람의 정신을 향상시키는 참다운 예가 되고 좋은 공덕이 되느니라."

18. 정산 종사 말씀하시기를 "저 사람의 환경이 좋을 때는 아첨하고 낮을 때는 모멸함은 소인의 일이니, 저 사람의 환경이 낮을 때 더욱 정의를 잃지 않는 것이 군자의 예요, **이해**를 따라 의리를 잊거나 사람이 보는 곳에서는 예를 행하고 보지 않는 곳에서는 예를 폐하는 것은 예의 본의를 알지 못함이니, 이해와 **은현**을 막론하고 의리와 예의를 잃지 않는 것이 예의 본의를 알아 행하는 것이니라."

불의(不義) 정의롭지 못하고 도리에 어긋남.
천륜(天倫) 부모와 자식과 형제 사이 등 하늘이 맺어준 인연 사이에 지켜야 할 도리.
강상(綱常) 사람이 지켜야 할 떳떳한 도리.
방편(方便) 부처님이 중생을 구제하기 위하여 사용하는 다양한 방법. 비유적 가르침, 제도, 의식 등.
발심(發心) 하고자 하는 마음을 일으킴.
이해(利害) 이로움과 해로움.
은현(隱現) 숨었다 나타났다 함.

19. 정산 종사 말씀하시기를 "사람이 처세할 때 세 가지 도가 있으니, 하나는 **승상**(承上)의 도요, 둘은 **접하**(接下)의 도요, 셋은 **교제**(交際)의 도니라."

20. 학인이 여쭙기를 "단독 제사와 공동 제사에 공덕의 차이가 있사오리까?" 정산 종사 답하시기를 "공덕의 차이는 **제주**의 정성과 **법사**의 법력 여하에 따라 나타나는 것이지 단독이나 합동에 차가 있는 것은 아니나, 교단적으로 합동 행사를 하면 많은 대중의 공동 추모와 많은 선지식의 합동 **축원**을 받게 되므로 그만큼 공덕이 크게 되느니라." 또 여쭙기를 "큰 도력을 갖추지 못한 교역자가 재를 모시어도 천도가 되나이까?" 말씀하시기를 "큰 도력을 갖추지 못하였다 할지라도 '예전'에 정한 대로 사심 없이 정성을 다하면 천도를 받게 되느니라."

21. 정산 종사, '예전'을 편찬하시며 '**영주**(靈呪)'를 내리시니 '**천지영기 아심정**(天地靈氣我心定) **만사여의 아심통**(萬事如意我心通) **천지여아 동일체**(天地與我同一體) **아여천지 동심정**(我與天地同心正)'이요, 그 후 다시 '**청정주**(清

승상(承上) 윗사람을 잘 받드는 것.
접하(接下) 아랫사람을 잘 거느리는 것.
교제(交際) 서로 사귀어 가까이 지냄.
제주(祭主) 제사를 지내는 당사자.
법사(法師) 공식적으로는 법강항마위 이상의 법위를 가진 사람.
축원 원하는 바를 간절히 아뢰고 이루어지기를 빎.
영주(靈呪) 천지의 기운과 나의 기운이 하나가 되어 위력을 얻기를 염원하는 주문. 원불교에서 주로 기도할 때 사용함.
천지영기 아심정(天地靈氣我心定)~**아여천지 동심정**(我與天地同心正) 천지의 신령스

淨呪)'를 내리시니 '법신청정 본무애(法身淸淨本無碍) 아득회광 역부여(我得廻光亦復如) 태화원기 성일단(太和元氣成一團) 사마악취 자소멸(邪魔惡趣自消滅)' 이러라.

러운 기운이 내 마음에 자리하고, 모든 일이 뜻과 같이 나의 마음에 통하게 하소서. 천지가 나와 더불어 한 몸이 되고, 내가 천지와 더불어 한 마음으로 바르게 하소서.

청정주(淸淨呪) 법신불의 밝은 광명과 청정한 기운에 합하여 삿된 기운을 물리치고 마음과 도량을 청정히 하기 위한 주문.

법신청정 본무애(法身淸淨本無碍)~사마악취 자소멸(邪魔惡趣 自消滅) 법신은 청정하여 본래 걸림이 없으니, 내가 빛을 돌이켜 봄에 또한 이와 같도다. 크게 조화로운 원기가 한 덩어리를 이루니, 사마악취가 스스로 소멸되도다.

제3 국운편

國運編

국운편(國運編) 대한민국 건국의 바른 길을 밝힌 것으로, 시국에 대한 소감, 건국의 정신, 지도자의 도, 국운의 전망 등에 관한 법문으로 구성되어 있다.

1. 정산 종사, 원기 29년 10월 어느 날에 옛글 한 구를 써 주시며 "**국운**과 **교운**의 장래가 이러하리라." 하시니, '**계산**에 안개 개면 울창하고 높을지요. **경수**에 바람 자도 잔물결은 절로 있다. 봄철 지나 꽃다운 것 다 시든다 말을 마라. 따로이 저 **중류**에 **연밥** 따는 철이 있다.[稽山罷霧鬱嵯峨 鏡水無風也自波 莫言春度芳菲盡 別有中流採芰荷]'

2. 정산 종사, 원기 30년 7월에 부산에 가시사 **초량교당** 법당에 '**사은상생지(四恩相生地) 삼보정위소(三寶定位所)**'라 써 붙이시고, **시국**의 진정을 위하여

국운(國運) 나라의 운세.

교운(教運) 교단의 운세.

계산(稽山) 중국의 회계산(會稽山)을 일컫는 말. 중국 절강성(浙江省) 남동쪽에 위치해 있으며 월(越)나라 왕 구천(句踐)이 오(吳)나라 왕 부차(夫差)에게 포위되어 패하였다는 곳. 이 시는 중국 당나라의 하지장(賀知章, 659~744)이라는 시인이 자기 고장의 연꽃이 핀 풍경을 묘사한 채련곡(採蓮曲)의 싯구이다.

경수(鏡水) 경수는 경호(鏡湖) 또는 감호(鑑湖)라 불리우기도 하는데 역시 회계산(會稽山)과 더불어 절강성(浙江省) 소흥(紹興)에 위치함.

중류(中流) 강이나 내의 중간쯤 되는 부분.

연밥 연꽃의 열매.

계산파무울차아 경수무풍야자파 막언춘도방비진 별유중류채지하 稽山罷霧鬱嵯峨~別有中流採芰荷.

초량교당(草梁教堂) 부산광역시 동구 초량동에 위치한 교당. 소태산 대종사가 일제의 감시와 압정을 피해 잠시 머물던 곳이며 정산 종사가 광복 직전 머물며 시국의 안정을 기도하던 곳이다.

사은상생지(四恩相生地) 삼보정위소(三寶定位所) 사은의 큰 은혜가 어린 상생의 땅이요, 불법승 삼보가 바르게 자리 잡은 곳이라.

시국(時局) 당면한 국내 및 국제 정세.

기도하시니라.

3. 어느 날 한 교도가 여쭙기를 "**기미년** 만세 운동 때 대종사께서 시국에 대하여 특별히 하신 말씀은 없었나이까?" 정산 종사 말씀하시기를 "**개벽**을 재촉하는 **상두 소리**니 바쁘다. 어서 **방언** 마치고 기도드리자." 하셨느니라.

4. 정산 종사, 8.15 해방 후 '**건국론(建國論)**'을 지으사 건국에 관한 소감을 밝히시기를 "8월 15일 이후 여러 대표의 선언도 들었고 그 지도 방식도 보았으며 인심의 변천 상태도 대개 관찰한 나머지, 어느 때는 혹 기뻐도 하고 어느 때는 혹 근심도 하며 어느 때는 혹 이렇게 하였으면 좋지 아니할까 하는 생각도 자연히 나게 되므로, 그 발로되는 생각 일면을 간단히 기술하고 이름을 '건국론'이라 하노니, 그 요지는 정신을 근본으로 삼고, 정치와 교육을 줄기로 삼고, 국방·건설·경제를 가지와 잎으로 삼고, **진화**의 도로써 그 결과를 얻어서 영원한 세상에 뿌리 깊은 국력을 잘 배양하자는 것이니라."

기미년(己未年) 원기 4년(1919).

개벽(開闢) 후천개벽. 선천의 묵은 세상이 지나가고 후천의 새로운 세계가 전개된다는 의미. 소태산 대종사는 선천을 어두운 음 세계, 후천을 밝은 양 세계라 표현하기도 했다. 음 세계는 모순과 상극으로 불평등·불합리가 지배하는 세상이라면, 양 세계는 상생과 질서로 평등과 평화, 정신과 물질이 조화되는 대문명 세계이다.

상두 소리 상여를 이끄는 사람이 선창하여 상여꾼들을 이끄는 소리.

방언(防堰) 바다를 막아 논을 만드는 일. 바닷물이 밀려들어오는 것을 막기 위해 둑을 쌓음.

건국론(建國論) 원기 30년(1945) 10월에 간행한 정산 종사의 저서.

진화(進化) 더 나은 상태로 발전함.

5. 정산 종사, '건국의 정신'에 대하여 말씀하시기를 "건국 정신의 첫째는 마음의 단결이라. 무엇이나 합하면 강하고 나뉘면 약하며 합하면 흥하고 나뉘면 망하는 것이 이치이니, **만년 대업**을 경영하는 건국에 있어서 먼저 이 근본이 되는 마음 단결이 없고야 어찌 완전하고 강력한 나라를 감히 세울 수 있으리오. 그러므로 건국은 단결을 토대로 삼고 단결은 우리의 **심지**가 명랑함으로써 이룩되며, 명랑은 각자의 가슴속에 깊이 있는 장벽을 타파함으로써 얻게 되나니, 그 장벽이란 각자의 주의에 **편착**하고 **중도**의 의견을 받지 아니하여 서로 조화하는 정신이 없는 것이요, 각자의 명예와 **아상**에 사로잡혀 저편을 존중하는 마음을 갖지 못하는 것이요, 불같은 성권 야욕에 끌리어 **대의 정론**을 무시하는 것이요, 시기와 투쟁을 일으키며 **간교**한 수단으로써 대중의 마음을 어지럽히는 것이요, 일의 **본말**을 알지 못하고 한편의 충동에 끌려서 공정한 비판을 하지 못하는 것이요, 지방성과 파벌 관념에 집착하여 **대동**의 정신을 가지지 못하는 것이요, 남의 작은 허물을 적발하고 **사사로운 혐의(嫌疑)**와 묵은 원한을 생

만년 대업(萬年大業) 국가의 먼 장래를 위하여 오랜 세월을 통해 이루어야 할 큰 과업.
심지(心地) 마음 본 바탕. 성품, 본성, 자성, 불성, 진성 등으로도 표현함.
편착(偏着) 한편에 치우쳐 집착함.
중도(中道) 어느 한 편에 치우치지 않고 균형 잡힘.
아상(我相) 모든 것을 자기 본위로만 생각하여 자기와 자기의 것만 좋다 하는 자존심.
대의 정론(大義正論) 대의에 맞는 바른 주장.
간교(奸巧) 간사하고 교활함.
본말(本末) 사물이나 일의 처음과 끝.
대동(大同) 크게 하나됨.
사사 혐의(私事嫌疑) 개인적 이해 관계에 얽힌 꺼림과 미움.

각하여 널리 포용하는 아량이 없는 것이요, 사심과 이욕이 앞을 서고 독립에 대한 정신이 사실 철저하지 못한 것이요, 진정한 애국지사의 충정을 잘 받들지 못하는 것이요, 단결의 책임을 남에게 미루고 각자의 마음에는 반성이 없는 것이니, 우리가 이 모든 장벽만 타파한다면 단결은 자연히 될 것이나, 만일 마음속에 장벽이 남아 있게 되면 아무리 단결을 부르짖어도 사실 효과를 얻기가 어려울지니, 그러므로 **건국 공사**는 먼저 이 근본 문제를 해결하는 데 있느니라."

6. 정산 종사, 또 말씀하시기를 "건국 정신의 둘째는 자력 확립(自力確立)이라. 우리에게 자유를 선물한 **연합 제국**에게 우리는 깊이 감사하여야 할 것이나 공평한 태도와 자주의 정신으로 우방국들과 친하지 못하고 자기의 주의나 세력의 배경을 삼기 위하여 어느 한 나라에 편착하여 다른 세력을 대항하지는 말아야 하느니라. 우리의 정세를 살필진대 중도가 아니고는 서지 못할 것이며 연합국의 다 같은 원조가 아니고는 건국이 순조로이 되지 못할 것인즉 우리는 단결을 주로 하고 자주의 힘을 확립하여야 할 것이니라."

7. 정산 종사, 또 말씀하시기를 "건국 정신의 셋째는 충의 봉공(忠義奉公)이라. 충은 거짓이 없는 **일정한** 마음을 이름이요, 의는 자타의 **경계**를 초월하여 지극

건국 공사(建國工事) 나라를 세우는 큰 일.
연합 제국(聯合帝國) 제2차 세계대전 때 독일, 이탈리아, 일본 등의 추축(樞軸) 진영과 싸운 여러 나라를 통틀어 이르는 말. 미국, 영국, 프랑스, 중국, 소련 등으로 이루어짐.
일정한(一定-) 하나로 정해져 바르고 곧은.
경계(境界) 국한(局限). 한계.

히 바른 것을 이름이요, 봉공은 충과 의 그 마음으로 사회 국가에 공헌함을 이름이니, 어느 시대를 막론하고 충의의 정신이 세상에 서지 못하면 그 사업과 그 사회와 그 국가는 한갓 거짓을 꾸미는 장난에 불과하여 반드시 허망한 데 돌아가고 마느니라. 그런즉 우리는 각자의 마음을 조사하여 충의의 정신이 있다면 그를 더욱 확충시키고, 충의의 정신이 없다면 강연히라도 그 마음을 일으켜 내어 아무리 하고 싶어도 의로써 참고 아무리 하기 싫어도 의로써 하여, 일반 대중이 오직 충의로써 나아간다면 건국 사업은 성공할 것이요 국가의 기초가 **태산 반석**같이 완전할 것이니라."

8. 정산 종사, 또 말씀하시기를 "건국 정신의 넷째는 통제 **명정**(統制明正)이라. 건국을 하는 데에는 지도자와 지도받는 이가 있어야 하고 숭배자와 숭배받는 이가 있어야 하나니, 만일 지도자에게 지도의 권위가 없고 지도받을 이에게 지도받을 마음이 없으며, 숭배받을 이에게 숭배받을 지위가 없고 숭배할 이에게 숭배할 용의가 없다면, 이른바 각자가 대장이 되어 통제 있는 정사를 잘 펴기 어려우리니, 이것이 어찌 건국에 모순되는 일이 아니리오. 그러므로 우리는 지난날 지도받던 이라도 오늘날 지도하는 처지에 서면 그 지도를 잘 받고, 오늘날 지도하던 이라도 다음 날 지도받을 자리에 서면 그 지도를 잘 받으며, 숭배에 있어서도 **원근 친소**와 주의의 같고 다름을 초월하여 그 시대에 그 인물로서

태산 반석(泰山盤石) 태산 같이 크고 반석같이 넓고 평평한 돌이라는 뜻으로 어떤 것을 지탱해 주는 견고하고 든든한 기반을 비유적으로 이르는 말.
명정(明正) 명확하고 바름.
원근 친소(遠近親疏) 멀고 가까움과 친함과 친하지 않음.

정당한 지위에 있다면 경우에 맞게 대우하여 협력 **병진**하는 것이 **문명한 사람**들의 건국하는 바른길인가 하노라."

9. 정산 종사, 또 말씀하시기를 "건국 정신의 다섯째는 **대국 관찰(大局觀察)**이라. 다만 눈앞의 일과 한때의 욕심에 끌려 모든 일을 진행하지 말고 국제 정세를 잘 살피고 국내 각계의 현상을 잘 알아서 원만한 대책을 발견할 것이요, 개인의 명예에 편착하지 말고 국가의 명예를 잘 드러낼 것이요, 개인의 세력을 다투지 말고 국가의 세력을 잘 키울 것이요, 개인의 이해에 몰두하지 말고 국가의 이해를 잘 생각할 것이요, 개인의 **선불선**이 국가의 가치를 오르내리게 하는 이치를 알아서 특히 외국인이 보는 데에서 **비루한** 행동을 말 것이요, 목전에 좋은 일이 혹 주위에 불안을 주는 이치를 알아서 대중적 정신을 가질 것이요, 한때 유익 되는 일이 혹 미래에 손해 되는 이치를 알아서 영원한 이해를 잘 계산할 것이요, 우주의 원리가 항시 변천 있는 것을 알아서 때를 따라 법을 세우고 한 가지 법에 고집하지 말 것이요, 무슨 법이나 과하면 폐단 되는 이치를 알아서 한편에 기울어진 마음을 두지 말 것이니라."

병진(竝進) 함께 나아감.
문명한(文明-) 사람 정신과 의식이 열린 사람.
대국 관찰(大局觀察) 시대 변화의 큰 흐름을 주의하여 잘 살펴봄.
선불선(善不善) 착함과 착하지 않음을 아울러 이르는 말.
비루한(鄙陋-) 천하고 추한.

10. 정산 종사, '정치'에 대하여 말씀하시기를 "정치는 어느 한편에 권리 **편중**이 없고 각자의 권리를 정당히 잘 운용하게 할 것이요, 모든 **시정**은 **간이**하고 **민속(敏速)히** 하되 중요한 일은 법률과 **공론**을 아울러 들어서 해결할 것이요, 법은 상하가 다 엄정히 지키며 국가의 **정론**을 세운 후에는 국민 총훈련을 실시하여 애국정신과 공중도덕을 보급할 것이요, 모든 지도는 신의를 근본으로 하여 민중이 지도자를 신뢰하게 하며 인물의 양성과 경제의 개발을 조금도 게을리 아니하여 **자립 자위(自立自衛)** 하고 **자작자급(自作自給)** 하는 실력을 기를 것이요, 국민의 정신 지도에는 정치와 종교가 **표리 병진**하게 할 것이니라."

11. 정산 종사, '종교'에 대하여 말씀하시기를 "국민의 종교에 대한 신념이 박

> **편중(偏重)** 한쪽으로 치우침.
> **시정(施政)** 정책(政策) 또는 정사(政事)를 시행함.
> **간이(簡易)** 간편하고 쉬움.
> **민속히(敏速-)** 민첩하고 빠르게.
> **공론(公論)** 대중의 의견. 여론.
> **정론(定論)** 확정된 의견이나 입장.
> **자립자위(自立自衛)** 의지하거나 종속됨이 없고 자력으로 일어서며 나라를 스스로 막아 지킴.
> **자작자급(自作自給)** 필요한 것을 스스로 만들어 충당함.
> **표리 병진(表裏竝進)** 표리는 안과 밖이라는 의미로 여기서 정치는 외면적으로 정사(政事)를 담당하고 종교는 내면적으로 도덕을 담당하여 함께 국민을 이끌어 나간다는 뜻.

약하면 **정신 통제**와 양심 **배양**의 힘이 부족하므로 **순역 경계**에 꺼림 없이 **자행자지**하여 범죄율이 높아지며, 종교를 믿는 이 중에도 혹은 미신에 빠지고 혹은 한편에 집착하여 국민의 참다운 생활과 대중의 원만한 도덕을 널리 발휘하지 못하는 예가 적지 않나니, 국가에서는 국민 지도에 적당한 종교를 장려하여 각지에 행정·사법·교육·종교 등 네 가지 기관이 각각 그 임무를 분담 진행하게 한다면 이것이 국가 **만년 대계**의 하나가 될 것이니라."

12. 정산 종사, '교육'에 대하여 말씀하시기를 "교육은 국민 진화의 대도니, 의무교육을 실시하며 교육기관을 확장할 것이요, **재래**와 같이 과학만을 위주하고 정신교육을 등한히 할 것이 아니라 애국정신과 공중도덕을 본위로 하는 충분한 교과를 편성하여 교육하게 할 것이요, 예의 교육을 향상하여 국민 예의의 보급과 예법 통일의 근본이 되게 할 것이요, 국민 근로의 **기풍**을 진작하기 위하여 작업 실습 등으로 국가 산업 장려의 첫 교육이 되고 국민 근실성 배양의 원동력이 되게 할 것이니라."

정신 통제(精神統制) 마음을 스스로 다스리고 조절하는 일.
배양(培養) 기르고 함양함.
순역 경계(順逆境界) 순경과 역경. 순경은 순조롭고 편안한 상황, 역경은 힘들고 어려운 상황.
자행자지(自行自止) 자기 마음대로 하고 싶으면 하고 하기 싫으면 하지 않음.
만년 대계(萬年大計) 먼 장래를 위한 큰 계획.
재래(在來) 전부터 있어 내려옴. 과거부터 이어진.
기풍(氣風) 사회에 널리 퍼진 공통적인 기질 또는 분위기.

13. 정산 종사, '진화의 길'에 대하여 말씀하시기를 "첫째는 공로자 우대니, 정치와 국방에 출중한 실적 있는 이와, 교화와 교육에 특별한 실적 있는 이와, 재산을 많이 희사하여 공익의 큰 자원이 되게 한 이와, 정신과 육신으로 공익사업에 큰 공로 있는 이와, 발견과 발명 등 무슨 방면으로든지 국가 사회에 큰 이익과 발전이 있게 한 이를 우대할 것이요, 둘째는 교육 장려니, 국가나 단체나 개인을 막론하고 영재의 교육을 적극 장려하여 어느 방면으로든지 항상 새로운 **지견**을 얻게 하며 연구 기관을 적극 후원하여 국가 건설과 사회 발전에 모든 **묘법**을 동원하게 할 것이요, 셋째는 세습 철폐와 상속 제한이니, 모든 **영전(榮典)**은 본인 자신에 한하여 자손들이 공연히 **의세(倚勢)**하지 않게 하며, 재산의 상속은 생활 자본 정도에 그치고 나머지는 바로 공익사업에 바치어, 부모 자녀가 한가지로 선업을 지으며 자력 생활로써 국가 사회의 발전과 모든 사람의 생활 실력을 얻게 할 것이니라."

14. 정산 종사, '건국론'을 결론지어 말씀하시기를 "위에 말한 모든 조항의 요지는 어느 계급을 막론하고 평등하게 보호하여 각자의 자유와 생활의 안정을 얻게 하자는 것이요, 외부의 혁명을 하기 전에 먼저 마음의 혁명을 하자는 것이요,

---

지견(知見) 지혜와 식견.
묘법(妙法) 절묘한 방법.
영전(榮典) 나라와 사회에 공훈을 세운 이의 영예를 기리기 위해 수여하는 훈장이나 법적 지위.
의세(倚勢) 부모의 재산이나 권세 등에 의지함.

유산자의 자발적 **선심**으로써 공익 기관이 점차 불어나고 그에 따라 국민의 생활이 자연히 골라지게 하자는 것이요, **관영**과 **민영**의 사업을 차별하지 아니하여 한가지로 건국에 협력하게 하자는 것이요, 생활의 자유를 좀 구속하는 중에도 공로자의 대우를 분명히 하여 공사 간 진화의 도를 얻게 하자는 것이니라."

15. 정산 종사, 또 말씀하시기를 "이때를 당하여 우리의 최대 **급무**는 각자의 마음을 반성하여 항상 그 개선에 전력하는 것이요, 각 지도급에서는 민중에 대하여 매양 바른 지도를 하는 것이니, 마음이 선량하지 못하면 아무리 좋은 **주의**를 **두대**(斗戴)할지라도 도리어 좋지 못한 결과를 초래하게 되느니라. 가령 평등사상이나 자유주의가 인류 생활에 반드시 필요한 것이지만, 이를 잘못 이해하여 남의 권리를 무시하고 **무상 취득**에만 정신이 어두운 것을 어찌 평등의 원리라 할 것이며, 누구의 제재도 받지 않고 자행자지하여 **궤도** 없는 생활에 빠

유산자(有産者) 많은 재산을 가지고 있는 사람.
선심(善心) 남에게 베푸는 후한 마음.
관영(官營) 정부나 공공기관에서 경영하는 것.
민영(民營) 민간인이 경영하는 것.
급무(急務) 급히 해야 할 중대한 일.
주의(主義) 이념이나 사상. 또는 체계화된 이론이나 학설.
두대(斗戴) 두둔하고 보호함.
무상 취득(無償取得) 대가나 보상 없이 자기 것으로 삼는 것.
궤도(軌道) 차나 수레가 다니는 길이라는 뜻으로 여기서는 지켜야 할 법도 또는 규범을 의미.

지는 것을 어찌 자유의 원리라 하겠는가. 그러므로 먼저 **우주의 공도**를 깨쳐서 자기 **사유**(私有)에 **국한** 없는 정신을 가지며 노력의 대가 없이는 의식을 구하지 않는 정신을 잘 가져야 진실한 균등의 가치가 드러날 것이요, 먼저 각자의 마음이 공중도덕과 통제 생활에 위반되지 아니할 정도에 있으며 남의 정당한 의견과 정당한 권리를 침해 구속하지 않는 데에서 참다운 자유의 가치가 나타날 것이니라."

16. 정산 종사, 또 말씀하시기를 "요사이 인심의 상태를 본다면 공연히 민심을 충동하여 혹은 평지에 풍파를 일으키고 혹은 사랑하는 동포를 원수같이 상대함으로써 무슨 건국 사업이나 하는 듯이 아는 이 적지 않으나, 참다운 건국은 있던 풍파라도 안정시키고 묵은 원수라도 은혜로 돌려서 어느 계급을 막론하고 같이 손잡고 **동심 합력**하는 데에서 이루어지나니, 평등한 가운데 순서를 잃지 말고 자유 가운데 규율을 범하지 아니하여, 유산자는 유산자로, **무산자**는 무산자로, 관리는 관리로, 민중은 민중으로 각각 그 도를 다하고 마음을 합한다면 건국 공사는 그 가운데 자연히 성립될 것이니라. 건국이 있은 후에야 주의도 있고 평등도 있고 자유도 있고 권리도 있어서 우리의 행복을 우리 스스로 누릴

우주(宇宙)**의 공도**(公道) 우주 만물이 한 기운으로 연계되어 있는 이치.
사유(私有) 개인 소유. 사유재산.
국한(局限) 집착하여 한정됨.
동심 합력(同心合力) 하나 된 마음으로 힘을 합함.
무산자(無産者) 가진 재산이 없는 사람.

것이니, **소아**를 놓고 **대아**를 주장하면 소와 대가 한가지로 구원을 받을 것이나 대아를 놓고 소아를 주장한다면 소와 대가 한가지로 멸망되는 법이니라."

17. 정산 종사 말씀하시기를 "물건에 본말이 있고 일에 **시종**이 있나니 그 선후를 안 후에야 건국이 순서를 따라 진행될 것이니라. 국내 단결이 있은 후에야 국제 신용이 나타나고, 국제 신용이 나타난 후에야 외교의 성공을 얻게 되고, 외교의 성공을 얻은 후에야 국가의 주권이 서게 되고, 국가의 주권이 선 후에야 평등과 자유가 다 우리에게 있나니, 만일 평등과 자유를 희망하는 이로서 국내 단결을 파괴하는 것은 살기를 원하면서 스스로 죽을 일을 하는 것과 같으니라."

18. 정산 종사 말씀하시기를 "마음이 깨끗하지 못하면 아무리 좋은 주의라도 도리어 그 주의를 **오손**시키고 **사체(事體)**가 바르지 못하면 아무리 훌륭한 노력이라도 한갓 그 노력만 허비하느니라." 또 말씀하시기를 "**무리하게** 나를 선전하고 모략으로 남을 공격하는 이는 혹 일시적 인심 선동은 할 수 있으나 최후의 승리는 결코 얻지 못하느니라." 또 말씀하시기를 "자기 욕망을 위하여 그른

소아(小我) 개인적인 욕망과 집착에 사로잡힌 나.
대아(大我) 개인적인 욕망과 집착에서 벗어나 모두와 함께하는 나.
시종(始終) 처음과 마지막. 또는 시작함과 마침.
오손(汚損) 가치를 떨어뜨리고 손상시킴.
사체(事體) 일 자체의 성격. 사리와 체면을 아울러 이르는 말.
무리하게 억지로.

줄을 알고도 짐짓 행하는 이는 사실 반역자요, 처음에는 혹 미(迷)했으나 그른 줄 알면 바로 고치는 이는 진정한 애국자니라."

19. 정산 종사 말씀하시기를 "대의를 모르고 날뛰는 사람은 살아도 가치 없는 인생이요 죽어도 값없는 죽음이니라." 또 말씀하시기를 "양심을 굽혀 **형세**에 따르는 이는 혹 일시의 **보신**은 된 듯하나 도리어 만년의 치욕을 면하지 못하느니라." 또 말씀하시기를 "밖으로 공을 두대하고 안으로 사를 도모하는 이는 일체 말이 다 거짓 말이 되고 일체 행이 다 거짓 행이 되느니라."

20. 정산 종사 말씀하시기를 "사람의 투쟁이 처음에는 **사상전**에서 시작하여 다음에는 **세력전**으로 옮기고 다음에는 **증오전**으로 옮겨서 **필경**은 무의미한 투쟁으로써 공연히 대중에게 해독을 끼치기 쉬우니라."

21. 정산 종사 말씀하시기를 "남의 옷이 좋다 하여 그대로 입으면 내게는 맞지 않는 법이니 나의 품과 키에 맞춰서 지어야 내 옷이 되느니라." 또 말씀하시기

형세(形勢) 일이 되어 가는 형편이나 사정.
보신(保身) 몸을 보전함. 자기의 지위나 재물 등을 지킴.
사상전(思想戰) 사상 또는 이데올로기 간의 치열한 논쟁과 대립.
세력전(勢力戰) 집단과 집단이 서로 힘을 다툼.
증오전(憎惡戰) 서로 몹시 미워하여 다투고 싸움.
필경(畢竟) 마침내. 결국에는.

를 "문화가 교류하는 이때 **순연히** 내 것만 고집하는 것은 고집불통이요, 순연히 남에게만 팔리는 것은 정신없는 사람이니, 그러므로 안으로 자립하고 밖으로 화하며 장점은 취하고 단점은 버리는 것이 시대의 **양책**이니라."

22. 정산 종사 말씀하시기를 "무엇이나 극(極)하면 **변고**가 생기고 과(過)하면 폐단이 있나니, 그러므로 극과 과에 치우치지 않는 것이 **구세**의 **요법**이 되느니라." 또 말씀하시기를 "빼앗고 빼앗기는 것과 주고받는 것이 그 차이가 **천양(天壤)** 같나니, 빼앗고 빼앗기는 것은 한과 원수가 맺혀서 불안의 종자가 숨어 있고, 주고받는 것은 은혜와 인정이 화하여 평화를 얻게 되느니라."

23. 정산 종사 말씀하시기를 "선을 장려하고 공을 대우하는 것은 진화의 큰길이니, 만일 선을 등한히 알고 공을 무시한다면 이는 퇴보의 길을 걷는 것이니라." 또 말씀하시기를 "분에 넘는 생활을 방지하고 공익사업을 장려하며 상속을 법으로 제한하면 그사이에 진흥되는 것은 **사업 열의**요 불어나는 것은 공익 자산이요 그 결과는 민중의 공동 행복이니라."

순연히(純然-) 전적으로.
양책(良策) 훌륭하고 좋은 방책.
변고(變故) 갑작스럽게 일어난 좋지 않은 일.
구세(救世) 세상을 불행과 고통으로부터 구함.
요법(要法) 요긴한 법. 꼭 필요한 법.
천양(天壤) 하늘과 땅. 여기서는 천양지차(天壤之差)의 의미로 쓰여 하늘과 땅 사이처럼 그 차이가 매우 크고 넓음을 뜻함.
사업 열의(事業熱意) 공익사업에 대한 열정.

24. 정산 종사 말씀하시기를 "훈련이 없고는 실행하기 어렵고 준비가 없고는 성공하기 어렵나니, 그러므로 훈련기와 준비기가 있어야 하느니라." 또 말씀하시기를 "나무를 휘기로 하면 서서히 하여야 하나니 만일 급히 하기로 하면 꺾어질 염려가 있느니라." 또 말씀하시기를 "어린아이에게 '**대학**'을 가르치지 못하고 이기주의자에게 공사를 맡기지 못하느니라."

25. 정산 종사 말씀하시기를 "머리가 어지러우면 끝이 따라서 어지럽고 머리가 바르면 끝이 따라서 바르나니, 그러므로 일체의 책임이 다 지도자에게 있느니라." 또 말씀하시기를 "죄악이 중하면 하늘이 용서하시 아니하고 **공심**이 지극하면 **자연**의 도움이 있느니라." 또 말씀하시기를 "**사필귀정**은 우주의 원리니, 그러므로 **천의 인심(天意人心)**이 떳떳이 향하는 곳이 있느니라."

26. 한 정객이 여쭙기를 "지금 이 건국 초기에 시국이 아직 불안하고 나라에 일이 많으며 종교도 나라가 있은 연후의 일이오니 바라건대 건국을 위하여 힘을 써주심이 어떠하겠나이까?" 정산 종사 말씀하시기를 "내 비록 능력 없으나

대학(大學) 유교의 중요 경전으로 사서(四書)중 하나. 유교 사상의 기본 틀인 삼강령 팔조목을 제시함. 명명덕(明明德)·친민(親民)·지어지선(止於至善)의 삼강령과 격물(格物)·치지(致知)·성의(誠意)·정심(正心)·수신(修身)·제가(齊家)·치국(治國)·평천하(平天下)의 팔조목(八條目).

공심(公心) 공익심. 봉공심.

자연(自然) 천지자연.

사필귀정(事必歸正) 세상 모든 일이 반드시 바른 이치대로 돌아간다는 뜻.

천의 인심(天意人心) 하늘의 뜻과 대중의 마음.

우리 교단을 통하여 나랏일에 전력하고 있거늘 귀하는 또다시 건국 사업에 힘쓰라 하니 그 어떠한 말씀인지요." 객이 말하기를 "정당에도 참여하시고 민족 운동도 일으키라는 말씀입니다." 정산 종사 말씀하시기를 "가령 집을 짓는 데에도 **주초**와 기둥과 **들보**가 각각 책임이 있어서 그 있는 바 위치에서 서로 힘을 합하지 아니하면 능히 집을 건설하지 못하는 것같이, 나라를 건설하는 데에도 정치와 교화와 생산이 각각 책임이 있어서 그 맡은 바 직장에서 서로 힘을 합하지 아니하면 능히 나라를 건설하지 못하는 것이니, 정치가는 무슨 방법으로든지 그 정치를 잘하는 데에 주력하고, 종교가는 무슨 방법으로든지 그 국민을 교화하는 데에 주력하고, 생산가는 무슨 방법으로든지 그 생산을 잘하는 데에 주력하여, 그 합력으로써 한가지로 나라를 건설하는 것이며, 귀하의 말씀같이 지금은 시국이 아직 불안한지라 건국 공사에 인심 선도가 제일 급선무인즉 정치 당국에서 먼저 각 교회를 살피어 시국에 도움이 될 교회에 힘을 밀어주어 교화 사업을 더욱 잘하게 하는 것이 건국에 좋은 길이 아닐까 합니다. 우리 교단도 창립한 시일이 오래지 아니하여 아직 많은 대중을 포섭하지는 못하였으나 해방 직후의 **구호 사업**을 비롯하여 무슨 방면으로든지 인심을 선도하는 데에 많은 내조가 있는 줄로 믿고 있습니다." 객이 말하기를 "그러면 귀 교에서는 **내조**만 하고 사람을 직접 내세우지는 아니할 예정이십니까?" 정산 종사 말

주초(柱礎) 주추의 비표준어. 주춧돌.

들보 대들보.

구호 사업(救護 事業) 전재동포구호사업. 원기 30년(1945) 9월에 익산과 서울, 전주, 부산 등지에서 광복 후 외국에서 귀환하는 전재동포들에게 식사와 의복 공급, 숙소 안내, 응급치료와 사망자 장례 등을 진행한 구호 사업.

내조(內助) 직접 정치에 참여하지 않고도 일이 잘 되도록 도와주는 것.

씀하시기를 "**전무출신자**는 기위 교단 일에 전임하고 있으니 **일신양역(一身兩役)**은 어려우나, **재가 교도**는 얼마든지 능히 정치에 나설 수도 있으니, 장차 세상에는 종교의 교화를 잘 받은 사람이라야 능히 훌륭한 정치가가 될 줄로 생각하는 바입니다."

27. 정산 종사 말씀하시기를 "요사이 세간에서 우리를 좌냐 우냐 하여 말이 많다 하나 이는 종교의 대의를 모르는 말이니, 종교 즉 도덕은 정치의 체가 되고 정치는 도덕의 용이 될 뿐이니라. 우리 **사대 강령**에 무아 봉공은 **고금 좌우**를 통한 **도덕 정치**의 근본이니, 진정한 **주의자**는 **무아의 이치**를 철저히 깨쳐서 사심 없이 봉공하는 이요, 명예나 권력에 추세하여 망동하는 이는 한 국가의 건설에 주인이 될 수 없느니라. 정치의 근본은 도덕이요 도덕의 근본은 마음이니, 이 마음을 알고 이 마음을 길러 우리의 본성대로 수행하는 것이 우리의 본분이며 소임이니라." 또 말씀하시기를 "지금은 정치인들이 주연이 되어 정치

전무출신자(專務出身者) 전무출신 하는 사람. 원불교 출가 교도로서 신앙과 수행에 전념하며 세상을 위하여 심신을 오롯이 헌신 봉공하는 사람.

일신양역(一身兩役) 한 사람이 두 가지 역할을 동시에 맡음.

재가 교도(在家教徒) 세간에서 생활하며 원불교를 신앙하고 수행하는 사람.

사대 강령(四大綱領) 원불교의 주요 가르침을 네 가지 실천 방향으로 집약한 것. 정각 정행, 지은 보은, 불법 활용, 무아 봉공을 말한다.

고금 좌우(古今左右) 과거와 현재와 좌익과 우익.

도덕 정치(道德政治) 도덕에 바탕 한 정치.

주의자 이념이나 사상 또는 체계화된 이론이나 학설을 주장하는 사람.

무아의 이치(無我-理致) 본래 나라는 개별적 실체가 없고 사은(四恩)의 네 가지 은혜 속에서 살아가는 공적 존재라는 이치.

극을 벌이는 도중이나 그 막이 끝나면 도덕극의 막이 오르나니, 지금은 도덕가의 준비기이므로 바쁘게 준비하라." 또 말씀하시기를 "집을 짓는데 터를 닦고 목수 일을 하며 그다음에 **토수** 일과 도배를 한 후 집주인이 들어가 살게 되는 것같이, 지금 **좌우 당**은 터를 닦고 이후 정부는 목수 일을 하고 그 후 도덕은 토수 일과 도배를 하여 완전한 좋은 국가를 이룩하리라."

28. 정산 종사 말씀하시기를 "해방 후 이 나라가 큰 난국에 처해 있으나 앞으로 오는 대세는 크게 양양하나니, 날이 새고 봄이 오는 것도 일시에 되는 것이 아니요 그 절차와 순서가 있느니라." 또 말씀하시기를 "지금은 이른 봄에 얼음이 있는 것 같아서 안으로는 녹기 시작하였으나 겉으로는 아직도 그대로 있는 것이니 멀지 아니하여 모르는 사이에 그 얼음이 다 녹아 없어지느니라." 또 말씀하시기를 "세상이 열릴수록 싸우기 좋아하는 이는 망하나니, 앞으로는 국가 간의 싸움이나 개인 간의 싸움이나 먼저 덤비는 이가 패하리라."

29. 정산 종사, **한국전쟁** 중 처음 맞는 **원조(元朝)**에 말씀하시기를 "믿음을 더욱 굳게 하라. 복과 죄는 다 나 자신이 짓고 받나니 먼저 나 자신을 옳게 믿으며, 허공은 소리 없고 냄새도 없으나 속일 수 없고 어길 수도 없는 위력이 있

토수(土手) 건축 공사에서 벽이나 천장이나 바닥 따위에 흙, 회, 시멘트 따위를 바르는 일을 업으로 하는 사람.
좌우 당(左右黨) 좌익 정당과 우익 정당.
한국전쟁 1950년 6월 25일 발발한 남북한 사이의 민족 전쟁.
원조(元朝) 새해 아침.

나니 이 진리를 철저히 믿고 받들라. 희망을 잃지 말라. 영원한 세상을 통해 볼 때 당장에는 아무리 **난경**에 처해 있다 할지라도 자포자기하지 않고 희망을 잃지 않는 이는 여진이 있고 진보가 있으리라. 평화한 마음을 놓지 말라. 평화를 먼 데서 구할 것이 아니라 가까운 내 마음 가운데서 먼저 구하라. 어떠한 난경에 들었다 하여도 평화한 심경을 놓지 아니하여야 앞으로 세상에 평화를 불러오는 주인이 되리라."

30. 정산 종사, **한국전쟁** 중 자주 챙겨 말씀하시기를 "혼자라도 이 공부 이 사업에 정진하겠는가. 다른 사람이 다 비방하고 박해하여도 꿋꿋이 이 **회상**을 시키겠는가." 하시며, "과거에는 새 회상을 창건할 때 적지 않은 순교자를 내었으나, 우리의 법은 새 세상의 **상생 대도**라 그런 일은 없으리니 안심하라." 하시고, "신심이 없는 이는 **지척**에 살아도 **천리만리** 떠나 있는 사람이요 신심이 녹실한 이는 천 리 밖에 있어도 함께 있는 사람이니, 항상 어느 곳에서나 남을 위하고 회상을 위하는 사람이 되라. 그러면 **피란**은 절로 되리라."

난경(難境) 힘들고 어려운 상황.
한국전쟁 1950년 6월 25일 발발한 남북한 사이의 민족 전쟁.
회상(會上) 궁극적 진리를 깨달은 부처 혹은 성자의 가르침을 실현하는 곳. 교단.
상생 대도(相生大道) 모두를 살리는 큰 도.
지척(咫尺) 한 자의 거리라는 뜻으로 아주 가까운 거리를 의미.
천리만리(千里萬里) 매우 먼 거리.
피란(避亂) 전쟁 등의 난리를 피함.

31. 정산 종사 말씀하시기를 "옛날 **공자**께서는 한때 도둑의 무리에게 둘러싸임을 당하사 7일 동안 양식이 끊어졌으나, 태연히 앉아서 말씀하시기를 '기후가 추운 뒤에야 **송백**의 절개를 알고 **환란**이 있은 후에야 공부의 참된 힘을 얻을 것이라.' 하시니, 대중의 마음이 조금도 요란하지 아니하여 서로 평온한 음성으로 노래하며 화답하거늘, 도둑의 무리가 그 광경을 엿보고 크게 놀라 가로되 '이는 반드시 하늘 사람의 무리라.' 하고 드디어 물러갔다 하나니 이는 **만고**에 안심하는 표본이 될 만하니라."

32. 정산 종사, **산동교당**에서 '새벽하늘 **우레** 비 한소리 뒤에, 모든 집 모든 문이 차례로 열리리라.[曉天雷雨一聲後 萬戶千門次第開]' 하는 글을 지으신 뒤, 말씀하시기를 "근세의 동란이 **갑오 혁명**을 기점으로 하여 일어났나니, 동란의 비롯이 이 나라에서 된지라 평화의 발상도 이 나라에서 되리라. 우리가 경제나

공자(孔子, 기원전 551~479) 본명은 공구(孔丘). 자(字)는 중니(仲尼). 유가 사상의 시조.
송백(松柏) 소나무와 잣나무.
환란(患亂) 근심과 재앙.
만고(萬古) 영원한 세월.
산동교당(山東敎堂) 전북 남원시 산동면에 위치한 원불교 교당.
우레(雨雷) 천둥.
曉天雷雨一聲後 萬戶千門次第開 효천뇌우일성후 만호천문차제개.
갑오 혁명(甲午革命) 갑오농민혁명. 1894년 전봉준을 비롯한 동학도와 농민들이 일으킨 혁명.

병력으로 세계를 어찌 호령하리오. 새 세상의 **대운**은 성현 **불보살**들이 주장하나니, 이 나라의 새로운 대도덕으로 장차 천하가 한집안이 되리라." 하시고, 또 말씀하시기를 "세계 대운이 이제는 동남으로 돌고 있으므로, 앞으로 동남의 나라들이 차차 발전될 것이며, 이 나라는 세계의 정신적 중심지가 되리라." 하시니라.

33. 정산 종사, 산동교당 뜰 앞의 무궁화와 태극기를 보시며 말씀하시기를 "무궁화는 그 이름이 좋으니라. 무궁은 한량없고 변치 않음을 뜻함이니, 이 나라가 새 세상 대도덕의 근원이 될 것을 저 무궁화가 예시하고 있느니라. 태극기는 그 이치가 깊으니라. **태극**은 곧 우주의 원리로서 만물의 부모가 되는 것이요, 또 태극은 **무극**이며 무극은 일원이니, 일원대도가 장차 온 인류의 **귀의처**가 되고 그 발원지인 이 나라가 전 생령의 정신적 부모국이 될 것을 저 태극기가 예시하고 있느니라."

대운(大運) 아주 크고 좋은 운수.
불보살(佛菩薩) 부처와 보살.
태극(太極) 우주 만물의 근본 이치. 중국 송대(宋代)의 성리학자인 주렴계(周濂溪)의 「태극도설(太極圖說)」에서 우주 만물의 근원으로 제시한 이래 특히 성리학에서 중시된 개념.
무극(無極) 시간의 한계와 공간의 국한을 넘어선 태극의 초월성을 표현하는 개념.
귀의처(歸依處) 마음을 바쳐 의지하는 곳.

제4 경륜편

經綸編

경륜편(經綸編) 원불교 교명의 의미, 교단 발전의 계획과 경륜, 유일학림 등 중요 기관의 설립 의의, 원광지 창간과 정관평 재방언 공사 등 중요 사업에 관련된 법문으로 구성되어 있다.

1. 객이 여쭙기를 "귀 교의 교명을 원불교라 하였으니 '원'의 뜻을 알고자 합니다." 정산 종사 말씀하시기를 "원은 **형이상**으로 말하면 **언어와 명상**이 끊어진 자리라 무엇으로써 이를 형용할 수 없으나, **형이하**로 말하면 우주 만유가 다 이 원으로써 표현되어 있으니, 이는 곧 **만법**의 근원인 동시에 만법의 **실재**인지라, 이 천지 안에 있는 모든 교법이 비록 천만 가지로 말은 달리하나 그 실은 원 외에는 다시 한 법도 없는 것입니다." 또 여쭙기를 "원의 뜻이 그와 같이 원융하다면 당돌한 말씀 같사오나 '원도(圓道)' 또는 '원교(圓敎)'라고 이름하시는 것이 모든 교법을 포용하는데 더 원만하지 않을까요? 불교가 비록 **노대 종교**일지라도 아직도 세상 인식이 일부의 교의로 짐작하는 이 적지 않은 듯하오니 거기에 대하여 한 번 더 생각해 보심이 어떠하실까요?" 말씀하시기를 "불(佛)은 곧 깨닫는다는 말씀이요 또는 마음이라는 뜻이니, 원의 진리가 아무리 원만하여 만법을 다 포함하였다 할지라도 깨닫는 마음이 없으면 이는 다만 빈 이치에 불과한 것입니다. 그러므로 원불(圓佛) 두 글자는 원래 둘이 아닌 진리로서 서로 떠나지 못할 관계가 있으며, 또는 과거의 불교로 말할지라도 근본 **교의**가 일부에 치우치는 것은 아니건마는 그 제도 여하에 따라 세상 사람들이

형이상(形而上) 형상을 초월한 측면. 또는 감각적 경험을 넘어선 측면.
언어와 명상(言語-名相) 말과 글과 이름과 형상. 진리에 관한 다양한 표현 방식.
형이하(形以下) 형상으로 나타난 측면. 또는 감각적으로 경험할 수 있는 측면.
만법(萬法) 세상의 모든 존재. 현상, 원리의 통칭.
실재(實在) 실제로 나타난 모습.
노대 종교(老大宗敎) 인류 역사에서 오랜 전통을 지니고 큰 영향을 끼쳐온 종교.
교의(敎義) 교리. 교법.

자연히 일부의 교의로 오인한 것이니, 그 제도를 새로이 하면 불법의 정체(正體)가 진리 그대로 원만하게 세상에 나타나게 될 것입니다."

2. 객이 여쭙기를 "귀 교의 발전 계획에 대하여는 어떻게 생각하고 계십니까?" 정산 종사 말씀하시기를 "옛 성인의 말씀과 같이 물건에 본말이 있고 일에 종시가 있으니 그 선후를 알아 준비하면 발전은 자연히 될 줄로 믿습니다." 또 여쭙기를 "선후는 어떻게 생각하고 계십니까?" 말씀하시기를 "첫째는 **교재**를 정밀히 준비하는 것이요, 둘째는 인재를 많이 양성하는 것이요, 셋째는 이 모든 사업을 운용할 경제의 힘을 얻는 것인바, 현하 시국 관계로 그것이 마음대로 되지 아니하여 애쓰고 있는 중입니다." 또 여쭙기를 "어떤 교회는 선전에 열중하여 심지어 가두선전까지 하고 있는데 귀 교에서는 그러한 일은 하지 않습니까?" 말씀하시기를 "선전도 적당한 방법으로는 하겠지마는 가두선전까지 해 본 적은 없습니다." 또 여쭙기를 "기위 선전을 하시기로 하면 적극적으로 하시는 것이 좋지 않을까요?" 말씀하시기를 "비컨대 장사하는 사람이 상점에 좋은 상품을 준비하여 놓고 오는 손님에게 적당히 매매하여 대중에게 이익만 준다면 그 상점이 자연히 발전되는 것같이, 종교의 교화도 모든 교재를 완전히 준비해 놓고 누구에게든지 해를 주지 아니하고 이익만 준다면 자연히 발전될 것이니, 과거로부터 현재까지는 형식의 선전이 발전의 중심이 되어 왔지마는 장차 세상에는 실지의 활동이 발전의 중심이 될 줄로 믿고 있습니다."

교재(教材) 경전.

3. 정산 종사, 원기 31년에 **금강단(金剛團)** 창립총회에서 훈시하시기를 "그대들의 단을 '금강단'이라고 이름한 것은 그 뜻이 깊나니, 그대들은 항상 '**금강**' 두 글자를 잊지 아니하여 금강의 실적을 잘 드러내기 바라노라. 그대들은 안으로 각자에게 갖추어 있는 금강 자성을 찾을 것이요, 자성을 찾은 후에는 금을 단련하는 이가 금 가운데 깊어 있는 잡철과 **사석**을 제거하고 정금을 만드는 것같이 잡념을 제거하고 또 제거하여 기어이 **청정 심지**를 만들 것이요, 저 금을 단련한 사람이 금을 잘 활용하듯이 마음 또한 **기틀**을 따라 선용하여 **만행**을 갖춘 성자가 되라. 그대들은 또한 밖으로 이 조직이 일정한 신의 아래 금강같이 단결하도록 할 것이요, 단원 가운데 혹 어떠한 **계율 범과**가 보일 때는 단의 힘으로 서로 **경책**하고 미리 타일러 온 단원이 다 정금 같은 자태를 갖출 것이요, 단의 힘이 확충됨을 따라 봉공의 힘을 더욱 촉진하여 대종사의 정법을 널리 포

금강단(金剛團) 원기 31년(1946)에 전무출신 남녀 청년들이 구성한 친목 단체. 금강같이 단결하고 금강같이 친화하여 세계를 밝히고 원불교 교법을 세계에 널리 선양하자는 취지로 발족.

금강(金剛) 금강석에서 유래된 말로서 어떤 어리석음도 깨뜨릴 수 있으면서 부수어지지 않는 자성(自性)의 지혜 광명을 비유하는 말.

사석(沙石) 모래와 돌을 아울러 이르는 말.

청정 심지(淸淨心地) 맑고 깨끗한 마음 바탕.

기틀 어떤 일의 가장 중요한 계기나 조건. 어떤 일을 해나가는 데 있어서의 가장 중요한 밑받침.

만행(萬行) 만 가지 덕행.

계율 범과(戒律犯過) 계율에 어긋남.

경책(警責) 정신을 차리도록 깨우침.

양하고 **선진**들의 유업을 길이 계승하여 금강 같은 광명을 세계에 잘 드러내도록 하라."

4. 정산 종사, 원기 31년 5월에 **유일학림(唯一學林)** 개학식에서 훈시하시기를 "유일학림은 대종사께서 **재세** 당시에 직접 뜻을 두시고 유일이라는 교명까지 정하셨으나, 시국 관계로 그 뜻을 다 펴지 못하셨던 바를 해방을 맞아 이제 개학하게 된 것이니, 그대들은 먼저 유일의 참뜻을 알아 유일한 목적과 유일한 행동과 유일한 성과를 얻으라. 유일한 목적이란 곧 제생 의세요, 유일한 행동이란 곧 무아봉공이요, 유일한 성과란 곧 일원 세계 건설이니, 지금은 비록 좁은 교실에 학인의 수효도 많지 못하나 장차 수없는 도인들이 여기에서 쏟아져 나와 넉넉히 세계를 제도하게 되리라."

5. 정산 종사, 원기 33년 4월에 '원불교 **교헌(敎憲)**'을 제정 **반포**하시니, 총강 제1조에 '원불교는 우주의 원리요 제불의 **심인**인 즉 일원의 대도에 근본 하여 정신·정각·정행을 종지로 한다.' 하시고, 제2조에 '본 교는 인생의 요도 **사은**

선진(先進) 도문(道門)에 먼저 입문한 사람. 선배.
유일학림(唯一學林) 원기31년(1946) 5월에 중앙총부 구내에 개설된 원불교 교역자 양성기관으로 후일 원광대학교로 발전하였다.
재세(在世) 세상에 살아 있는 동안.
교헌(敎憲) 원불교 교단을 운영해 가기 위하여 필요한 기본 법규.
반포(頒布) 세상에 널리 알림.
심인(心印) 모든 부처와 성자들이 마음으로 전하는 깨달음의 경지.

사요와 공부의 요도 **삼학 팔조**로써 전 세계를 **불은화** 하고 일체 대중을 **선법화** 하여 제생 의세하기로 목적한다.' 하시고, 제3조에 '본 교는 법신불 일원상을 본존으로 한다. 일원은 사은의 본원이요, **법보화(法報化) 삼위**의 대상이며, 석가모니불과 소태산 대종사의 **정전** 심인(正傳心印)이심을 진리로써 신봉한다.' 하시니라.

6. 정산 종사, 원기 34년 4월에 유일학림 제1회 졸업식에서 훈시하시기를 "그대들이 3년간 만족한 공부는 하지 못하고 고생만 너무하여 미안하나, 그대들은 우리 교단의 사업 경로를 회고하여 보라. 처음 **방언** 공사로부터, 숯 상사와 엿 장사를 하며, 농사를 짓고 축산을 하며, 과수원과 약국을 경영하며, 또 개인

사은(四恩) 법신불의 네 가지 은혜. 천지은, 부모은, 동포은, 법률은.

사요(四要) 은혜를 사회적으로 실현하여 평등세계를 건설하는 네 가지 요긴한 길. 자력 양성, 지자 본위, 타자녀 교육, 공도자 숭배.

삼학(三學) 법신불 일원상을 표본 삼아 인격을 함양해 가는 세 가지 수행 방법. 정신 수양, 사리 연구, 작업 취사.

팔조(八條) 삼학 수행을 촉진하는 신·분·의·성과 방해하는 불신·탐욕·나·우.

불은화(佛恩化) 법신불의 은혜가 충만하도록 함.

선법화(禪法化) 무시선(無時禪)·무처선(無處禪)의 선법으로 수행하도록 함.

법보화(法報化) 법신불, 보신불, 화신불의 줄임말.

삼위(三位) 불교의 불신(佛身)사상에서 유래된 표현으로 법신불, 보신불, 화신불의 세 가지 존귀한 지위 또는 불격(佛格).

정전(正傳) 부처의 법을 바르게 전하고 이어받음.

방언(防堰) 바다를 막아 논을 만드는 일. 바닷물이 밀려들어오는 것을 막기 위해 둑을 쌓음.

적으로는 **제사공장** 고무공장에를 다닌다 하여, 3년 **학림**은 고사하고 3개월 선한번 마음 놓고 난 선진이 그대들 이전에는 없었나니, 어느 사업을 막론하고 그 성립의 순서가 대개 이러하며 후진이 선진을 특별히 추숭하는 이유가 여기에 있느니라. 종교의 생명은 신심이요 사업의 동력은 공심이라. 그대들에게 이 두 가지만 갖추어 있다면 학식이 부족하여도 전도가 양양하리니, 다른 것에 부족을 느끼지 말고 오직 여기에 부족을 느끼며, 다른 것을 갖추려 애쓰지 말고 오직 여기에 애를 쓰라. 이제 그대들은 학림의 학과는 마쳤지마는 정말로 큰 공부를 시작하게 되었나니, 그 큰 공부란 곧 일하면서 공부하고 공부하며 일하는 사상 공부(事上工夫)라. 그대들의 **일언일동(一言一動)**이 앞으로 학림과 교단의 사업에 중대한 영향을 가져올 것임을 한때라도 잊지 말고 **신성**과 공심에 근원을 하여 이 사상 공부에 부지런히 힘써서 부처의 공부와 부처의 사업을 원만히 성취하기 바라노라."

7. 정산 종사, 원기 34년 5월에 '**원광(圓光)**'을 창간하시며 '일원지광 편조시방

제사공장(製絲工場) 방직공장.
학림(學林) 유일학림. 원기 31년(1946) 5월에 중앙총부 구내에 개실된 원불교 교역자 양성 기관으로 후일 원광대학교로 발전하였다.
일언일동(一言一動) 한마디 말과 한 가지 동작이라는 뜻으로 모든 말과 행동을 의미.
신성(信誠) 정성스러운 믿음.
원광(圓光) 원기 34년(1949)에 창간된 원불교 교단의 기관지. 교단 초기 발행했던 『회보』를 계승한 것.

(一圓之光 遍照十方)'이라는 **제자(題字)**를 내리시고, 다시 **요언(要言)**을 내리시기를 '무엇이나 진실한 일은 아무리 없애려 하여도 **필경**은 있어지는 것이요, 거짓된 일은 아무리 있으려 하여도 필경은 없어지고 마느니라.'

8. 학인이 여쭙기를 "우리의 기관지와 우리가 세운 학교들의 이름을 '원광'이라 하셨사오니 그 뜻이 무엇이오니까?" 정산 종사 답하시기를 "일반적으로는 일원 대도를 빛내라는 뜻이나 원광 두 글자에 더욱 깊은 이치가 들어있나니, '원'은 곧 일원의 당체로서 만유와 만법의 근본 자리요, '광'은 곧 그 자리에서 만유와 만법이 나타나는 것이니라. 따라서 원은 체요 광은 용으로 모든 법이 여기에 다 포함되어 있나니, 이 뜻을 잊지 말고 잘 **궁리**하여 생각과 말과 행동을 원광으로써 하라. 우리 회상의 발전은 그 가운데 있으리라."

9. 정산 종사, 원기 38년 4월에 제1대 총결산을 마치신 후 말씀하시기를 "**공부의 등위**와 **사업의 등급**에 공정을 기하고자 애를 썼으나, 어찌 그 숨은 공부와

일원지광 편조시방(一圓之光 遍照十方) 일원의 광명으로 온 세상을 두루 비추라는 뜻.
제자(題字) 책의 머리나 그림, 족자, 비석 따위에 쓴 글.
요언(要言) 요긴한 교훈.
필경(畢竟) 마침내. 결국에는.
궁리(窮理) 사물의 이치를 깊이 연구함.
공부의 등위(工夫-等位) 공부인의 수행 정도를 평가하는 법위등급.
사업의 등급 정신·육신·물질로써 교단에 공헌한 실적을 평가하는 등급.

숨은 공로가 다 드러나기를 바랄 수 있으리오. 그런즉 우리는 참다운 **사정**은 **호리**도 틀림없는 진리에 맡기고, 이번에 나타난 등급으로는 앞날의 **적공**에 더욱 분발할 대중만 삼는다면, 이분들이 참으로 알뜰한 우리 동지요 참으로 등급 높은 공인이니, 후일 영모전에서 등위보다 실적이 넉넉한 선령은 제사 받기가 떳떳하겠지마는, 실적이 혹 등위만 못한 선령은 헛대접 받기가 얼마나 부끄러우리오."

10. 정산 종사, 원기 39년 4월에 **수위단회**와 **교무연합회**에서 유시하시기를 "수위단원 여러분과 중앙 간부들과 각 기관 및 지방 교당 책임자 여러분의 진실과 공심으로 일관한 그간의 노력이 보람 있어서 교단 각 방면에 현저한 발전을 보게 된 데 대하여 심심한 **치하**를 드리며, **신병(身病)**으로 거년의 1대 총회에도 원만한 기쁨을 함께하지 못하고 금년 역시 서로 만족히 대하지 못하니, 말 없는 가운데 **상조**하는 **심월**이야 언제나 한 모양으로 두렷하지마는 오래 서

사정(査正) 조사하거나 심사하여 결정함. 심사와 평가.
호리(毫釐) 털 끝. 매우 적은 분량을 비유적으로 표현한 말.
적공(積功) 공부와 사업에 공을 쌓음.
수위단회(首位團會) 원불교 최고 의결기관.
교무연합회(教務聯合會) 각 교당과 기관 교무들의 협의 모임체.
치하(致賀) 남이 한 일에 대하여 고마움이나 칭찬의 뜻을 표시함.
신병(身病) 몸에 생긴 병.
상조(相照) 서로 비추다는 뜻으로 마음이 연(連)한다는 의미.
심월(心月) 보름달 같이 밝은 마음.

로 떠나 있던 **회포**를 다 풀지 못하는 유감은 피차가 일반이라." 하시고, 당면 문제로서 중앙 기관의 통제 및 **위신 확립**에 관하여 말씀하시기를 "그간은 우리 사업이 대외적 확장보다 대내적 충실에 주안을 두었으므로, 모든 **정사**를 거의 다 집안 살림하듯 **구두 공론**으로 하여 왔었고, 모든 직위에 대하여도 특별한 위신을 따로 챙기지 아니하고 그대로 지내온 점이 많았으나, 현재와 미래에는 모든 기관이 확장되고 활동하는 사람 수가 많아지며, 따라서 대외적으로 **면목**이 뚜렷이 드러나게 되므로, 언제나 중앙 기관의 통제에 잘 순응하며 그 위신을 세워 주는 일에 협조하자." 하시니라. 또 거교적 사업 추진에 관하여 말씀하시기를 "그산은 각 기관과 교낭 육성에 주로 힘써 온 관계로 총부가 직접 할 거교적인 사업들을 거의 미루어 왔으나, 이제부터는 각 기관 교당이 일치하여 거교적 사업에 힘을 모으며 총부의 유지에도 더욱 관심을 가지자." 하시고, **이단치교**에 관하여 말씀하시기를 "중앙에서는 수위단회의 위신과 직능을 더욱 강화하여 교단 통치의 핵심체로 삼으며, 각 교당에서는 교화단 조직을 강화하여 이를 공부와 사업을 촉진하는 기관으로 삼는다면 **사반공배**의 좋은 결과를 얻게 되리라."

회포(懷抱) 마음속에 품은 생각이나 정.
위신 확립(威信確立) 권위와 신뢰를 세움.
정사(政事) 교단의 행정에 관련된 일.
구두 공론(口頭公論) 말로써 여럿이 함께 의논함.
면목(面目) 얼굴의 생김새라는 뜻으로 남을 대하기에 부끄러움이 없는 품위를 의미.
이단치교(以團治敎) 교화단으로서 교단을 운영함.
사반공배(事半功倍) 들인 힘은 적으나 결실이 큼.

11. 정산 종사, 원기 39년도 연원 의무 특별 이행자 시상식에서 치사하시기를 "9인 이상의 동지를 이 회상에 인도하여 대종사의 **법은**에 다 같이 목욕하게 하는 것은 우리 원불교인들의 신성한 의무 가운데 하나이니, 대종사께서는 처음 회상 문을 여실 적에 먼저 **9인 동지**를 얻으사 모든 기초를 닦으신 다음 '앞으로 그대들도 매인 아래 9인 이상을 인도하여 이 방식으로 이 법을 포양한다면 머지않은 장래에 이 도덕이 천하에 **편만**하리라.' 하시고 그것이 마치 한 근원의 물줄기를 사방팔방에 끌어대어 **만생**이 고루 은혜를 입게 함과 같다는 의미로써 이를 연원 의무라 이름하사 여러 방면으로 그 실행을 권장하셨느니라. 그러므로 우리가 누구나 9인 이상을 인도하여 끝까지 연원이 된 인연과 의리로 공부 사업 간에 공덕이 미치도록 권장한다면 그것은 바로 대도 창립의 훌륭한 사업이 되는 것이며, 그중에서 거룩한 성자나 훌륭한 사업가가 나온다면 그 연원이 된 공덕을 무엇으로 가히 비유할 수 없나니, 식을 행하고 상을 주는 것은 그 실행을 촉진하는 한 방편에 불과한 것이요, 나타나지 않는 가운데 참으로 큰 복업이 쌓일 것을 알아야 할 것이니라."

12. 정산 종사, 원기 40년 3월에 원광대학 제1회 졸업식에서 훈시하시기를 "원광대학이 학사의 학위를 주는 졸업식을 하기는 이번이 처음이나, 원광대학

법은(法恩) 자비와 가르침의 큰 은혜.
9인 동지(九人同志) 소태산 대종사와 함께 법인기도에 참여 했던 아홉 명의 제자. 송규·이재철·이순순·김기천·오창건·박세철·박동국·유건·김광선 등을 말함.
편만(遍滿) 두루 가득함.
만생(萬生) 모든 생명.

의 오늘이 있기까지는 수십 년의 땀에 젖은 역사가 뒤에 숨어 있나니, 그대들은 이날에 그 점을 다시 한번 돌이켜 생각하여, 그간 배운 바를 실지에 활용할 때 국한 있는 작은 사업에만 활용하지 말고 일체 대중을 위하여 국한 없는 큰 사업에 널리 활용하여 이 대학과 이 회상의 공덕을 널리 세상에 드러내는 동시에, 이제부터 그대들은 온 세상을 더욱 큰 학교로 삼고 온 세상 모든 것을 다 큰 스승으로 여겨 끊임없이 실지의 힘을 쌓기에 노력하라. 그대들이 오늘을 기념하여 그 공부에 힘을 쓰기로 다시 작정하고 앞으로 꾸준히 계속한다면 그대들은 그야말로 대장부의 일생 능사를 훌륭히 졸업하게 될 것이니라."

13. 정산 종사, 원기 41년 4월에 **정관평 재방언** 공사 착공식에서 치사하시기를 "대종사께서 우리 회상 창립 첫 사업으로 9인 단원과 함께 이 방언 대공사를 시작하신 것은 교단 건설의 경제 기초를 세우실 목적도 있었지마는 내면으로 그보다 더 깊은 뜻이 계셨던 것이니, 이제 재방언의 **대역(大役)**을 시작하면서 우리는 이번 사업도 그 의의와 가치에 있어서 첫 방언 사업과 둘이 아님을 알고, 9인 정신과 우리의 정신이 둘이 아닌 큰 정신을 발휘하여, 이번 일의 진행으로써 우리 동지들의 신심 정도를 알아보며, 우리 동지들의 사업 역량을 알아보며, **복록**의 유래와 **영육 쌍전**의 표본을 이번 일을 인연으로 더욱 절실히 각

정관평(貞觀坪) 원불교 영산성지에 위치한 바다를 막아 논을 만든 간척지.
재방언(再防堰) 원기 41년(1956)부터 3년간에 걸친 제2차 방언공사를 말함.
대역(大役) 매우 크고 중요한 일.
복록(福祿) 복되고 영화로움.
영육 쌍전(靈肉雙全) 인간의 정신(수도)과 육신(생활)을 아울러서 조화된 생활을 하는 것.

성하자." 하시니라.

14. 정산 종사, 원기 41년 11월에 **중앙선원** 제1회 **결제식**에서 훈시하시기를 "우리 선원은 다른 데서 볼 수 없는 특수한 목표 몇 가지가 있나니, 첫째는 형식보다 실력을 본위로 하여 실질적인 남녀 **교역자**들을 많이 양성하는 것이요, 둘째는 과학 지식보다 **도학**을 본위로 하여 **실지 수행**과 **실지 신앙**을 직접 단련하는 것이요, 셋째는 한 몸 한 가족을 위한 개인 본위의 학업보다 시방세계의 구제를 목표하는 대공도(大公道) 본위의 사상을 적극 진작하는 것이니라. 이 세 가지 목표는 곧 새 세상이 요구하는 표준 인물이 되는 대표적 조건이기도 하나니, 형식 주장이 극하면 실질을 찾는 세상이 오는 것이요, 과학 만능이 극하면 도학을 찾는 세상이 오는 것이요, 개인주의가 극하면 공도를 받드는 세상이 오는 것이라. 그대들은 이 뜻을 깊이 깨달아 훌륭한 선풍을 이에 진흥하여 영원한 미래에 수많은 교단 **용상(龍象)**을 배출하는 **대도량**이 되게 하여 주기를

중앙선원(中央禪院) 교단 초기 3대 선원의 하나. 원기 41년(1956) 중앙총부에서 개원한 교역자 양성기관. 원기 58년(1973) 중앙훈련원의 발족으로 해체됨.
결제식(結制式) 정기 훈련을 시작하는 의식.
교역자(敎役者) 원불교의 교화, 교육, 자선 사업에 전문적으로 헌신 봉사하는 교도를 말함.
도학(道學) 진리를 깨치고 실천하도록 하는 가르침. 또는 지혜를 밝히고 마음공부를 하는 가르침.
실지 수행(實地修行) 생활 속에서 실질적으로 변화를 가져올 수 있는 수행.
실지 신앙(實地信仰) 죄복의 당처에 대한 사실적 불공으로 복락과 은혜를 구하는 신앙.
용상(龍象) 수행이 깊고 덕(德)이 높은 큰 인물.
대도량(大道場) 많은 불보살이 배출되는 큰 수행처.

간절히 부탁하노라."

15. 정산 종사, **동산선원** 졸업식에서 훈시하시기를 "선은 불법의 정수요, 선원은 그 정수를 전문으로 단련하는 도량이며, 동산선원은 우리의 전문 선원들 중에서 맨 먼저 개원한 곳이니, 아직 초창기의 가난한 형편을 벗어나지 못하고 있으나, 실질 본위 도학 본위 공도 본위의 정신으로 그동안 훈련받은 **선풍**을 이 교단과 이 세상에 널리 진흥하여, 이 선원과 교단의 위신이 너른 세상에 길이 빛나도록 힘써 주기를 부탁하노라."

16. 정산 종사, 교무선 결제식에서 훈시하시기를 "사람을 교화하는 이는 먼저 사람 다스리고 교화하는 세 가지 길을 알고 행하여야 할 것이니, 개인을 다스리고 교화하는 데에나 가정 사회와 국가 세계를 다스리고 교화하는 데에나 도치와 덕치와 정치의 세 가지 길이 있느니라. 이 세 가지 **치교**의 도에 대하여는 '세전(世典)'에 자상히 밝히려 하거니와, 이 세 가지 교화가 아울러 행하여지면 원만한 세상이 되는 것이요, 이 세 가지 길에 결함이 있는 때는 원만한 세상을 이루지 못하나니, 여러분은 이 세 가지 길에 매하지 말고 이 세 가지 길에 근원을 하여 개인을 상대할 때나 가정 사회와 국가 세계를 상대할 때나 항상 이를

동산선원(東山禪院) 교단 초기 3대 선원의 하나. 원기 38년(1953)에 설립된 이리고등선원이 원기 40년(1955) 교역자 양성기관인 동산선원으로 변경되었다. 그 후 원불교대학원대학교가 설립됨에 따라 발전적으로 해체됨.

선풍(禪風) 선(禪) 수행의 적공을 통해서 얻어진 힘과 풍모.

치교(治教) 사람과 세상을 다스리고 교화하는 것.

잘 병진하여 한량없는 대도 사업의 훌륭한 선도자가 되라."

17. 한 교무 사뢰기를 "저희가 지방 교화를 할 때 직접 이 세 가지로 다스리는 방법을 일러 주옵소서." 정산 종사 말씀하시기를 "도치의 교화는 곧 원리와 신앙으로 교화함이니, 자기 자신이 먼저 법신불의 원리와 대종사의 교법에 **전일**한 신심과 철저한 자각으로 앞장을 서서 일반 교도의 신앙과 수행을 이끌어 가며 모든 신심과 사업심을 근본에 집중시킴이요, 덕치의 교화는 곧 인정과 **덕화**로 교화함이니, 모든 인심을 잘 파악하여 개인 개인의 세정을 잘 보살펴 주며 **촉(觸)** 없는 마음으로 대중을 두루 포섭 교화함이요, 정치의 교화는 곧 규칙과 방편으로 교화함이니, 세상의 대세도 잘 알고 교도 일반의 동향도 잘 살펴서 경우에 맞고 규칙에 모순됨이 없도록 천만 방편으로 교화를 함이니라."

18. 정산 종사, 원기 42년에 장학회를 설립하시고 말씀하시기를 "**초(楚)나라**는 오직 어진 이를 보배 삼았다는 말이 '대학(大學)'에 있거니와, 우리는 오직 신심 있고 공심 있는 모든 인재를 교단의 보배로 삼아야 하나니, 건물이나 토지나 금전 등이 사업을 하여 나가는 데 자본이 되지 않는 바 아니지마는 그것은 다만 사업을 하기 위한 한 사용물이요, 오직 사업의 근본적 자본은 그 사업의 주인인 사람이며 그들의 알뜰한 정신이니라. 9인 제자가 처음에 무슨 물질

전일(全一) 오로지 한결같은.
덕화(德化) 덕(德)으로 사람들을 감화시킴.
촉(觸) 다른 사람과 의견충돌이 되고 부딪침.
초(楚)나라 중국 춘추전국시대의 나라 중 하나.

적 자본이 있었던가. 오직 대종사를 신봉하는 철저한 정신과 **멸사봉공**하는 알뜰한 정신이 우리의 기초를 확립시켰나니, 우리는 오직 철저한 신심과 알뜰한 공심 가진 **혈성 동지**들을 기르고 또 길러서 우리의 무궁한 사업에 실다운 보배로 삼고 자산으로 삼자."

19. 정산 종사, 원기 42년에 개교 경축식에서 치사하시기를 "우리가 거년 1월부터 시작한 **도운 융창**과 세계 평화 특별 대기도 행사에 남은 정성을 더욱 합치며, 정관평 재방언 사업과 **대종경 편수** 사업과 장학회 사업 등에 서로 주인이 되어 한가지로 이 대업을 계속 수행하자." 하시고 "오늘을 기념하여 우리 대종사의 개교 정신을 더욱 철저히 인식 체득하여 '물질이 개벽되니 정신을 개벽하자.' 하신 제생 의세의 대이상을 이 지상에 실현하기 위하여, 각자 각자가 먼저 각자의 **정신개벽**에 노력하여 마음 중생의 제도와 마음 세계의 치료에 끊임없이 정진하는 동시에, 이 정신으로 국가와 세계에 널리 호소하며 이 정신을

멸사봉공(滅私奉公) 개인의 욕심을 버리고 몸과 마음을 바쳐 공익을 위하여 힘써 일함.
혈성 동지(血誠同志) 진실하고 정성스러운 마음으로 공도(公道)에 헌신 봉공하겠다는 뜻을 같이 한 사람.
도운(道運) 대도 정법의 운세.
융창(隆昌) 융성하고 번창함.
대종경(大宗經) 소태산 대종사의 법문과 행적을 제자들이 기록한 경전.
편수(編修) 여러 자료를 모아 편집하여 책을 만듦.
정신개벽(精神開闢) 인류의 정신을 크게 열어 가자는 말. 급격히 발달된 물질문명에 미혹되어 물질의 노예가 되어 버린 혼란한 세상을 구제하기 위하여 정신의 주체를 확고히 세워 물질문명을 선용할 수 있도록 정신문명을 열어가자는 뜻.

국가와 세계에 널리 베풀어서, 우리가 다 같이 바라는 마음의 자유에 의한 대자유 세계와 마음의 평화에 의한 대평화 세계와 마음의 문명에 의한 대문명 세계를 건설하여, **영육이 쌍전**하고 **이사가 병행**하는 일대 낙원에 모든 동포가 함께 즐기자."

20. 정산 종사, 원기 42년 4월에 **법훈** 증여식에서 치사하시기를 "**주산(主山)·구타원(九陀圓)·팔산(八山)·팔타원(八陀圓), 네 분 원훈**에게 **종사·대봉도·대호**

영육이 쌍전(靈肉-雙全) 수도 생활과 현실 생활을 아울러 온전하게 함.

이사가 병행(理事-竝行) 공부와 사업을 균형 있게 함께 행함.

법훈(法勳) 원불교 교단의 창립과 발전에 많은 공적을 쌓은 분에게 드리는 법의 훈장으로 종사, 대봉도, 대호법 등이 있다.

주산 송도성(宋道性, 1907~1946) 경북 성주 출생. 법호는 주산(主山)이며 법훈은 종사. 중앙총부 총무부장, 교정원장 등을 역임하였다.

구타원 이공주(李共珠, 1896~1991) 서울 출생. 법호는 구타원(九陀圓)이며 법훈은 종사. 감찰원장, 서울수도원장 등을 역임하였고 저서로는 『금강산의 주인』, 『일원상을 모본하라』 등이 있다.

팔산 김광선(金光旋, 1879~1939) 전남 영광 출생. 법호는 팔산이며 법훈은 종사. 소태산 대종사의 9인제자 가운데 최초 제자로 대종사 구도 당시에 물질적으로 후원하였으며, 간척공사 때는 터진 둑을 온몸으로 막기도 하였다.

팔타원 황정신행(黃淨信行, 1903~2004) 황해도 연안 출생. 법호는 팔타원(八陀圓)이며 법훈은 종사. 한국보육원, 휘경학원 등을 설립하였다.

원훈(元勳) 공도에 크게 공헌한 분.

종사(宗師) 법위가 출가위 이상이 되거나 종법사를 역임한 분에 대한 존칭.

대봉도(大奉道) 교단의 발전을 위하여 공부와 사업에 큰 업적을 쌓아 원성적이 정특등에 해당되는 출가 교도에게 주는 법훈(法勳).

법 등 법훈을 드리는 이 식전에 나는 그분들이 초창기 우리 회상에 공헌한 공부와 사업 두 방면의 위대한 법훈을 모든 대중과 더불어 높이 찬양하는 동시에, 재가와 출가의 남녀 동지들이 여기에 마음을 다시 새로이 하여, 앞으로 우리 회상에 수많은 종사와 수많은 대봉도와 수많은 대호법이 끊임없이 배출되기를 빌고 바라노라."

21. 정산 종사, 원기 43년 5월에 **교전 교서**의 편수 기관으로 '정화사(正化社)'를 설립하시고, '**일심 합력(一心合力)**' 네 글자를 써 내리시며 말씀하시기를 "**복전(福田)**을 만났으니 **법열(法悅)** 속에 일을 하고 정의(情誼)를 서로 주어 **동련(同連)**으로 정진하라."

22. 정산 종사, 원기 44년 4월에 종법사 3차 **중임** 취임식에서 설법하시기를

대호법(大護法) 교법을 믿고 받들어 수호 발전시켜 원성적이 정특등에 해당하는 재가 교도에게 주는 법훈(法勳).

교전(教典) 원불교의 기본경전으로 『정전(正典)』과 『대종경(大宗經)』으로 구성되어 있다.

교서(教書) 원불교의 교리·제도·역사 등이 담긴 주요 경전. 『정전』, 『대종경』, 『정산종사법어』, 『대산종사법어』, 『불조요경』, 『예전』, 『교사』, 『세전』, 『교헌』, 『성가』 등이 있다.

일심 합력(一心合力) 한 마음으로 화합하여 힘을 모음.

복전(福田) 복의 터전.

법열(法悅) 정법을 신앙하고 수행하는 기쁨이나 환희 또는 희열.

동련(同連) 마음과 마음이 하나로 이어짐.

중임(重任) 같은 직위를 거듭 담당함.

"계미 6월에 대종사의 **열반**을 당하여 **망극**한 가운데 이 **대임**을 계승하여 교단 대표의 **중책**에 처한 지 어언 17년 동안, 위로는 법신불 사은의 **가호**하심과 대종사 이하 열위 선령의 **명호(冥護)**하심을 받들고, 좌우로 **총·지부** 각 기관에 직접 **당무(當務)**하신 임원 동지 여러분의 알뜰하신 열성과 일반 남녀 교우들의 합력하신 공로를 힘입어, 이 회상을 운전하는 모든 행사에 **대과** 없었고 교세의 발전이 늘 새로워 국가와 사회에서 우리의 존재를 점차로 두루 인식하게 되었을 뿐 아니라, 장차 세계 포교에 진출할 모든 터전이 차차 성숙하여 가고 있는 이때, 다시 여러분의 밀어주심을 **고사(固辭)**하지 못하고 새 임기를 거듭하게 되니 과중하고 송구한 마음 이를 데 없으나, 위로 늘 법신불과 대종사 성령께서 가호하심이 있을 것이요 좌우에 늘 동지들의 알뜰하신 합력이 계속될 것을 신뢰하고, 이 대업에 있는 역량을 다하기로 거듭 맹세하는 동시에 여기에서 다시 '우리는 대세계주의자가 되자.'는 요지의 말로써 오늘을 기념하며 동지 여

열반(涅槃) 불도를 완전하게 이루어 일체의 번뇌를 해탈한 경지. 여기에서는 삶을 다하여 목숨을 마친다는 것을 의미.
망극(罔極) 이루 말할 수 없는 큰 슬픔.
대임(大任) 중대한 임무.
중책(重責) 중요한 책임이나 직책.
가호(加護) 큰 힘을 내려주고 보호하여 줌.
명호(冥護) 드러나지 않는 가운데 보호함.
총·지부(總支部) 총부와 지부[교당].
당무(當務) 직무를 맡음.
대과(大過) 큰 허물이나 잘못.
고사(固辭) 굳게 사양함.

러분과 함께 본래의 서원을 다시 한번 새로이 하고자 하노라."

23. 정산 종사, 제1회 특별 공로자 시상식에서 치사하시기를 "상(賞)은 원래 몇몇 분의 드러난 공로를 치하함으로써 남은 대중의 일반 공로도 간접으로 치하하는 뜻을 표하자는 것이요, 몇몇 분을 드러난 표준으로 내세워서 남은 대중에게도 그러한 노력을 더욱 권장하자는 한 형식이니라. 그러므로 표창을 받게 된 분들도 그 숨은 공로를 다 표창을 받기가 어렵지마는, 표창을 받지 않는 분들 가운데 혹 깊은 공로가 있어도 우리가 그것을 다 드러내어 표창하기도 어려운 것이라. 참으로 정확하고 큰 시상은 **명명하신** 진리가 **소소히 보응**하시는 것이요 인간의 시상은 그 드러난 일면을 표창하는 데 불과한 것임을 알아서, 장차 우리 회상에 이러한 형식의 상을 받는 동지들도 앞으로 수없이 계속해 나와야 하겠고, 마음 가운데 참다운 진리의 상을 깨달아 얻는 동지들도 많이 배출되어야 우리 회상이 너른 세계에 더욱 찬란한 빛을 내게 되리라."

24. 정산 종사, 원기 44년 5월에 수위단 선서식에서 훈시하시기를 "단이란 뭉쳐서 하나 된다는 말이니, 우리가 잘 뭉쳐야 이 단의 원리에 **계합**되어, 하늘의 기운 하나가 무위이화 자동적으로 우주 만유를 생성하듯이, 우리의 정성 하나가 새로운 도덕으로 만생을 제도할 것이니라. 그러므로 대종사께서 처음 이 단

명명하신(明明-) 지극히 밝고 공정하신.
소소히((昭昭-) 지극히 밝고 분명하게.
보응(報應) 인과의 법칙에 따라 응답하는 것.
계합(契合) 틀림없이 꼭 들어맞음.

을 짜시고 천지의 원리를 본받아서 시방세계의 주인이 되라 당부하셨나니, 이 원리를 체득 활용하는 것이 우리의 사명이요 영광인바, 일국의 주인 되기도 힘들거든 시방의 주인 되기가 과연 어떠하리오. 시방의 주인은 낱으로 나뉜 마음으로는 되지 못하나니, 얼굴로 주인 되는 것도 아니요 지식으로 주인 되는 것도 아니라, **낱** 없는 마음 **사** 없는 마음으로 주인이 되느니라. 우리가 항시 이 조건으로 대조하고 **반조**하여 노력하면 자연히 시방의 주인이 될 것이요, 노력 없이 자리만 차지하면 진리의 벌이 있나니, 대종사의 **성덕**을 힘입어 우리가 여기 참석하였으니 시방의 주인 될 자격에 모자람이 없도록 함께 노력하자."

25. 정산 종사, 수위단회를 개회하며 말씀하시기를 "우리가 이 회를 진행할 때 **천심(天心)**을 가지고 **천어(天語)**로써 진행하여야 할 것이니, 수위단은 곧 천지의 정기(正氣)를 응하여 조직 운영하는 것이므로 이 운영에 천심 천어가 아니면 껍질 회의니라. 진리와 대종사와 우리가 둘 아닌 마음이 천심이요 그 마음 따라 발하는 말이 곧 천어니, 우리가 천인이 되어 천심 천어로써 의논을 하면 이 회상의 발전은 **여반장(如反掌)**이니라."

낱 조각나거나 하나하나로 나누어진.
사(私) 이기적이며 국한된 마음.
반조(返照) 돌이켜 비추어 봄.
성덕(聖德) 성인의 거룩한 덕.
천심(天心) 하늘 마음. 거짓 없고 진실한 마음.
천어(天語) 거짓 없는 진실 그대로의 말.
여반장(如反掌) 손바닥을 뒤집는 것과 같다는 뜻으로 일이 매우 쉬움을 비유적으로 이르는 말.

26. 정산 종사, 원기 45년에 회갑에 앞서 당부하시기를 "올해 내 회갑에 대비하여 각지에서 동지들이 여러 가지 준비를 하고 있다 하나, 내가 대종사께 일찍이 이러한 인사를 받들어 드리지 못하였고, 초창기 모든 동지에게 그러한 인사를 드린 바 없거늘, 어찌 나만이 이러한 인사를 받을 것인가. 더욱이 나는 지금 병중에 여러 동지의 알뜰한 정성을 받고 있으나, 각처에서 혈심 노력하다가 병약해진 전무출신 동지들에게는 아직 이에 대한 교단의 재원이 서 있지 못하여, 때로 내 마음이 아프고 불안하거늘 어찌 나의 대우만을 바라겠는가. 우리 회상의 창립 정신과 예전 정신이 허례 낭비를 없애고 검소한 생활을 하자는 것이요, 출가 수행자가 이러한 일에 일반 사회에 시범이 되어야 할 것이거늘, 만일 이에 분에 넘치는 바가 있고 보면 이것이 다 도리가 아닌즉, 기어이 정의를 표하고자 하는 동지들은 전무출신 요양 대책의 재단 하나를 세우는 일로 나의 회갑을 기념하여 준다면, 이것이 대종사의 근본정신과 그 법은에 보답하는 도리도 될 것이며, 전무출신 전체가 편안할 수 있는 이 사업이 내 마음을 편안케 하는 참 인사도 될 것이니, 이대로 하여 적당한 날짜에 우리 예전에 따라 간소한 의식만을 갖추어 뒷날의 법이 되게 하여 주기를 간절히 부탁하노라."

27. 정산 종사, 원기 46년 4월에 회갑식에서 설법하시기를 "동지 여러분이 나의 부탁한 바를 잘 받아들여 행사는 식에만 그치고 그 대신 교단의 장래에 유용한 사업 하나를 기념으로 이루어 준다고 하니 감사하며, 나는 그 기념으로 우리가 장차 하나의 세계를 이룩할 기본 강령이 되는 삼동윤리(三同倫理)의 **대지**를

대지(大旨) 대의와 요지.

설명하여 동지 여러분과 함께 우리의 본래 서원을 다시 새로이 하고자 한다." 하시고, **삼동윤리** 법문을 공표하신 후 당일의 성금으로 전무출신 요양 기관의 모체인 '법은재단(法恩財團)'을 설립하시느니라.

28. 정산 종사, "전무출신의 친목 단체로 '수덕회(水德會)'를 조직하라." 하시며 "대의는 물같이 합하고 예절은 구슬같이 분명하라." 하시고, 다시 "정남 정녀의 친목 단체로 '정화단(貞和團)'을 조직하라." 하시며 "정결은 **연화** 같고 **지조**는 **송죽** 같으라." 하시니라.

29. 정산 종사, "전무출신 권장 부인들의 친목 수양 단체로 '정토회(正土會)'를 조직하라." 하시며 "터전이 발라야 만물이 올바른 **화육**을 얻고, 내조와 권장이 튼튼하여야 교단의 일꾼들이 사 없는 봉공을 하게 되느니라." 하시고, 또 말씀하시기를 "땅이 그 기운을 바르게 하면 지상의 만물이 다 바른 생성을 얻을 것이요, 아내가 그 권장을 바르게 히고 어머니가 그 감화를 바르게 히면 그 남편 그 자녀가 바른 활동 바른 성장을 얻을 것이니, 이것이 곧 교단을 바루고 세계를 바루는 바탕이 되느니라."

삼동윤리(三同倫理) 동원도리(同源道理) : 모든 종교의 사상은 근원적으로 같다는 말, 동기연계(同氣連契) : 모든 생령이 한 기운으로 이어져 있다는 말, 동척사업(同拓事業) : 세상의 모든 사업은 궁극적으로 그 목적이 같다는 말.
연화(蓮花) 연꽃.
지조(志操) 원칙과 신념을 굽히지 아니하고 끝까지 지켜 나가는 꿋꿋한 의지.
송죽(松竹) 소나무와 대나무.
화육(化育) 생성되고 변화되어 길러짐.

30. 정산 종사, 전무출신 도중에 **환속**한 동지들을 알뜰히 챙기시며 말씀하시기를 "세속에 살더라도 항상 본원을 반조하여 철저한 **거진출진** 생활을 하며, 본인이 재출발을 못 할 형편이면 자녀라도 권면하여 공도를 받들게 하여, 법계에 큰 빚이 되지 않게 하라." 하시고, "그분들의 친목 수양 단체로 '모원회(慕源會)'를 조직하라." 하시니라.

31. 정산 종사, "예비 교역자들의 친목 단체로 '교우회(敎友會)'를 조직하라." 하시고 표어로써 훈시하시기를 "선은 서로 권장하고 악은 서로 경계하며 정진은 서로 권장하고 **해태(懈怠)**는 서로 경계하라."

32. 정산 종사, 중앙총부 임원회에서 훈시하시기를 "중앙총부는 사람의 심장부와 같아서 수족인 각 지부를 **통리**하는 것이니, 거리의 원근과 친불친의 국한을 벗어나서 자신의 수족같이 아끼고 살피는 것으로써 중앙총부의 직분을 다하라."

33. 정산 종사, **김대거(金大擧)**에게 '이름만 크고 실이 작으면 뒤에 가히 볼 것

환속(還俗) 출가자가 속세로 돌아가는 것.
거진출진(居塵出塵) 티끌 세상에 머물면서도 물들지 아니하고 수행에 정진하고 공도에 헌신함.
해태(懈怠) 게으르고 태만함.
통리(統理) 전체를 관할하여 거느림.
김대거(金大擧, 1914~1998) 전북 진안 출생. 법호는 대산(大山)이며 법훈은 종사. 원불교 종법사를 역임하였고 저서로는 『교리실천도해』, 『정전대의』 등이 있다.

이 없나니 최후의 승리는 실력이 위니라.[名大實小 後無可觀 最後勝利 實力爲上]' 하는 글을 써 주시며, 말씀하시기를 "개인의 실력에 세 가지가 있으니 안으로 **정력**(定力)을 닦는 것과 진리를 연마하는 것과 계율을 바르게 가지는 것이요, 교단의 실력에 세 가지가 있으니 안으로 교재를 정비하는 것과 교역자를 양성하는 것과 교단 경제를 안정케 하는 것이라. 우리 요인들과 우리 교단이 이 모든 실력을 잘 갖추는 동시에 안으로 서로 화합하고 밖으로 교우가 증가하면 교세의 발전은 자연히 그 가운데 있으리라."

명대실소 후무가관 최후승리 실력위상 名大實小 ~ 實力爲上.

정력(定力) 천만 경계를 응용할 때 흔들리지 않는 자주의 힘. 정신 수양을 통해서 얻게 되는 마음의 힘.

제5 원리편

原理篇

원리편(原理篇) 일원상 진리의 근본 성격과 구조, 원불교 신앙 수행의 원리와 실천 등에 관한 법문으로 구성되어 있다.

1. 정산 종사, 교당 **봉불식**에 설법하시기를 "법신불의 근본을 말하자면 언어와 명상이 끊어진 자리며, 그 실체를 말하자면 우주 만유가 모두 법신불 아님이 없으므로, 따로 일원상을 봉안하지 아니하여도 법신불의 진리는 항상 여여히 있으나, 우리 일반 대중은 신앙의 대상을 보여주지 아니하면 마음의 **귀의처**와 수행의 표준을 알기가 어려우며, 설령 안다 할지라도 마음 대조에 때때로 그 표준을 잃기가 쉬우므로, 대종사께서 교당이나 가정을 막론하고 법신불의 상징인 이 일원상을 봉안하여 **행주좌와 어묵동정** 간에 신앙의 대상과 수행의 표본으로 받들게 하신 것이니, 우리는 마땅히 저 표준의 일원상을 봉안하고 신앙함으로 인하여 참 일원상을 발견하여야 할 것이며, 일원의 참된 **성품**을 지키고 일원의 원만한 마음을 실행하여 일원상의 진리와 우리의 생활이 완전히 합치함으로써 다 같이 한량없는 복락과 한량없는 지혜의 주인공이 되어야 할 것이니라."

2. 정산 종사 말씀하시기를 "일원상의 원리는 모든 **상대**가 끊어져서 말로써 가히 이르지 못하며 **사량**으로써 가히 **계교**하지 못하며 명상으로써 가히 **형용**하

봉불식(奉佛式) 법신불 일원상을 봉안하는 의식.

귀의처(歸依處) 마음을 바쳐 의지하는 곳.

행주좌와 어묵동정(行住坐臥 語默動靜) 움직이고, 머물고, 앉고, 눕고, 말하고, 침묵하고, 일이 있고, 일이 없는 것. 일상생활.

성품(性禀) 본래 마음. 본성. 자성.

상대(相對) 다른 것과의 관계나 대립이나 비교.

사량(思量) 생각하여 헤아리는 것.

계교(計較) 저울질하고 비교하는 것.

형용(形容) 말이나 글 또는 몸짓 등으로 나타내는 것.

지 못하나니 이는 곧 일원의 진공체(眞空體)요, 그 진공한 가운데 또한 **영지 불매(靈知不昧)**하여 광명이 **시방**을 포함하고 조화가 **만상**을 통하여 **자재**하나 니 이는 곧 일원의 **묘유**요, 진공 묘유한 가운데 또한 만법이 운행하여 **생멸 거 래**와 **선악 과보**가 달라져서 드디어 **육도 사생**으로 **승급 강급**하나니 이는 곧 일 원의 인과인바, 진공과 묘유와 인과가 서로 떠나지 아니하여 한가지로 일원의 진리가 되느니라. 대종사께서 이 일원상을 교리의 근원으로 삼아 모든 공부인 으로 하여금 이를 신앙케 하고 이를 연구케 하며 이를 수행케 하신 것은 곧 단 계를 초월하여 쉽게 대도에 들게 하고 깊은 이치를 드러내어 바로 사물에 활용 케 하심이니, 그러므로 진리를 구하는 이가 이외에 다시 구할 곳이 없고 도를 찾는 이가 이외에 다시 찾을 길이 없으며 그 밖에 **일체 만법**이 이외에는 다시

영지 불매(靈知不昧) 신령스러운 지혜가 어두워지지 않음.
시방(十方) 온 세상. 시방은 동·서·남·북·동남·서남·동북·서북의 8방과 상·하를 합친 전체 공간.
만상(萬象) 우주에 있는 모든 존재와 현상.
자재(自在) 두루 한없이 펼쳐짐.
묘유(妙有) 신령스러운 진리의 조화.
생멸 거래(生滅去來) 삶과 죽음의 끝없는 오고 감. 생사 윤회.
선악 과보(善惡果報) 선악의 업(행위)과 그에 따른 과보.
육도(六途) 일체 생령이 윤회하는 여섯 가지 세계. 천상, 인간, 수라, 축생, 아귀, 지옥.
사생(四生) 일체 생령이 태어나는 네 가지 유형인 태란습화(胎卵濕化). 태생은 태를 통해 태어나는 것, 난생은 알로 태어나는 것, 습생은 습지에서 태어나는 것, 화생은 의지한데 없이 태어나는 것.
승급 강급(昇級降級) 육도로 윤회할 때의 향상됨과 떨어짐.
일체 만법(一切萬法) 모든 가르침.

한 법도 없느니라."

3. 정산 종사 말씀하시기를 "일원상을 신앙하자는 것은 자기의 마음이 곧 부처이며 자기의 성품이 곧 법인 것을 확인하자는 것이요, 인과의 **묘리**가 지극히 **공변**되고 지극히 밝아서 가히 속이지 못하며 가히 어기지 못할 것을 신앙하자는 것이요, **죄복 인과**를 실지 **주재**하는 **사은**의 내역을 알아 각각 그 당처를 따라 실제적 신앙을 세우고 일을 진행하자는 것이요, 곳곳이 부처요 일일이 불공이라는 너른 신앙을 갖자는 것이니, 이는 곧 진리를 사실로 신앙하는 길이라, 능히 자력을 양성하고 타력을 바르게 받아들여 직접 **정법** 수행의 원동력이 되게 하신 것이니라."

4. 정산 종사 말씀하시기를 "일원의 수행은 곧 일원의 진리를 그대로 수행하자는 것이니, 그 방법은 먼저 일과 이치를 아는 공부를 하되 그 지엽에만 그치지 말고 바로 우리 자성의 근본원리와 일원 대도의 **전모**를 원만히 증명하자는

묘리(妙理) 심오하고 미묘한 이치.
공변(公遍) 공평하고 정당하여 어느 한 편에 치우치거나 사사로움이 없는 것.
죄복 인과(罪福因果) 악업을 지으면 죄를 받고, 선업을 지으면 복을 받는 원리.
주재(主宰) 주체가 되어 관장함.
사은(四恩) 법신불의 네 가지 은혜. 천지은, 부모은, 동포은, 법률은.
정법(正法) 원만하고 바른 가르침.
전모(全貌) 전체적인 모습과 내용.

것이요, 다만 아는 데에만 그칠 것이 아니라 **회광 반조**하여 그 본래 성품을 잘 **수호**하자는 것이요, 다만 **정(定)**에만 그칠 것이 아니라 천만 사물을 **접응**할 때 일원의 도를 잘 운용하자는 것이니, 이 세 가지 공부는 곧 일원의 **체**와 **용**을 아울러 닦는 법이라 할 것이니라."

5. 정산 종사 말씀하시기를 "법신불이라 함은 곧 만법의 근원인 **진리불**을 이름이요, **보신불**과 **화신불**은 그 진리에서 화현한 경로를 이름이니라. 화신불 가운데에는 진리 그대로 화현한 정화신불이 있고 진리 그대로 받지 못한 편화신불이 있으니, 정화신불은 곧 제불 제성을 이름이요 편화신불은 곧 일체중생을 이름인바, 비록 지금은 중생이나 불성만은 다 같이 갚아 있으므로 편화신불이라 하느니라. 그러므로 우리의 마음이 청정하고 바른 때는 곧 내가 정화신불이요 삿되고 어두울 때는 편화신불임을 알아야 할 것이니라."

회광 반조(廻光返照) 지혜 광명을 돌이켜 본래 마음을 비추어 봄.
수호(守護) 지키고 보존함.
정(定) 고요함과 부동함. 수양력.
접응(接應) 맞이하여 대응함.
체(体) 근본 바탕.
용(用) 작용.
진리불(眞理佛) 진리 부처님.
보신불(報身佛) 지혜 광명의 불신(佛身). 또는 오랜 수행의 과정을 거쳐 나타난 무궁한 공덕을 갖춘 불신(佛身).
화신불(化身佛) 응하여 나타난 부처. 인연 따라 구체화한 부처님.

6. 정산 종사 말씀하시기를 "사람도 보지 못한 사람을 이름으로만 있다고 일러 주면 **허허해서** 알기가 어려우나 사진으로 보여 주면 더 절실히 알게 되는 것같이, 대종사께서는 일원상으로 진리 그 **당체**의 사진을 직접 보여 주셨으므로 학인들이 그 **지경**을 **더위잡기**가 훨씬 편리하게 되었느니라. 일원상은 곧 진리 전체의 사진이니, 이 진리의 사진을 연구의 대상으로 삼고 정성을 쌓으면 누구나 참 진리 자리를 쉽게 터득할 것이므로, 대종사께서 '과거 회상은 **한 여래 천 보살** 시대였으나 앞으로는 천 여래 만 보살이 출현한다.' 하셨느니라."

7. 정산 종사 말씀하시기를 "한 큰 원상이 돌매 천만 작은 원상이 따라 도나니, 마치 **원동기**가 돌매 모든 작은 기계 바퀴가 따라 도는 것 같으니라."

8. 정산 종사 말씀하시기를 "우주의 **분별** 없는 자리를 깨쳐 아는 것을 부처의

허허해서(虛虛--) 애매하고 막연하여.

당체(當體) 바로 그 자체.

지경(至境) 지극한 경지.

더위잡기 높은 곳에 오르려고 무엇을 끌어 잡다. 알아차리기.

한 여래(如來) 한 명의 부처라는 뜻. 여래는 진리 그대로 화현하셨다는 의미로 부처님을 부르는 열 가지 명칭 가운데 하나.

천 보살(千菩薩) 천명의 보살이라는 뜻. 보살은 대승불교의 이상적인 구도자상으로 위로는 부처님의 깨달음을 추구하고 아래로는 중생들을 구원하기 위해 노력하는 사람.

원동기(原動機) 어떤 움직임의 근본이 되는 힘을 발생하게 하는 기계 장치.

분별(分別) 나뉘어 차별이 나타남.

지견을 얻었다 하고, 우주의 분별 있는 자리를 알아서 **천만 경계**에 그와 같이 행하는 것을 부처의 행을 한다 하느니라."

9. 정산 종사 말씀하시기를 "**견성**에 다섯 계단이 있나니, 첫째는 **만법귀일**의 **실체**를 증거하는 것이요, 둘째는 **진공**의 소식을 아는 것이요, 셋째는 **묘유**의 진리를 보는 것이요, 넷째는 **보림**하는 공부를 하는 것이요, 다섯째는 **대기 대용**(大機大用)으로 이를 활용함이니라."

10. 정산 종사 말씀하시기를 "우리의 **성품**은 원래 청정하나, 경계를 따라 그 성품에서 순하게 발하면 선이 되고 거슬러 발하면 악이 되나니 이것이 선악(善惡)의 **분기점**이요, 바르게 발하면 정(正)이 되고 굽게 발하면 사(邪)가 되나니

지견(智見) 지혜와 식견.
천만 경계(千萬境界) 마음 작용을 일으키는 모든 대상, 환경, 조건.
견성(見性) 일원의 원리를 깨닫는 것. 본래 성품을 봄. 깨달음.
만법귀일(萬法歸一) 만법이 하나에 돌아간다는 뜻.
실체(實體) 참된 모습. 실상(實相).
진공(眞空) 일체 사량 분별이 끊어져 참으로 텅비어 고요함.
묘유(妙有) 신묘하고 충만함. 또는 충만한 작용.
보림(保任) 보존하고 함축하여 온전하게 함. "안으로 자성이 어지럽지 않게 잘 보호하고, 밖으로 경계에 부딪쳐 유혹 당하지 않는다.(內保自性而不亂 外任境界而不惑)"는 뜻.
대기 대용(大機大用) 큰 수행에서 얻어진 지혜와 역량을 상황에 따라 막힘없이 활용함.
성품(性稟) 본래 마음. 본성. 자성.
분기점(分岐點) 나누어지는 지점이나 때.

이것이 정사(正邪)의 분기점이요, 가림을 받으면 어둠이 되고 참이 나타나면 밝아지나니 이것이 **지우(智愚)**의 분기점이니라."

11. 정산 종사 말씀하시기를 "본래 **선악 염정**이 없는 우리 **본성**에서 **범성(凡聖)** 과 선악의 분별이 나타나는 것은 우리 본성에 **소소 영령**한 **영지(靈知)**가 있기 때문이니, 중생은 그 영지가 경계를 대하매 습관과 **업력**에 끌리어 **종종의 망상** 이 나고, 부처는 영지로 **경계**를 비추되 항상 **자성**을 회광 반조하므로 그 영지가 **외경**에 쏠리지 아니하고 오직 청정한 **혜광**이 앞에 나타나나니, 이것이 부처와 중생의 다른 점이니라."

지우(智愚) 지혜로움과 어리석음.
선악 염정(善惡染淨) 선함과 악함과 더러움과 깨끗함.
본성(本性) 본래 마음. 성품. 자성.
범성(凡聖) 범부와 성자. 깨닫지 못한 자와 깨달은 자.
소소 영령(昭昭靈靈) 밝고 신령스러운.
영지(靈知) 신령스럽게 앎.
업력(業力) 과보를 나타나게 하는 업의 힘.
종종의 망상(種種-妄想) 여러 가지의 산란하고 헛된 생각. 망념. 잡념.
경계(境界) 마음 작용을 일으키는 모든 대상, 환경, 조건.
자성(自性) 사람이 본래 갖추고 있는 성품.
외경(外境) 바깥 경계.
혜광(慧光) 지혜 광명.

12. 정산 종사, '**정정요론(定靜要論)**'을 설하실 때 성품과 정신과 마음과 뜻을 분석하여 말씀하시기를 "성품은 **본연의 체**요, 성품에서 정신이 나타나나니, 정신은 성품과 대동하나 **영령한 감**이 있는 것이며, 정신에서 분별이 나타날 때가 마음이요, 마음에서 뜻이 나타나나니, 뜻은 곧 마음이 동하여 가는 곳이니라." 학인이 여쭙기를 "영혼이란 무엇이오니까?" 답하시기를 "영혼이란 **허령불매**한 각자의 정신 바탕이니라."

13. 정산 종사 말씀하시기를 "우주 만유가 영(靈)과 기(氣)와 질(質)로써 구성되어 있나니, 영은 **만유**의 본체로서 **영원불멸**한 성품이며, 기는 만유의 **생기**로서 그 개체를 생동케 하는 힘이며, 질은 만유의 바탕으로서 그 형체를 이름이니라."

14. 정산 종사 말씀하시기를 "기가 영지를 머금고 영지가 기를 머금은지라 기가 곧 영지요 영지가 곧 기니, 형상 있는 것과 형상 없는 것, 동물과 식물, 달리

정정요론(定靜要論) 원불교 초기 교서인 『수양연구요론』에 있는 글로서 수양의 근본, 필요, 방법 등에 관한 내용을 밝히고 있다.
본연의 체(本然-體) 본래 그대로의 바탕.
영령(靈靈)한 감 신령스러운 감응.
허령불매(虛靈不昧) 텅 비고 신령스러워 어둡지 않음.
만유(萬有) 우주에 있는 모든 존재, 현상, 이치.
영원불멸(永遠不滅) 영원히 없어지지 아니함.
생기(生氣) 활발한 생명의 기운.

는 것과 나는 것이, 다 기의 부림이요 영의 나타남으로, **대성(大性)**이란 곧 영과 기가 합일하여 둘 아닌 자리이니라.[氣含靈知 靈知含氣 氣則靈知 靈知則氣 有相無相 動物植物 走者飛者 氣之所使 靈之所現 大性者 卽靈氣合一無二者也]"

15. 학인이 여쭙기를 "기와 영지가 둘이 아니라 하셨사온데 어찌하여 식물에서는 영지를 볼 수 없나이까?" 정산 종사 답하시기를 "만물이 **화생**하는데 구분이 있나니, 영지가 주가 되어 기운을 머금은즉 동물이 되고, 기운이 주가 되어 영지를 머금은즉 식물이 되므로, 동물은 개령(個靈)이 있으나 식물은 대령(大靈)만 있느니라." 또 여쭙기를 "**대령과 개령**과의 관계는 어떠하나이까?" 답하시기를 "마음이 정한즉 대령에 합하고 동한즉 개령이 나타나, **정즉 합덕(靜則合德)**이요 **동즉 분업(動則分業)**이니, 사람이 죽어서만 대령에 합치는 것이 아니라 **생사 일여**니라."

대성(大性) 우주의 큰 성품.
기함영지 영지함기 기즉영지 영지즉기 유상무상 동물식물 주자비자 기지소사 영지소현 대성자 즉영기합일무이자야 氣含靈知 ~ 大性者 卽靈氣合一無二者也
화생(化生) 변화하여 태어남.
대령(大靈) 우주의 큰 영성(靈性). 생명의 바탕.
개령(個靈) 윤회의 주체가 되는 개별적인 영혼, 생명.
정즉 합덕(靜則合德) 마음이 고요하면 대령에 합한다는 것.
동즉 분업(動則分業) 마음이 동하면 개령으로 나뉘어 업을 지음.
생사 일여(生死一如) 살아서도 죽어서도 한결같이 대령에 합할 수 있다는 의미.

16. 학인이 여쭙기를 "우리의 본성에 **무명(無明)**이 생하는 기원을 알고자 하나이다." 정산 종사 답하시기를 "비하건대 허공은 본래 청정한 것이나 한 기운이 동함에 따라 바람이 일어나고 바람이 일어나면 구름이 일어나 천지가 어둡게 되는 것같이, 우리의 성품은 본래 청정한 것이나 마음의 동정으로 인하여 무명이 발생하게 되나니, 마음이 정하면 청정하여 명랑하고 마음이 동하면 요란하여 무명이 발생하느니라. 그러나 마음이 동하되 정한 가운데 동하면 동하여도 **부동**이라 그대로 밝고, 동하는 가운데 요란하게 동하면 무명이 생하여 어두우니라."

17. 정산 종사 말씀하시기를 "일월은 허공을 통하여 밝게 비치고 인과는 공한 진리를 통하여 공정히 나투나니, 지극히 빌수록 밝은 것이요, 지극히 밝기 때문에 **영령히** 통하느니라."

18. 정산 종사 말씀하시기를 "산하대지에 가을이 오면 초목들이 낙엽이 되고 봄이 오면 다시 잎이 피는 것도 형상도 없고 잡을 수도 없는 한 기운의 조화요, 우리가 생로병사를 면할 수 없는 것도 무형한 한 힘이 들어서 그렇게 되는 것이며, 우주가 **성주괴공** 되는 것도 형상 없는 한 기운의 작용으로 변화하나니,

---

무명(無明) 근본적인 어두움. 깨닫지 못한 데에서 비롯한 근본적인 어리석음.
부동(不動) 움직이지 않음.
영령히(靈靈-) 신령스럽게.
성주괴공(成住壞空) 우주 자연이 변화하는 순환 과정 또는 모습. 생성(成), 머물러 있음(住), 무너짐(壞), 소멸(空).

형상 있는 것을 지배하는 것은 곧 형상 없는 힘이니라."

19. 정산 종사 말씀하시기를 "형상을 가진 이 육신도 무형한 마음이 들어서 지배하나니, 형상 있는 물건은 국한이 되어 모자람과 남음이 있으나 일체가 **공한** 그 자리는 모든 것이 **구족**하여 일체의 근원이 되느니라."

20. 정산 종사 말씀하시기를 "허공이 천하 만물의 주인이니 천지는 허공을 이용하여 그 덕을 베풀며, 빈 마음은 만물의 주인이니 그대들은 이 빈 마음을 잘 이용하여야 물질 이용도 잘하게 되리라. 선(禪)은 마음 허공을 알리며 마음 허공 이용하는 법을 가르치는 대학이니, 마음 허공을 잘 알아 이용하면 세계의 주인이 되리라."

21. 정산 종사 말씀하시기를 "**불경**의 정수는 공(空)이요 대종사께서도 **공원정(空圓正)**을 말씀하시었나니, 그대들은 공의 원리를 알고 공의 진리를 체 받아 항상 청정한 마음을 닦아 기르며 **무사(無私)한 심념(心念)**을 닦아 행하라."

공한(空-) 텅 빈.
구족(具足) 온전히 갖추어 있음.
불경(佛經) 불교의 경전.
공원정(空圓正) 일원의 진리의 세 가지 속성. 공은 텅 비어 물듦이 없는 자리, 원은 결함 없이 두루 갖춘 자리, 정은 치우침이 없는 바른 자리.
무사(無私)한 심념(心念) 지극히 공정하여 사사로움이 없는 마음.

제5 원리편

22. 정산 종사 말씀하시기를 "마음이 허공같이 비고 보면 **윤회**의 **승강**을 벗어나나니, 이 빈 마음을 근본으로 하면 항상 **진급**이 되고, 이 빈 마음을 바탕으로 하여 **상(相)**을 떠나면 항상 은혜를 입게 되느니라. 그러므로 언제든지 은혜 입혔다는 상이나 해 입었다는 상을 없애고 항상 자신의 덕 미침이 부족함을 살필지니라."

23. 정산 종사 말씀하시기를 "그대들은 허공이 되라. 허공은 비었으므로 일체 만물을 소유하나니, 우리도 대인이 되려면 그 마음이 허공같이 되어야 하느니라. 자신을 다스리되 빈 마음으로써 하고, 가정을 다스리되 빈 마음으로써 하고, 나라를 다스리되 빈 마음으로써 하며, 모든 동지와 모든 동포를 대할 때도 빈 마음으로써 화하여, 매사에 상이 없고 **원근**이 없으며 **증애**가 끊어지면 불보살이니라."

24. 정산 종사 말씀하시기를 "**선악 미추**와 **자타 미오**의 상(相)이 없는 자리에

윤회(輪廻) 깨닫지 못한 중생이 각자 지은바 업에 따라 생사(生死)의 수레바퀴를 한없이 돌고 돈다는 의미.
승강(昇降) 진급하거나 강급하는 것.
진급(進級) 향상하여 나아감.
상(相) 집착으로 마음에 남아있는 흔적.
원근(遠近) 좋고 싫어하는 마음에 따라 생기는 사람 사이의 멀고 가까움.
증애(憎愛) 미움과 사랑.
선악 미추(善惡美醜) 착하고 악함과 아름다움과 추함 등의 분별심.
자타 미오(自他迷悟) 나와 너, 미혹됨과 깨달음 등의 분별.

서 **나툰** 분별이라야 그 분별이 바르며, 그 분별로 진리를 **증득**하고 실천하여야 원만한 도인이 되느니라."

25. 정산 종사 말씀하시기를 "내(我)가 죄의 근본도 되고 복의 근본도 되느니라. **옛말**에 '땅으로 인하여 거꾸러지고 땅으로 인하여 일어난다.' 하였나니, 나로 인하여 죄도 짓고 나로 인하여 복도 짓느니라."

26. 정산 종사 말씀하시기를 "가려서 끌리고 끌려서 그르고 글러서 죄가 되나니, 어리석은 이는 자기 생각 하나뿐이라 자기란 것에 가리어서 모든 작용이 글러지나, 그도 타인을 비판하는 데에는 걸림이 없으므로 밝나니, 그 밝음을 돌려다가 자기 허물 고치는 데 이용하면 큰 지혜와 큰 복을 얻으리라."

27. 정산 종사 말씀하시기를 "있는 것보다 없는 것이 더 큰 것이며 **유념**보다 **무념**이 더 크나니, 대개 유는 **테**가 있으나 무는 테가 없는 까닭이니라. 유념의

나툰 나온.

증득(證得) 깨달아 얻음.

옛말 『금강경(金剛經)』 이상적멸분(離相寂滅分)을 해설하면서 야보도천(冶父道川)이 "因地而倒 因地而起 地向爾道什(인지이도 인지이기 지향이도십 : 땅으로 인하여 거꾸러지고 땅으로 인하여 일어난다. 땅이 너를 향해 뭐라 하겠는가)" 라고 한 내용에서 유래.

유념(有念) 공덕을 쌓는다는 생각이나 흔적이 있음.

무념(無念) 공덕을 쌓는다는 생각이나 흔적이 없음.

테 둘레나 가장자리.

공덕에는 **유루**의 복이 오고 무념의 공덕에는 **무루**의 복이 오나니, 옛사람이 '**상천(上天)의 덕은 소리도 없고 냄새도 없다.**' 하였느니라." 또 말씀하시기를 "자취 없는 덕을 쓰는 이는 하늘 같은 덕을 쓰는 이라 능히 시방을 거느리나니, 인간 복만 타려 하지 말고 **천복**을 짓고 받으며 사람의 스승만 되려 말고 **삼계**의 스승이 되라."

28. 정산 종사 말씀하시기를 "천지의 이치를 생각할 때 형상 있는 것이 어디서 왔느냐 하면 없는 데에서 온 것이며, 형상 있는 것이 어디로 돌아가느냐 하면 없는 데로 돌아가는 것이거늘, 세상 사람들은 형상 있는 데에만 공을 들이고 형상 없는 데에다 참다운 공을 들일 줄 모르나니 어찌 허망한 일이 아니리오. 형상 있는 데에 들이는 공을 형상 없는 마음에 반만이라도 들이면 훌륭한 공부가 될 것이며 형상 있는 것이 여기에 따르리라. 또한, 사람과 상대할 때 아주 마음이 시원하도록 이겨버린다면 그 뒤는 볼 것이 없으며, 복을 지어도 상을 내거나 당장에 그 대가를 받아버리면 그 뒤의 복이 남지 않나니, 그대들은 행을 하되 여유 있는 행을 할 것이요 복을 짓되 **음덕**을 많이 쌓으라. 돈도 저축

유루(有漏) 빠져나가거나 새어 나감.
무루(無漏) 새어 나감이 없음. 흠 없이 영원하다는 의미.
상천(上天) 하늘을 높여 부르는 호칭.
상천의 덕은 소리도 없고 냄새도 없다 『시경(詩經)』의 싯구로 上天之載 無聲無臭(상천지재 무성무취)를 의미.
천복(天福) 하늘이 내려주는 복.
삼계(三界) 욕계, 색계, 무색계로 중생들이 윤회하는 세계.
음덕(陰德) 드러나지 않게 행하는 어질고 착한 덕행.

하여 두면 시일이 오래될수록 그 이자가 많아지는 것같이 지은 복도 남이 알아주지 않는 가운데 그 복이 더 커지는 것이며, 내가 조금 부족한 자리 고생스러운 자리에 있어야 앞으로 펴일 날이 있나니, **천강성(天罡星)**이란 별은 자리는 **흉방**에 있으나 그 가리키는 곳은 **길방**이라 한 것이 곧 부족한 자리에 있어야 장차 잘될 수 있다는 것을 말한 것이니라."

29. 정산 종사 말씀하시기를 "사람의 마음을 **천진**이라 **천심**이라 하는 것은 하늘과 사람의 마음이 하나요 둘이 아닌 까닭이니, 사람이 이 자리를 알아야 진리를 두려워하고 숨은 공을 쌓을 줄 아느니라."

30. 정산 종사 말씀하시기를 "정당한 일에 지극한 정성을 들이면 그 정성의 정도와 일의 성질에 따라서 **조만**은 있을지언정 이루어지지 않는 일이 없으며, 그 이루어지는 것은 사실적으로 그 일이 잘 진행되어 점차로 목적을 달성하는 수도 있고 **불가사의**한 기운이 응하여 일시에 그 목적이 이루어지는 수도 있느니

천강성(天罡星) 북두성 주변에 있는 36개의 별을 지칭하여 천강성이라 한다.
흉방(凶方) 재앙을 부르는 흉한 자리.
길방(吉方) 복을 부르는 길한 자리.
천진(天眞) 자연 그대로 참되고 꾸밈이 없음.
천심(天心) 하늘같이 순수하고 진실하여 사 없는 마음.
조만(早晚) 빠름과 늦음.
불가사의(不可思議) 말로 표현할 수도 없고 상상하기도 어려움.

라. 9인 제자의 혈인이 날 때 우리 회상은 **법계**의 인증을 받았나니, 현실의 큰 일들은 다 **음부**의 결정이 먼저 나야 하느니라."

31. 정산 종사 말씀하시기를 "그대들은 **조석 심고**를 올릴 때 우주의 진리와 자신이 **부합**되어 크게 위력을 얻을 수 있다는 확고한 신념이 서 있는가. 얼른 생각에는 마음으로 잠깐 고하는 것이 무슨 위력이 있을까 싶지마는 우리가 마음으로 생각하는 것이 다 **허공 법계**에 스며드나니, 그대들은 심고를 할 때뿐 아니라 언제나 마음의 움직임에 주의하며, 조석 심고를 **일심**으로 드리는 것이 큰 공부가 되고 큰 위력이 있음을 잊지 말라. 한국전쟁을 우리가 무사히 넘긴 것은 우리 대중이 일심으로 심고 올린 위력에도 크게 힘입었나니, 우리가 날 없는 마음으로 남을 위하고 상 없는 마음으로 공부하면 그 기운으로 교단이나 나라나 세계가 큰 위력을 얻을 수 있느니라."

32. 정산 종사 말씀하시기를 "다른 사람의 마음을 좋게 하여 항상 **화평한** 마음

법계(法界) 텅비어 보이지 않는 신령스러운 세계.
음부(陰府) 보이지 않는 신령스러운 법계의 세계 또는 궁극적 진리의 신비스러운 조화를 상징적으로 나타낸 표현.
조석 심고(朝夕心告) 아침과 저녁 일정한 시간에 법신불 사은전에 마음으로 참회, 감사, 서원을 다짐하는 신앙 행위.
부합(符合) 서로 꼭 들어맞음.
허공 법계(虛空法界) 허공처럼 텅 비어 보이지 않는 신령스러운 세계.
일심(一心) 전일하고 온전한 마음.
화평한(和平-) 다정하고 온화한.

을 가지게 하면 나도 또한 화평한 얼굴을 가지게 될 것이요, 남을 불안하게 하면 나도 또한 우울한 얼굴을 갖게 될 것이니, 사람을 대할 때는 안과 밖이 같은 진실한 마음으로 대하며, **은악양선(隱惡揚善)**하여 저 사람을 도와주면 저 사람도 나에게 도움을 주게 되느니라. 그런즉 비록 마음에 싫은 사람이라도 상생으로써 말을 하고 **기운**을 터야 나에게 기운이 응하느니라."

33. 정산 종사 말씀하시기를 "물이 극히 유한 것이지마는 한 방울 한 방울이 모이고 모여 마침내 **대해 장강**을 이룸과 같이, 마음이 극히 **미(微)한** 것이지마는 뭉치고 또 뭉치면 큰 위력을 얻게 되며, 뭉쳐서 키운 마음이라야 지혜의 광명도 크게 솟아나느니라."

34. 정산 종사 말씀하시기를 "이 세상은 변하는 이치와 불변하는 이치로 이룩되어 있나니, 우주의 성주괴공과 사시의 순환이며 인간의 생로병사와 **길흉화복**은 변하는 이치에 속한 것이요, 불변하는 이치는 **여여 자연**하여 **시종**과 선후

은악양선(隱惡揚善) 다른 사람의 잘못은 너그러이 이해하고 용서하여 감싸주며, 다른 사람의 잘한 일은 널리 드러내고 칭찬해 주는 일.
기운(氣運) 눈에는 보이지 않는 힘이나 분위기.
대해 장강(大海長江) 크고 넓은 바다와 긴 강.
미(微)한 붙잡기 어렵고 미묘한.
길흉화복(吉凶禍福) 좋은 일과 나쁜 일과 행복한 일과 불행한 일.
여여 자연(如如自然) 있는 그대로 변함이 없음.
시종(始終) 시작과 끝.

가 없는지라 이는 **생멸** 없는 성품의 본체를 이름이니라. 우리는 변하는 이치를 보아서 묵은 습관을 고치고 새로운 마음을 기르며 묵은 제도를 고치고 새로운 제도로 발전시키는 동시에, 그 변화 가운데 불변하는 이치가 바탕을 이루고 있음을 깨달아서 한없는 세상에 각자의 **본래 면목**을 확립하여 **천만 변화**를 주재하며, 원래에 세운바 서원을 계속 실천하여 천지와 더불어 그 덕을 합하여야 할 것이니, 이는 곧 천지의 변화하는 이치를 보아서 변할 자리에는 잘 변하며, 천지의 불변하는 이치를 보아서 변치 아니할 자리에는 변치 말자는 것이나, 변과 불변은 곧 둘 아닌 진리로서 서로 떠나지 못할 관계를 맺고 있나니, 그대들은 이 변·불변이 둘 아닌 이치를 아울러 깨달아서 각자의 공부 길을 개척하라."

35. 정산 종사 말씀하시기를 "유와 무가 둘 아닌 이치를 알지 못하면 고를 당하매 거기에 구애되고 낙을 당하매 거기에 집착하여 길이 고를 벗어나지 못하며, 빈천을 당하매 거기에 구애되고 부귀를 당하매 거기에 집착하여 길이 빈천을 초래하나니, 유에 처하여 무의 **심경**을 놓지 아니하고 무에 처하여 유의 심경을 놓지 아니하여야 능히 유무를 초월하여 **고락**과 화복을 임의로 수용하는 큰 도인이 되느니라."

생멸(生滅) 태어남과 죽음.
본래 면목(本來面目) 순수한 본래 모습. 진성, 진여의 본성.
천만 변화(千萬變化) 온갖 변화.
심경(心境) 마음가짐.
고락(苦樂) 괴로움과 즐거움.

36. 정산 종사 말씀하시기를 "**양**이 극한 한더위에 **삼복**이 있나니, 이는 **음**이 새로 일어나려다가 극성한 양에게 눌리어 세 번 항복한다는 뜻이니라. 그러나 말복이 지나면 양은 차차 쇠해지고 음이 차차 힘을 타게 되나니, 이것이 곧 극하면 변하고 미하면 나타나는 우주 자연의 이치라. 정권의 **소장**(消長)도 그러하며 단체나 개인의 성쇠도 그러하므로, 도인들은 이 원리를 미리 알아서 그 성할 때 항상 미리 겸손하고 사양하며 남을 위하느니라."

37. 학인이 여쭙기를 "진급과 **강급**은 반드시 수행 여하에만 따라서 되나이까?" 정산 종사 답하시기를 "진급과 강급에는 자연히 되는 것과 **인력**으로 되는 것이 있으니, 자연으로 되는 것은 천지의 운행하는 **도수**에 따라서 저절로 진급 혹은 강급이 되는 것이요, 인력으로 되는 것은 수도와 행동 여하에 따라서 각자 **업인**으로 진급 혹은 강급이 되는 것이니라."

38. 정산 종사 말씀하시기를 "진급하는 길 여섯 가지가 있나니, 하나는 스스로

양(陽) 따뜻하고 활동적이며 만물을 생동하게 하는 기운.
삼복(三伏) 초복, 중복, 말복.
음(陰) 차갑고 소극적이며 만물을 거두어 함장하는 기운.
소장(消長) 쇠하여 약해짐과 성하여 강해짐.
강급(降級) 타락하여 물러남.
인력(人力) 사람의 힘.
도수(度數) 자연적으로 정해져 있는 우주의 변화 이치, 또는 주기.
업인(業因) 선악의 과보를 일으키는 원인 또는 행위.

타락심을 내지 아니하고 꾸준히 향상함이요, 둘은 **견실**한 **신성**을 가져 천만 **순역 경계**에 부동할 **신근**을 확립함이요, 셋은 나 이상의 도덕 가진 이를 **친근** 공경하고 숭배 신봉하며 정진함이요, 넷은 나만 못한 **근기**를 항상 포용 보호하여 나 이상이 되도록 인도함이요, 다섯은 공부와 사업에 대하여는 스스로 만족하지 않고 항상 부족한 생각으로 계속 적공함이요, 여섯은 모든 **수용**에 대하여는 언제나 스스로 만족하며 부족한 이웃에게 **보시**하기를 좋아함이니라."

39. 정산 종사 말씀하시기를 "진급하는 사람은 인자하고 겸손하고 **근실**하며 공한 마음으로 **굴기하심**하고 **경외지심**으로 남을 공경하며 **덕화**로써 상하를 두루 포용하고 공부와 사업을 쉬지 않는 사람이며, 강급하는 사람은 성질이 거

견실(堅實) 굳고 착실한.
신성(信誠) 정성스러운 믿음.
순역 경계(順逆境界) 역경과 순경. 역경은 힘들고 어려운 상황, 순경은 순조롭고 편안한 상황을 뜻함.
경계(境界) 마음 작용을 일으키는 모든 대상, 환경, 조건.
신근(信根) 믿음의 뿌리.
친근(親近) 친하게 가까이 함.
근기(根機) 불법을 믿고 이해하며 수행할 수 있는 능력, 또는 자질.
수용(需用) 일상생활에 사용하는 물품.
보시(布施) 은혜를 베풂.
근실(勤實) 근면하고 성실함.
굴기하심(屈己下心) 자신을 굽히어 마음을 겸손하게 갖는 것.
경외지심(敬畏之心) 공경하고 두려워하는 마음.
덕화(德化) 덕(德)으로 감화시킴.

칠고 공경심이 없으며 시기하고 질투하며 자기의 욕심만 채우려 하고 학식·재산·권세·기술 등 한 가지 능함이라도 있으면 상을 내고 **자만자족**하는 사람이니라. 그대들은 더한층 수도와 봉공에 알뜰하여 진급에 진급을 거듭하되 진급에 상(相)이 없어야 참으로 진급을 하게 될 것이며, 우리의 여섯 가지 **법위등급** 가운데 어느 위에 있든지 그 법위에 있다는 상이 없어야 참으로 그 위에 있는 사람이니, 이러한 사람이라야 참으로 위없이 향상하여 **무상(無上) 진급**으로 **불퇴전**할 지위와 능력을 얻게 되느니라."

40. 정산 송사 말씀하시기를 "**음양 상승의 도**가 곧 **인과의 원리**인바, 그 도를 **순행**하면 **상생**의 인과가 되고 **역행**하면 **상극**의 인과가 되나니, 성인들은 이 인과의 원리를 알아서 상생의 도로써 살아가시나 중생들은 이 원리를 알지 못하

자만자족(自慢自足) 스스로 자랑스러워 뽐내며 흡족하게 여김.
법위 등급(法位等級) 공부인의 수행 정도를 따라 나눈 여섯 가지 등급. 보통급(普通級)·특신급(特信級)·법마상전급(法魔相戰級)·법강항마위(法强降魔位)·출가위(出家位)·대각여래위(大覺如來位).
무상 진급(無上進級) 상(相)이 없이 최상의 경지까지 향상하여 나아감.
불퇴전(不退轉) 수행을 통해 도달한 불보살의 경지에서 퇴보하지 아니함.
음양 상승의 도(陰陽相勝-道) 음과 양의 두 기운이 서로 작용하여 천지 만물을 생성 변화시키는 원리.
인과(因果)의 원리 지은 바(원인)에 따라 반드시 결과를 받게 되는 원리.
순행(順行) 순리대로 행함.
상생(相生) 서로 살리는 은혜가 발현되는 관계.
역행(逆行) 거슬려 행함.
상극(相剋) 서로 해를 끼치는 해독이 나타나는 관계.

고 욕심과 명예와 권리에 끌려서 상극의 도로써 죄업을 짓게 되므로 그 죄고가 끊일 사이 없느니라."

41. 정산 종사 말씀하시기를 "인과의 관계를 상생의 인과, 상극의 인과, 순수(順受)의 인과, 반수(反受)의 인과 등 네 가지로 크게 나눌 수 있느니라. 상생의 인과는 **선인선과**로서 인과의 원리가 상생으로 **순용**됨을 이름이니, 그 인연이 서로 돕고 의지하여 모든 일을 원만히 성취하게 되는 좋은 인과관계요, 상극의 인과는 **악인악과**로서 인과의 원리가 상극으로 역용됨을 이름이니, 그 인연이 서로 대립하여 여러모로 미워하고 방해하는 좋지 못한 인과관계요, 순수의 인과는 자신이 좋은 **발심**, 좋은 희망, 좋은 서원 등을 세우고 정진하여 좋은 뜻 그대로 소원을 성취하는 등 순하게 받게 되는 인과관계요, 반수의 인과는 마음에 교만심이 많아서 남을 무시하고 천한 사람을 학대함으로써 도리어 자기가 천한 과보에 떨어지는 등 마음과는 반대로 받게 되는 인과관계이니라."

42. 정산 종사 말씀하시기를 "사람이 눈으로 보지 아니하여도 진리의 눈은 사람의 선악을 허공에 도장 찍나니 이 세상에 제일 무서운 것은 곧 진리니라. 인

선인선과(善因善果) 선한 인(因)을 지으면 좋은 과보가 있음.
순용(順用) 순리에 따라 작용함.
악인악과(惡因惡果) 악한 인(因)을 지으면 나쁜 과보가 있음.
발심(發心) 하고자 하는 마음을 일으킴.

간 세상에서 지은 죄는 **법망**을 면할 수도 혹 있으나 진리의 **보응**은 무념 가운데 자연히 되는지라 속일 수도 피할 수도 없느니라."

43. 정산 종사 말씀하시기를 "세간의 재판에도 삼심(三審)이 있듯이 법계의 재판에도 삼심이 있나니, 초심은 양심의 판정이요, 이심은 대중의 판정이요, 삼심은 진리의 판정이라. 이 세 가지 판정을 통하여 저 지은 대로 **호리**도 틀림없이 받게 되나니, 이것이 세간의 재판만으로는 다 하기 어려운 절대 공정한 인과 재판이니라."

44. 정산 종사 말씀하시기를 "세상에 혹 선한 사람이 못사는 수가 있고 악한 사람이 잘사는 수도 있으나, **이생**에는 비록 선하여도 **전생**의 악업이 남아 있으면 그 **과**는 받아야 하고 현재에는 비록 악하여도 전생의 **선업**이 남아 있으면 그 과는 받게 되는 까닭이니, 세상일을 **목전**의 일만으로 단언 말라."

법망(法網) 법률적 제재를 그물에 비유하여 이르는 말.
보응(報應) 인과의 법칙에 따라 응답하는 것.
호리(毫釐) 털 끝. 매우 적은 분량을 비유적으로 표현한 말.
이생 현생(現生).
전생(前生) 이 세상에 태어나기 이전의 삶.
과(果) 과보.
선업(善業) 착한 행위.
목전(目前) 바로 눈앞.

45. 정산 종사 말씀하시기를 "우리의 모든 업이 그 성질에 따라 그 성과에 조만과 **장단**이 각각 있나니, 복을 좀 지어 놓고 복이 바로 오지 않는다고 한탄하는 것은 **못자리**를 해 놓고 바로 쌀이 나오지 않는다고 한탄하는 것 같으니라."

46. 정산 종사 말씀하시기를 "사람 사람이 전생 일과 내생 일이 궁금할 것이나 그것은 어렵고도 쉬운 일이니, 부처님께서 '전생 일을 알려거든 **금생**에 받는 바요 **내생** 일을 알려거든 금생에 짓는 바라.' 하신 말씀이 큰 명언이시니라. 자기가 잘 지었으면 금생에 잘 받을 것이요, 잘 못 받으면 전생에 잘 못 지은 것이라. 이를 아는 이는 더 잘 짓기에 노력하고 모르는 이는 한탄만 할 따름이니라."

47. 정산 종사 말씀하시기를 "사람들은 몸과 입과 마음으로 모든 죄복을 짓는 바, 도인들은 형상 없는 마음에 중점을 두시나 **범부**들은 직접 현실에 나타나는 것만을 두렵게 아느니라. 그러나 **영명한** 허공 법계는 무형한 마음 가운데 나타나는 모든 것까지도 밝게 보응하는지라, 우리는 몸과 입을 삼갈 것은 물론이요 마음으로 짓는 죄업을 더 무섭게 생각하여 언제나 그 나타나기 전을 먼저 조심

장단(長短) 길고 짧음.
못자리 볍씨를 뿌려 모를 기르는 곳.
금생(今生) 현생(現生).
내생(來生) 다음 생(生). 후생(後生)이라고도 함.
범부(凡夫) 지혜가 얕고 어리석은 사람.
영명한(靈明-) 신령스럽고 밝은.

하여야 하느니라."

48. 정산 종사 말씀하시기를 "사람들의 마음 가운데 원한을 맺어 주고 불평을 갖게 해 주면 그것이 곧 자기 자신에게 무형한 감옥이 되느니라." 또 말씀하시기를 "모든 죄의 근본은 오직 마음에 있나니 **소소한** 일이라도 남에게 **척**을 걸지 말라. 그것이 모든 악연의 종자가 되느니라."

49. 정산 종사 말씀하시기를 "남을 해(害)하면 해가 나에게 돌아오나니 곧 자기가 자기를 해하는 것이 되며, 남을 공경하고 높이면 이것이 또한 나에게 돌아오나니 곧 자기가 자기를 공경하고 높임이 되느니라."

50. 정산 종사 말씀하시기를 "**곱장리** 빚을 내어 **한 푼**이나 남는 장사를 한다면 그 사람이 어리석은 줄은 알면서도 공중의 소유를 **축내어** 제 가족 몇을 돕는다면 그 사람이 더 크게 어리석은 줄 아는 이는 적으며, 몇 **되** 종자로 몇 **섬 곡출**

소소한 대수롭지 않고 자질구레한.
척(戚) 원한을 품고 시기하고 미워함.
곱장리 배로 받는 이자.
한 푼 비율을 나타내는 단위. 1푼은 전체 수량의 100분의 1로 매우 작은 이득을 비유.
축내어 일정한 수량에서 모자람이 생기게 하여.
되 곡식, 가루, 액체 따위의 양을 헤아리는 단위의 일종. 한 말의 십분의 일에 해당함.
섬 곡식 따위의 부피의 단위. 한 섬은 열 말.
곡출(穀出) 거두어들인 곡식.

을 얻는 것이 농사인 줄은 알면서도 적은 공덕이라도 **공도**에 지으면 몇십 배의 큰 복이 돌아오는 것이 인과의 이치인 줄을 아는 이는 적으니 어찌 참다운 이해를 안다 하리오."

51. 김홍철(金洪哲)이 여쭙기를 "**공**을 위하여 상극의 업을 지으면 그 과보가 어떻게 되나이까?" 정산 종사 답하시기를 "사적으로 상극의 과보는 면할 수 없으나 그 일로 인하여 공중에 큰 공덕이 되었다면 그 공덕으로 인하여 크게 진급이 되므로 그 과가 **경하게** 받아지느니라." 또 말씀하시기를 "인과가 무서워서 옳은 일을 못 하는 사람은 인과를 모르는 사람만 못하느니라."

52. 정산 종사, 학림 경강 시간에 학인들에게 "그대들이 **명부 시왕**이 되어 천어로써 나의 물음에 대답하여 보라. 천어란 치우치고 결함 됨이 없이 **공정 무사**하게 하는 말이니라." 하시고, 물으시기를 "사람으로서 사람의 도리와 예의 염치를 알지 못하고 자행자지한 사람은 어찌 될꼬." 박은국(朴恩局)이 답하기

공도(公道) 공중, 공익을 위한 사업. 큰 진리를 실현하는 도덕 회상.
김홍철(金洪哲, 1902~1987) 전남 영광 출생. 법호는 형산(亨山)이며 법훈은 종사. 영산 재방언 공사에 책임자의 역할을 수행하였다.
공(公) 공중(公衆). 공익(公益).
경(輕)하게 가볍게.
명부 시왕(冥府十王) 불교 설화에서 유래된 말로 사후의 세계에서 인간의 선업과 악업을 심판한다는 열 명의 왕.
공정 무사(公正無私) 공정하여 사사로움이 없음.
박은국(朴恩局, 1923~2017) 전남 장성 출생. 법호는 향타원(香陀圓)이며 법훈은 종사.

를 "인생의 도리를 지키지 못하였으니 사람답지 못한 사람이 되며, 생을 마치면 **인도**를 떠나 **악도**에 나게 되겠나이다." 또 물으시기를 "몸은 **도문**에 있으나 마음은 세속에 흘러간 사람은 어찌 될꼬?" 서세인(徐世仁)이 답하기를 "**불연**이 점차 엷어지고 속세로 떨어지겠나이다." 또 물으시기를 "전무출신으로서 공중에 별 이익을 주지 못하고 정신·육신·물질로 손해만 주거나, **빙공영사** 등으로 지도자의 정신을 많이 괴롭힌 사람은 어찌 될꼬?" 이은석(李恩錫)이 답하기를 "진리가, 공중에 진 빚이 훨씬 더 크다 하오니, 그 빚을 갚기가 힘에 겨울 것이오며, 고의로 해독을 준 사람은 **후생**에 **우마보**(牛馬報)로라도 그 빚을 갚게 될 것이요, 지도자의 정신을 많이 괴롭게 한 관계로 어두운 세상에 나게 되겠나이다." 또 물으시기를 "부처님 사업하는 데에서 도둑질하는 사람과 소소한 물건이라도 남의 것을 불의하게 취하는 사람은 어찌 될꼬?" 김정용(金正

　　서울교구장, 부산교구장 등을 역임하였다.
인도(人道) 육도 중 하나로 인간세계를 말함.
악도(惡道) 여기서는 육도 중 인도(人道) 이하의 지옥·아귀·축생·수라계를 의미함.
도문(道門) 불도를 수행하는 정법 회상. 여기서는 일원 대도의 회상을 의미함.
서세인(徐世仁) 1925년 부산 하단 출생. 법호는 은타원(恩陀圓)이며 법훈은 종사. 정읍교구장, 미주서부교구장 등을 역임하였다.
불연(佛緣) 불법(佛法)과의 인연.
빙공영사(憑公營私) 공적(公的)인 일을 핑계하여 사사로운 이익을 꾀함.
이은석(李恩錫, 1925~1982) 전남 영광 출생. 법호는 한산(閑山). 교육계와 교화계를 두루 거쳤으며 저서로는 『정전해의(正典解義)』가 있다.
후생(後生) 다음 생. 내생(來生).
우마보(牛馬報) 소나 말로 태어나는 과보.

勇)이 답하기를 "대종사의 법설에 '길에 흘린 물건이라도 줍지 말라.' 하시고 '흘려서 마음 아플 그 **액**과 물건을 같이 가져온다.'라고 하셨사오니, 마땅히 우마보로 갚거나 인도에 나되 빈천하며, 속을 많이 상하고 **실물**을 많이 하게 되겠나이다." 또 물으시기를 "사실을 알지 못하고 함부로 말을 하여 회상에 재앙을 끼치거나, 사람의 비밀을 함부로 폭로하여 남의 앞길을 막고 여러 사람의 신심과 공심을 상하게 하는 사람은 어찌 될꼬?" 김윤중(金允中)이 답하기를 "**구업**을 잘 못지었으니 자신도 **구설** 중에 들 것이며, 부처님 사업을 방해한 죄로 자기 앞길이 막힐 것이며, 중하면 말 못하는 과보 등을 받게 되겠나이다." 말씀하시기를 "그대들의 말이 다 천어로다."

53. 이정은(李正恩)이 여쭙기를 "무엇이 **선근 종자**가 되겠나이까?" 정산 종사 말씀하시기를 "선을 좋아하는 습관이 선근 종자가 되나니, 과거의 습관은 현

김정용(金正勇, 1925~2014) 전북 정읍 출생. 법호는 문산(文山)이며 법훈은 종사. 원광대학교의 발전에 헌신하였으며 원광대학교 총장을 역임. 저서로는 『생불님의 함박웃음』이 있다.

액(厄) 모질고 사나운 재앙.

실물(失物) 물건, 재물 등을 잃어버림.

김윤중(金允中, 1927~2016) 전남 영광 출생. 법호는 윤산(潤山)이며 법훈은 종사. 보화당 사장, 교정원장 등을 역임하였다.

구업(口業) 입으로 짓는 업.

구설(口舌) 시비하거나 헐뜯는 말.

이정은(李正恩, 1923~2010) 전남 영광 출생. 법호는 정타원(靜陀圓)이며 법훈은 종사. 마산교구장, 대구교구장 등을 역임하였다.

선근 종자(善根種子) 좋은 과보를 받을만한 좋은 인(因).

재의 종자가 되고 현재의 습관은 미래의 종자가 되느니라."

54. 학인이 여쭙기를 "**십이인연법** 대로 부처님도 **무명**으로 **수생**하시나이까?" 정산 종사 답하시기를 "부처님은 자유로 수생하시느니라." 또 여쭙기를 "부처님께서도 **성도(成道)** 이전에는 **매하셨던** 것이 아니오니까?" 답하시기를 "수생하는 과정에서 잠깐 매할 수도 있으나 곧 본성이 자각되나니, 누구나 전생에 닦은 바는 오래지 아니하여 그대로 나타나므로 전생에 닦은 데까지는 수월하니라."

55. 정산 종사 말씀하시기를 "인연에는 좋은 인연과 낮은 인연이 있나니, 좋은 인연은 나의 **전로**를 열어 주고 향상심과 각성을 주는 인연이요, 낮은 인연은 나의 전로를 막고 나태심과 타락심을 조장하며 선연을 이간하는 인연이니라."

십이인연법(十二因緣法) 중생이 무명으로 인하여 윤회하는 과정을 열두 가지로 설명한 것. 무명(無明)-행(行)-식(識)-명색(名色)-육입(六入)-촉(觸)-수(受)-애(愛)-취(取)-유(有)-생(生)-노사(老死). 십이연기(十二緣起)라고도 함.

무명(無明) 근본적인 어두움. 깨닫지 못한 데에서 비롯한 근본적인 어리석음.

수생(受生) 몸을 받아 태어남.

성도(成道) 도(道)를 이룸.

매(昧)하셨던 지혜가 어두어졌던.

전로(前路) 앞 길. 미래.

56. 정산 종사, **고현종(高賢種)**에게 말씀하시기를 "복 중에는 **인연** 복이 제일이요 인연 중에는 불연(佛緣)이 제일이니라. **오복**의 뿌리는 인연 복이니 부지런히 **선근자**와 친근하라."

57. 정산 종사 말씀하시기를 "유망한 동지와 법 있는 스승을 존숭하며, 친견치 못한 과거의 성인이라도 숭배하는 마음을 항상 가지면 그분들과 인연이 가깝게 되어 그분들의 도움을 받게 되느니라."

58. 정산 종사 말씀하시기를 "소중한 인연 두 가지가 있나니 바로 혈연과 법연이라. 혈연은 육친의 가족이요 법연은 법의 가족이니, 혈연과 법연이 다 소중하나 영생을 놓고 볼 때는 혈연보다 법연이 더 소중하니라." 또 말씀하시기를 "공부하는 동지라야 **영겁**의 동지가 되나니, 일시적인 사업이나 이해만으로 맺어진 인연은 풀어지기 쉬우니라."

59. 정산 종사 말씀하시기를 "이치에 통달하고 **망념**이 없어지면 이것이 곧 다

고현종(高賢種) 1925년 전북 김제 출생. 법호는 산타원(山陀圓)이며 법훈은 대봉도. 주로 교화계에서 봉직하였다.
인연 복(因緣 福) 좋은 인연을 많이 만나게 되는 복.
오복(五福) 유교에서 말하는 다섯 가지의 복으로 수(壽), 부(富), 강녕(康寧), 유호덕(攸好德), 고종명(考終命)을 말함.
선근자(善根者) 착한 성품을 가지고 수행에 정진하는 사람.
영겁(永劫) 영원한 세월.
망념(妄念) 헛된 생각. 잡념.

시없는 낙원이니, 처지에 편안하면 몸에 욕됨이 없고, 원리를 미리 알면 마음이 항상 한가하리라. 망념이 끊어지면 천진이 나타나나니, 이렇게 일심이 되면 낙원이 무궁하리라."

제6 경의편

經義編

경의편(經義編) 『원불교 교전』에 대한 해석과 유교·불교·도교·동학 등의 교리에 관하여 그 뜻을 밝힌 법문으로 구성되어 있다.

1. 정산 종사 말씀하시기를 "**정전**은 교리의 **원강**(元綱)을 밝혀 주신 '원(元)'의 경전이요, **대종경**은 그 교리로 만법을 두루 통달케 하여 주신 '통(通)'의 경전이니, 이 양대 경전이 우리 회상 만대의 **본경**(本經)이니라." 시자 이공전이 사뢰기를 "예전 등 기타 교서의 **주지**(主旨)는 무엇이오니까?" 말씀하시기를 "**예전**은 **경**(敬), **성가**(聖歌)는 **화**(和), **세전**(世典)은 **정**(正)이 각각 그 주지가 되느니라."

2. 정산 종사 말씀하시기를 "우리 회상의 설립 동기는 과학의 문명에 반대하는

정전(正典) 원불교 기본 교리의 강령을 밝힌 경전으로서 『대종경』과 합본하여 『원불교 교전』이라 부른다. 소태산 대종사의 친저(親著)인 『불교정전』을 근본으로 하여 원기 47년(1962) 9월에 발행되었다.

원강(元綱) 으뜸 되는 강령.

대종경(大宗經) 소태산 대종사 일생일대의 언행을 기록한 원불교 기본 경전으로 원기 47년(1962) 발행되었다.

본경(本經) 근본 경전.

주지(主旨) 중심 되는 뜻.

예전(禮典) 원불교의 기본 교서의 하나로 예의 근본 정신, 형식과 절차 등을 밝힌 경전. 소태산 대종사는 관혼상제의 혁신을 중심으로 예전을 발표하였는데, 정산 종사는 가례와 교례의 일부를 보완하고, 조신의 예를 새로이 첨가하여 새 예전을 편찬하였다.

경(敬) 순일한 마음으로 삼가고 공경함.

성가(聖歌) 신앙과 수행의 법열(法悅)을 찬송하는 신성한 노래를 담은 교서.

화(和) 은혜와 법열(法悅)로 하나 되어 화기로움.

세전(世典) 사람이 일생을 통하여 행해야 할 도리를 밝힌 교서.

정(正) 떳떳하고 바름.

것이 아니라, 모든 물질문명을 **선용**하기 위하여 그 구하는 정신과 사용하는 정신을 바로 세우자는 것이니라."

3. 정산 종사 말씀하시기를 "**일원상**은 우주 만물 **허공 법계**와 **진리불**의 **도면**이니, **견성성불**하는 **화두**요, **진리 신앙**하는 대상이요, 일상 수행하는 표준이니라."

4. 정산 종사 말씀하시기를 "신앙을 하는 데 세 가지 구분이 있나니, **하근기**는 **우치하여** 무슨 형상 있는 것이라야 믿고, 좀 **지각(知覺)**이 난 이는 **우상**은 배척하고 어떠한 **명상(名相)**에 의지하여 믿으며, 좀 더 깨치면 명상도 떠난 **진리 당**

선용(善用) 가치 있게 잘 활용함.
일원상(一圓相) 한 둥근 모습(○)으로 소태산 대종사가 제시한 법신불의 상징. 일원(一圓), 원상(圓相) 등으로 표현하기도 함.
허공 법계(虛空法界) 허공처럼 텅 비어 보이지 않는 신령스러운 세계.
진리불(眞理佛) 진리 부처님. 법신불(法身佛).
도면(圖面) 구조나 내용 등을 표현한 그림.
견성성불(見性成佛) 본래 성품을 깨닫고 부처를 이룸.
화두(話頭) 깨달음으로 이끌기 위한 의문을 일으키는 실마리.
진리 신앙(眞理信仰) 부처님과 성자가 깨달은 궁극적 진리 자체를 믿고 우러러 모심.
하근기(下根機) 사(邪)와 정(正)의 분별도 없으며 계교와 의심도 내지 아니하여 인도하면 인도하는 대로 순응하는 근기. 공부의 정도나 지견이 낮은 사람.
우치하여(愚痴--) 어리석고 미련함.
지각(知覺) 사리를 분별할 수 있는 안목 또는 능력.
우상(偶像) 인위적으로 만들어 숭배하는 사람이나 신의 형상.
명상(名相) 이름과 형상.

체를 믿느니라. 어린아이는 과자나 **노리개**로 달래고, 좀 더 자라면 어른의 이름을 **빙자하여** 이해시키고, 어른이 되면 **경위(經緯)**로 일러 주어야 자각하는 것이 각각 지각이 나기에 있는 것 같으니라. 지금 시대의 **일반 정도**는 어른의 이름을 빙자하여서 달래야 하는 정도나 앞으로 차차 모든 사람의 지각이 장년기에 드나니 멀지 아니하여 천하의 인심이 **일원 대도**에 돌아오리라."

5. 정산 종사, 천지은 가운데 '공정한 도'를 해설하시기를 "공(公)은 천지가 어느 한 물건만을 위함이 아니라 일체 만물의 **공유**가 된 것이요, 정(正)은 각각 저의 하는 바에 따라 **원근 친소**가 없이 응하여 주는 것이니라." 다시 '합리와 불합리'를 해설하시기를 "합리란 될 일이요, 불합리란 안 될 일이니라."

6. 권동화(權動華) 여쭙기를 "천지도 사람같이 원(願)이 있으며, 보은하면 좋

진리 당체(眞理當體) 진리 바로 그 자체.
노리개 장난감.
빙자하여(憑藉--) 빌려 내세워.
경위(經緯) 일과 이치의 옳고 그름. 또는 일이 진행되어 온 과정.
일반 정도(一般程度) 일반적인 수준.
일원 대도(一圓大道) 일원의 진리를 바르게 드러낸 큰 가르침.
공유(共有) 함께 소유함.
원근 친소(遠近親疏) 멀고 가깝고 친하고 친하지 않은 차별의 관계.
권동화(權動華, 1904~2006) 전북 장수 출생. 법호는 동타원(東陀圓)이며 법훈은 종사. 언변이 능하고 지혜가 밝았다.

아하는 느낌이 있나이까?" 정산 종사 답하시기를 "**응용에 무념**하는 것이 천지의 도나, 천지가 하는 것을 보면 그 원을 가히 알 것이요, 우리의 좋아하는 것을 미루어 생각하면 천지가 좋아할 것을 가히 알 것이니라. 일체 **유정 무정**이 천지 아님이 없느니라."

7. 학인이 여쭙기를 "**공부의 요도**와 **인생의 요도**를 밝음이 부모 보은 되는 내역을 더 자상히 알고 싶나이다." 정산 종사 말씀하시기를 "그 부모의 **영명**이 **천추**에 **영전**됨이요, 그러한 불보살을 세상에 희사한 공덕으로 자연히 하늘 복이 돌아감이요, **현생**과 **후생**을 통하여 도덕 있는 자녀의 감화를 받기가 쉬움이니라."

8. 정산 종사 말씀하시기를 "대종사께서는 이 우주의 진리 가운데 상생의 도를

응용에 무념(應用-無念) 정신·육신·물질 등으로 은혜를 베푼 후 베풀었다는 생각이나 흔적이 없는 것.
유정(有情) 영식(靈識)이 있는 생명체.
무정(無情) 영식(靈識)이 있는 생명체를 제외한 만물.
공부의 요도(工夫-要道) 몸과 마음을 닦는(수행) 올바르고 요긴한 길.
인생의 요도(人生-要道) 사람으로서 마땅히 행해야 할 올바르고 요긴한 길.
영명(令名) 훌륭한 명성이나 명예.
천추(千秋) 오래고 긴 세월.
영전(永傳) 길이 전해짐.
현생(現生) 지금 살고 있는 이 세상.
후생(後生) 다음 생. 내생(來生).

주로 드러내시사 우리가 네 가지 큰 은혜를 입고 사는 것을 밝혀 주시었나니, 그대들은 대종사의 **상생** 대도인 **사은**의 교리가 만 생령을 제도하는 가장 큰 길이며, **사중 보은**의 도리가 이 세상을 평화롭게 하는 가장 큰 원동력임을 깨달을지니라."

9. 정산 종사, '사요'의 주지를 설명하시기를 "자력 양성은 자력과 타력을 병행하되 자력을 본위로 하자는 것이 그 주지요, 지자 본위는 **지와 우**가 근본적으로 차별이 없으나 지자가 선도하게 하자는 것이 그 주지요, 타 자녀 교육은 자기 자녀나 남의 자녀를 막론하고 국한 없이 가르쳐서 교육을 융통시키자는 것이 그 주지요, 공도자 숭배는 공과 사를 결함 없이 쌍전하되 공도를 우선으로 하자는 것이 그 주지니라."

10. 정산 종사, '자력 양성'의 **대지**를 해설하시기를 "먼저 생활 방면에 자력을 본위로 하여 사람으로서 면할 수 없는 의무와 책임을 같이 지키자는 것이요, 정신 방면에서도 자력 신앙을 근본으로 모든 신앙을 자기가 주인이 되어 믿자

상생(相生) 서로 살려주는 관계.
사은(四恩) 법신불의 네 가지 은혜. 천지은, 부모은, 동포은, 법률은.
사중 보은(四重報恩) 사은이 매우 크고 중하므로 거기에 반드시 감사 보은해야 한다는 말.
사요(四要) 은혜를 사회적으로 실현하여 평등세계를 건설하는 네 가지 요긴한 길. 자력 양성, 지자 본위, 타자녀 교육, 공도자 숭배.
지와 우(智-愚) 지혜로운 사람과 어리석은 사람.
대지(大旨) 대의와 요지.

는 것이며, 모든 공부를 자기가 주인이 되어 수행하자는 것이며, 모든 사업을 자기가 주인이 되어 정성을 바쳐서 모든 일에 자타력을 병진하되 자력을 근본으로 실행하자는 것이니라."

11. 정산 종사, '각성하지 못한 사람들의 의뢰하는 심리'에 대하여 말씀하시기를 "첫째는 자기가 능히 할 일을 남에게 미루고 자기는 편히 지내자는 것이요, 둘째는 죄와 복이 자기를 근본으로 자타력이 병진하는 이치를 알지 못하고 한갓 이치 없는 타력의 믿음에 미혹함이니라."

12. 정산 종사, 과거 공도 사업의 결함 조목 중 '모든 교육이 자력을 얻지 못하고 타력을 벗어나지 못하였다.' 함을 해설하시기를 "정부의 강압이 심하므로 민중이 합심하여 무슨 일을 개척하거나 건설할만한 정신을 기르고 펼 수 없었음이요, 도가에서도 과거의 **인습**에 집착된 점이 많아서 **대중적 교리**가 되지 못하고 **타력적 교화**에만 그쳤음이요, 일반 가정에서도 대개 미신이나 풍수나 예언 등에 끌리어 모든 것을 운명으로 돌리고 바라고만 앉아 있었음이라. 그러므로 **공도 사업**이 결함되었느니라."

인습(因襲) 이전부터 전하여 내려오는 습관이나 관습.
대중적 교리 대중이 널리 배워 실천할 수 있는 가르침.
타력적 교화 스스로 자각하지 못하고 남이 인도하는 대로 따라가는 피동적인 교화.
공도 사업(公道 事業) 공중과 공익을 위하는 사업.

13. 정산 종사, '**삼학**'에 대하여 말씀하시기를 "과거에도 삼학이 있었으나 **계정혜(戒定慧)**와 우리 삼학은 그 범위가 다르니라. 계는 **계문**을 주로 하여 개인의 **지계**에 치중하였지마는 취사는 **수신제가 치국평천하**의 모든 **작업**에 빠짐없이 **취사**케 하는 요긴한 공부며, 혜는 **자성**에서 발하는 혜에 치중하였지마는 연구는 모든 일 모든 이치에 두루 **알음알이**를 얻는 공부며, 정은 **선정**에 치중하였지마는 수양은 동정 간에 자성을 떠나지 아니하는 **일심** 공부로, 만사의 성공이 이 삼학을 벗어나지 못하는 것이니 이 위에 더 원만한 공부 길은 없느니라."

삼학(三學) 법신불 일원상을 표본 삼아 인격을 함양해가는 세 가지 수행 방법. 정신 수양, 사리 연구, 작업 취사.

계정혜(戒定慧) 부처를 이루는 세 가지 공부 방법으로 계율과 선정과 지혜를 말함.

계문(戒文) 악을 범하지 않도록 불교 경전에서 제시한 규범.

지계(持戒) 계율을 어기지 않고 잘 지킴.

수신(修身) 개인의 심신을 바르게 닦음.

제가(齊家) 가정을 바르게 다스림.

치국(治國) 나라를 평화롭게 잘 다스림.

평천하(平天下) 세상을 고르고 평화롭게 함.

작업(作業) 심신 작용.

취사(取捨) 정의는 취하고 불의는 버림.

자성(自性) 사람이 본래 갖추고 있는 성품.

알음알이 일과 이치의 핵심.

선정(禪定) 참선 수행으로 마음을 고요하게 함.

일심(一心) 전일하고 온전한 마음.

14. 정산 종사, 다시 '삼학'에 대하여 말씀하시기를 "**공부**하지 않는 이에게도 삼학은 있으나 이는 **부지중** 삼학이요 주견 없는 삼학이요 임시적 삼학이며, 공부인의 삼학은 공부적 삼학이요 **법도 있는** 삼학이요 **간단**없는 삼학이니라."

15. 정산 종사 말씀하시기를 "수양의 방법은 **염불**과 **좌선**과 **무시선 무처선**이 주가 되나 연구와 취사가 같이 **수양**의 요건이 되며, 연구의 방법은 **견문**과 **학법(學法)**과 사고가 주가 되나 수양과 취사가 같이 연구의 요건이 되며, 취사의 방법은 경험과 주의와 결단이 주가 되나 수양과 연구가 같이 취사의 요건이 되느니라."

공부(工夫) 도를 배우고 실천하는 것. 마음공부.
부지중(不知中) 의식하지 못하는 사이.
법도 있는(法度--) 성자의 가르침에 맞는.
간단(間斷) 잠깐의 끊어짐.
염불(念佛) '나무아미타불'을 연속하여 부르며 산란한 정신을 일념으로 만들기 위한 공부법.
좌선(坐禪) 앉아서 하는 선(禪) 수행으로 마음과 기운을 단전(丹田)에 주(住)하여 순연한 근본 정신을 양성하는 공부법.
무시선(無時禪) 시간에 구애 없이 언제나 생활 속에서 하는 선(禪) 수행.
무처선(無處禪) 장소에 구애 없이 어디서나 생활 속에서 하는 선(禪) 수행.
수양(修養) 정신 수양의 준말. 안으로 분별성과 주착심을 없이하며 밖으로 산란하게 하는 경계에 끌리지 아니하여 두렷하고 고요한 정신을 양성하는 공부.
견문(見聞) 보고 들음.
학법(學法) 경전을 통해 성자의 가르침을 배워 익힘.

16. 정산 종사 말씀하시기를 "수양의 결과는 **생사 자유**와 **극락 수용**과 만사 성공이요, 연구의 결과는 **사리 통달**과 중생 제도와 만사 성공이요, 취사의 결과는 **만행 구족**과 **만복 원만**과 만사 성공이니라."

17. 정산 종사, '삼대력'에 대하여 말씀하시기를 "**정할 때** 마음 나가는 번수와 **동할 때** 마음이 끌리는가 안 끌리는가를 대조하면 **수양력** 정도를 알 것이요, 안으로 **성리 연마**와 **경전 해득**과 밖으로 사물 판단하는 능력을 대조하면 **연구력**의 정도를 알 것이요, 안으로 **일기**를 써 계문을 조사하고 밖으로 일을 당하

생사 자유(生死自由) 생사에 해탈하고 거래(去來)를 자유로 하는 것.
극락 수용(極樂受用) 고락을 초월한 지복(至福)의 경지를 누림.
사리 통달(事理通達) 모든 일과 이치에 걸리고 막힘이 없이 두루 통달함.
만행 구족(萬行具足) 모든 행동이 바르고 법도에 맞음.
만복 원만(萬福圓滿) 은혜로운 덕행으로 복이 한량없이 충만함.
정(靜)할 때 일이 없이 고요할 때.
동(動)할 때 일이 있어 활동할 때.
수양력(修養力) 천만 경계를 응용할 때 흔들리지 않는 자주의 힘. 정신 수양을 통해서 얻게 되는 정력(定力).
성리 연마(性理鍊磨) 우주 만유의 본래 이치와 인간의 자성 원리를 깊이 탐구하고 관조하는 공부.
경전 해득(經典解得) 경전을 통하여 성자의 가르침을 깊이 이해하고 증득(證得)하는 공부.
연구력(研究力) 천만 사리를 분석하고 판단하는데 걸림 없이 아는 지혜의 힘. 사리 연구를 통해서 얻게 되는 혜력(慧力).
일기(日記) 하루의 생활을 스스로 반성하고 대조하여 기재하는 공부로 정기 일기와 상시 일기가 있다.

여 **수시응변**하는 능력을 대조하면 **취사력**의 정도를 알 것이니라."

18. 정산 종사 말씀하시기를 "우리가 수양·연구·취사의 삼학으로써 공부를 진행하는바, 결국 수양은 **해탈**이 표준이 되며, 연구는 **대각**이 표준이 되며, 취사는 **중정**(中正)이 표준이 되느니라."

19. 정산 종사, 말씀하시기를 "수양은 **망념**을 닦고 **진성**을 기름이 그 **대지**요, 연구는 지혜를 연마하며 본원을 **궁구**함이 그 대지요, 취사는 중정을 취하고 **사곡**을 버림이 그 대지니라.[修其妄念 養其眞性 硏其智慧 究其本源 取其中正 捨其邪曲]"

수시응변(隨時應變) 상황이나 일의 변화에 따라 적절하고 원만하게 대응하여 처리함.
취사력(取捨力) 모든 일을 응용할 때에 정의는 용맹 있게 취하고 불의는 용맹 있게 버리는 실행의 힘. 작업 취사를 통해서 얻게 되는 계력(戒力).
해탈(解脫) 모든 속박에서 벗어난 자유로움.
대각(大覺) 모든 일과 이치에 걸리고 막힘이 없이 두루 통달함.
중정(中正) 한 편에 기울지 않고 넘치거나 모자람이 없이 바르고 원만함.
망념(妄念) 헛된 생각. 잡념.
진성(眞性) 참된 성품. 사람의 순연한 근본 정신.
대지(大旨) 핵심적 요지.
궁구(窮究) 세밀하고 철저하게 깊이 연구함.
사곡(邪曲) 삿되고 올바르지 못한 것.
수기망념 양기진성 연기지혜 궁기본원 취기중전 사기사곡 修其妄念 養其眞性 硏其智慧 究其本源 取其中正 捨其邪曲.

20. 정산 종사 말씀하시기를 "삼대력 공부에 저축 삼대력 공부와 활용 삼대력 공부가 있나니, 저축 삼대력 공부는 정할 때 안으로 쌓는 공부요, 활용 삼대력 공부는 동할 때 실지 경계에 사용하는 공부라. 아무리 저축 삼대력 공부를 하였다 할지라도 활용하지 못하면 마치 그늘에 자란 나무 같아서 힘이 없을 것이요, 활용 삼대력 공부 역시 저축 삼대력 공부가 없으면 마치 뿌리 튼튼하지 못한 나무 같아서 힘이 없으리라. 그러므로 항상 저축 삼대력 공부와 활용 삼대력 공부를 병진하여 **체용**이 **겸전**하고 동정이 서로 근원하는 원만한 삼대력을 얻을지니라."

21. 학인이 여쭙기를 "우(愚)와 치(痴)가 어떻게 다르나이까?" 정산 종사 답하시기를 "우는 시비를 모르는 **어린 마음**이요, 치는 알기는 하나 염치가 없고 예의가 없는 마음이니라. **하근기**에 우자가 많고 **중근기**에 치자가 많나니 우와 치를 벗어나야 **상근기**가 되느니라. 일기를 쓸 때 **헛치사**에 좋아했거든 치심에 끌

체용(體用) 근본 바탕과 활용.
겸전(兼全) 아울러 갖추어져 원만함.
어린 마음 어리석은 마음.
하근기(下根機) 사(邪)와 정(正)의 분별도 없으며 계교와 의심도 내지 아니하여 인도하면 인도하는 대로 순응하는 근기. 공부의 정도나 지견이 낮은 사람.
중근기(中根機) 자세히 아는 것도 없고 혹은 모르지도 아니하여 항상 의심을 풀지 못하고 법과 스승을 저울질하는 근기.
상근기(上根機) 정법을 보고 들을 때에 바로 판단과 신심이 생겨서 모든 공부를 자신하고 행하는 근기.
헛치사 실속없이 겉만 꾸밈.

린 것으로 기록하라. 치심의 **병근**은 명예욕이며, **천치**와 우는 비슷하니라."

22. 정산 종사, **일기법** 가운데 '**유념**'과 '**무념**'을 해설하시기를 "**착심** 없는 곳에 신령하게 알고 바르게 행함이 유념이니 이는 생각 없는 가운데 대중 있는 마음이요, 착심 있는 곳에 **미혹**되어 **망녕**되이 행함이 무념이니 이는 생각 있는 가운데 **대중**이 없는 마음이니라."

23. 정산 종사, '유념 공부'에 대하여 말씀하시기를 "유념의 공부는 곧 **일용 행사**에 그 마음 대중을 놓지 않는 것이니, 이른바 보는 데에도 대중 있게 보고 듣는 데에도 대중 있게 듣고 말하는 데에도 대중 있게 말하고 동할 때도 대중 있게 동하고 정할 때도 대중 있게 정하여 비록 찰나 간이라도 방심을 경계하고

병근(病根) 병의 뿌리.
천치(天癡) 지능이 아주 낮고 정신이 박약한 사람.
일기법(日記法) 공부인들이 하루 생활에서 공부한 결과를 스스로 돌아보고 점검하는 법.
유념(有念) 어떤 일에 주의심을 가지고 한 것.
무념(無念) 어떤 일에 주의심이 없이 한 것.
착심(着心) 집착하는 마음. 주착심.
미혹 마음이 가리어져 어두워짐.
망녕 이치와 도리에 어긋남.
대중 표준을 세워 대조함.
일용 행사(日用行事) 일상 생활.

정념(正念)을 가지자는 공부니라. 그러므로 대종사께서 **상시 훈련법**으로 공부인의 정도를 따라 혹은 **태조사**를 하게 하시고 혹은 **유무념**을 대조케 하시고 혹은 일기를 대조케 하시니, 이것이 비록 **명목**은 다르나 모두 이 유념 하나를 공부케 하신 데 지나지 않느니라."

24. 정산 종사 말씀하시기를 "이제 몇 가지 조항으로 유념 공부의 실례를 들어본다면, 첫째는 사람이 어떠한 사업에 성공하자면 먼저 그 마음이 오로지 그 일에 **집주**되고 그 생각이 그 일을 연마하는 데 있어야 할 것이요, 둘째는 어떠한 사업을 성공한 후에 영원히 그 사업을 유지하기로 하면 모든 것을 무심히 하지 말고 마음을 오로지 그 일에 집주하여 연마하는 생각이 있어야 할 것이요, 셋째는 마음이 경계를 당하여 넉넉하고 급함이 골라 맞아서 **군색**과 실패가 없기로 하면 미리 연마하는 생각이 있어야 할 것이요, 넷째는 모든 일을 응

정념(正念) 사심, 잡념이 없이 깨어있는 바른 생각.
상시 훈련법(常時訓練法) 언제 어디서나 일상 생활 속에서 수행하는 법.
태조사(太調査) 글을 잘 알지 못하는 사람이 흰 콩, 검은 콩을 사용하여 유념, 무념을 대조하는 공부법.
유무념(有無念) 유념과 무념을 합한 말. 어떤 일에 주의심을 가지고 한 것은 유념, 주의심이 없이 한 것은 무념.
명목(名目) 이름과 형식.
집주(集注) 마음을 한 곳으로 모아 정성을 다함. 집중.
군색(窘塞) 필요한 것이 없거나 모자라서 딱하고 옹색함.

용함에 시비를 잘 분석하여 매사에 **중도**를 행하기로 하면 항상 취사하는 생각이 있어야 할 것이요, 다섯째는 모든 일을 지낸 뒤에 장래의 **보감**을 얻기로 하면 항상 반성하는 생각이 있어야 할 것이요, 여섯째는 **공간 시(空間時)**에 처하여 망상이나 **혼침**에 빠지지 않기로 하면 그 망상을 제거하는 한 생각이 있어야 할 것이요, 일곱째는 무슨 직무를 담당하여 그것을 잘 이행하기로 하면 항상 책임에 대한 관념이 깊어야 할 것이요, 여덟째는 모든 은혜를 입은 후에 반드시 그 은혜를 갚기로 하면 먼저 **피은**에 대한 생각이 깊어야 할 것이요, 아홉째는 무슨 서약을 이룬 후에 반드시 그 서약을 실행하기로 하면 항상 신의를 존중히 하는 생각이 있어야 할 것이니, 만일 이상에 말한바 모든 생각이 없이 당하는 대로 행동한다면 일체 행사에 실패와 배은과 불신을 초래하여 **필경**은 세상에 **배척자**가 되고 말 것이니라. 세상만사 어느 일이 유념이 아니고 되는 일이 있으리오. 과연 크도다. 유념의 공덕이여!"

25. 정산 종사, '무념 공부'에 대하여 말씀하시기를 "무념의 공부는 곧 일용 행

응용함(應用-) 대응하여 처리함.
중도(中道) 한 편에 기울지 않고 넘치거나 모자람이 없이 꼭 알맞음.
보감(寶鑑) 거울삼아 깨우침을 얻을 수 있는 교훈.
공간 시(空間時) 일 없이 한가하게 빈 시간.
혼침(昏沈) 어두워지고 흐려짐. 또는 졸음에 빠짐.
피은(被恩) 은혜 입음.
필경(畢竟) 마침내. 결국에는.
배척자(排斥者) 거부당하고 내침을 받는 사람.

사에 오직 **염착(染着)**하는 생각을 없게 하는 것이니, 이른바 보는 데도 착이 없이 보고, 듣는 데도 착이 없이 듣고, 말하는 데도 착이 없이 말하고, 동할 때도 착이 없이 동하고, 정할 때도 착이 없이 정하여, 항상 그 망상을 **멸도**케 하고 **진여**를 **자득**케 하는 공부라 할 것이니라. 그러므로 대종사께서 공부의 **진실 처**를 말씀하실 때 필경 이 무념을 최상 법문으로 삼으시고, 부처님께서도 도덕의 **본지**를 해석하실 때 다 이 무념을 표준으로 하셨느니라."

26. 정산 종사 말씀하시기를 "다시 몇 가지 조항으로 무념 공부의 실례를 들어 본다면, 첫째는 사람이 도덕을 공부하여 능히 **불성(佛聖)**의 지위를 얻는 것은 그 마음에 내가 불성의 위를 얻었거니 하는 생각이 없는 까닭이요, 둘째는 공도에 헌신하여 영원한 **공익자**가 되는 것도 그 마음에 내가 공익을 행하였거니 하는 생각이 없는 까닭이요, 셋째는 세상에 처하여 영원한 안락을 누리는 것도 그 마음에 이것이 낙이거니 하여 집착하는 생각이 없는 까닭이요, 넷째는 누구에게 은혜를 베푼 후 그 은혜를 영원히 보전하는 것도 그 마음에 내가 은혜를

염착(染着) 물들고 집착함.
멸도(滅度) 소멸.
진여(眞如) 참되고 변함이 없는 우리의 본래 성품. 진성(眞性).
자득(自得) 스스로 체험하고 깨달아 얻음.
진실 처(眞實處) 참된 실상의 경지.
본지(本旨) 근본 뜻.
불성(佛聖) 부처나 성자.
공익자(公益者) 세상에 큰 은혜를 베푸는 사람.

베풀었거니 하는 생각이 없는 까닭이요, 다섯째는 어떠한 권위를 얻어서 영원히 그 권위를 유지하는 것도 그 마음에 내가 권위를 가졌거니 하는 생각이 없는 까닭이요, 여섯째는 어떠한 처사에 당하여 항상 공정을 잘 지키는 것도 그 마음에 오직 편착의 생각이 없는 까닭이요, 일곱째는 동정 간에 항상 정신의 안정을 얻는 것도 그 마음에 오직 애욕의 생각이 없는 까닭이요, 여덟째는 사람이 대도를 **증득**하여 **법진(法塵)**에 끌리지 않는 것도 그 마음에 무념을 하였거니 하는 생각이 없는 까닭이니, 만일 어떠한 생각에 집착되어 행동한다면 천만 가지 **계교 망상**이 따라서 일어나 이른바 **일파재동만파수(一波纔動萬波隨)**의 격이 되고 말 것이니라. 우주 만유의 대도 대덕이 모두 이 무념으로써 구성되었나니, 과연 크도다. 무념의 공덕이여!"

27. 정산 종사, 이어 말씀하시기를 "수도하는 동지들이여! 유념 가운데 무념의 공부가 있고 무념 가운데 유념의 공부가 있음을 잘 해득하여, 유념할 곳에는 반드시 유념을 잊지 말고 무념할 곳에는 반드시 무념을 잊지 말아서 유무념의 참된 공덕을 일일이 다 수용하도록 하라. 만일 이 유념과 무념의 길을 알지 못하면 유념할 곳에는 무념을 주장하고 무념할 곳에는 유념을 주장하여, 유념과 무념이 한가지로 업을 지으며 무궁한 저 고해에 길이 침몰하게 될 것이니 어찌

증득(證得) 깨달아 얻음.
법진(法塵) 법박. 도를 이루었다는 생각의 흔적.
계교 망상(計較妄想) 저울질하고 비교하는 것과 헛되고 쓸데없는 생각.
일파재동만파수(一波纔動萬波隨) 하나의 파도가 일어나면 수많은 파도가 뒤따라 일어난다는 뜻.

한심하지 아니하리오. 공부하는 사람은 모름지기 여기에 더욱 주의하여야 할 것이니라."

28. 정산 종사 말씀하시기를 "염불에 몇 가지 단계가 있나니, 부처님의 **명호**를 구송만 하거나 그 **상호** 등을 **염하고** 있는 것은 **하열한 근기**의 염불이요, 부처님의 **원력**과 부처님의 마음과 부처님의 실행을 염하여 염불 **일성**에 **일념**을 집주함은 진실한 수행자의 염불이니라."

29. 정산 종사 말씀하시기를 "무시선 무처선의 공부법에는 **정시(定時)**의 선과 **정처(定處)**의 선 공부도 잘 하라는 뜻이 들어있고, **처처 불상 사사 불공**의 불공법에는 정처(定處)의 불상에 대한 **정사(定事)**의 불공도 착실히 하라는 뜻이 들

명호(名號) 부처의 호칭.
상호(相好) 부처의 몸에 갖추어진 훌륭한 용모와 형상. 32상 80종호.
염하고(念--) 마음속으로 생각하고.
하열한(下劣-) 이해력이 낮고 부족한.
근기(根機) 불법을 믿고 이해하며 수행할 수 있는 능력 또는 자질.
원력(願力) 간절한 서원의 힘.
일성(一聲) 한 소리.
일념(一念) 생각이 다른 데 흐르지 않고 오직 한 생각이 지속됨. 일심(一心).
정시(定時) 정해진 시간.
정처(定處) 정해진 장소.
처처 불상 사사 불공(處處佛像 事事佛供) 곳곳이 부처님 일마다 불공.
정사(定事) 정해진 의례.

어있느니라."

30. **양원국**(梁元局)이 여쭙기를 "무시선의 강령 중 **일심**과 정의(正義)의 관계는 어떠하오며 잡념과 불의의 관계는 어떠하나이까?" 정산 종사 답하시기를 "일심이 동하면 정의가 되고, 잡념이 동하면 불의가 되느니라."

31. 정산 종사, '**사참**(事懺)의 방법'에 대하여 말씀하시기를 "첫째는 **대원**을 발하여 작은 욕심을 끊는 것이요, 둘째는 사실을 대조하여 선악의 이해를 판단해 보는 것이요, 셋째는 진정한 마음으로 항상 법신불 전에 참회의 기도를 올리는 것이요, 넷째는 **일일신 우일신**(日日新 又日新)으로 매양 악업을 고치기에 노력하는 것이니라."

32. 정산 종사, '**이참**(理懺)의 방법'에 대하여 말씀하시기를 "첫째는 일체를 다 자기 마음이 짓는 것임을 요달하는 것이요, 둘째는 인과가 우주의 원리인 것을

양원국(梁元局,1874~1953) 부산 하단 출생. 법호는 래산(萊山). 소태산 대종사를 친견하고 하단교당을 세웠다.
일심(一心) 전일하고 온전한 마음.
사참(事懺) 불·법·승 삼보(三寶) 전에 자기가 지은 죄업을 뉘우치고 날로 모든 선업을 쌓아 가는 것.
대원(大願) 큰 서원. 성불 제중(成佛濟衆)의 서원.
일일신 우일신(日日新 又日新) 날마다 새롭고 또 새로움.
이참(理懺) 원래 죄업이 텅 빈 본성을 깨달아 안으로 모든 번뇌 망상을 제거해 가는 것.

요달하는 것이요, 셋째는 자성의 원래가 **죄업**이 **돈공**한 것을 **요달**하는 것이요, 넷째는 자성의 공한 것을 관하여 **동정 간**에 **삼매**의 힘을 얻는 것이니라."

33. 정산 종사, '참회의 결과'에 대하여 말씀하시기를 "사참의 결과는 첫째는 **악업**이 날로 소멸함이요, 둘째는 **선업**이 날로 **증장**함이요, 셋째는 **세간 복**이 계속됨이며, 이참의 결과는 **육도 일미**의 극락을 수용하게 됨이니라."

34. 정산 종사, '**계문**'에 대하여 말씀하시기를 "**살생계**를 지키는 동시에 연고 없이 생명을 상해하지도 말며, **도적계**를 지키는 동시에 의 아닌 재물을 취하지

죄업(罪業) 괴로운 과보(果報)를 낳는 죄악의 행위.
돈공(頓空) 완전히 텅 빔.
요달(了達) 밝게 통달함.
동정 간(動靜間) 일이 있을 때와 없을 때. 언제 어디서나 항상.
삼매(三昧) 산란함이 없이 지극히 고요하고 평온한 상태에 머묾.
악업(惡業) 악한 행위.
선업(善業) 착한 행위.
증장(增長) 커지고 자라남.
세간 복(世間 福) 세상에서 누리는 복(福).
육도 일미(六途一味) 육도가 '평등일미' 라는 뜻. 어느 곳에 처하든지 모두 극락을 수용한다는 의미.
계문(戒文) 악을 범하지 않도록 소태산 대종사가 제시한 규범.
살생계(殺生戒) 살생을 금하는 계문.
도적계(盜賊戒) 남의 물건을 훔치거나 빼앗는 것을 금하는 계문.

도 말며, **간음계**를 지키는 동시에 부부라도 **남색(濫色)**을 하지 말 것이니라."

35. 정산 종사, '**고락**의 원인을 알지 못함이 낙을 버리고 고로 들어가는 원인이 됨.'을 해석하시기를 "고락의 근원을 알지 못하면 설혹 부지중 낙을 취한다 할지라도 필경에는 낙을 잃고 고로 가게 되는 것이, 비유하면 설탕과 **비상**을 구분 못 하는 사람이 두 가지 가운데서 부지중 설탕을 먹을 수도 있으나 여러 차례 모르고 먹는 가운데 마침내 비상을 먹게 되는 것과 같으니라."

36. 정산 종사, '**대소 유무**의 이치를 따라 인간의 **시비 이해**를 건설한다.'라는 법위 조항을 해설하시기를 "성인은 반드시 우주의 진리를 응하여 인간의 **법도**를 제정하시나니, 우리 법으로 말씀하면 일원상의 **종지**는 **대 자리**를 응하여 건설된 법이요, 사은의 내역들은 **소 자리**를 응하여 건설된 법이요, 인과와 계율

간음계(姦淫戒) 간음을 금하는 계문.
남색(濫色) 성생활에 지나치게 빠지는 것.
고락(苦樂) 괴로움과 즐거움.
비상(砒霜) 맹독성 물질인 비소.
대소 유무(大小有無) 우주의 모든 이치를 이해하기 위한 기본적 인식의 틀. 대는 우주 만유의 본체, 소는 만상이 형형색색으로 구별되어 있음, 유무는 천지 만물의 변화.
시비 이해(是非利害) 옳고 그름과 이로움과 해로움.
법도(法度) 마땅히 행해야 할 도리.
종지(宗旨) 가장 근본이 되고 으뜸이 되는 가르침.
대 자리(大-) 우주에 있는 모든 존재, 현상, 이치의 근본과 바탕의 측면.
소 자리(小-) 일체 만상이 형형색색으로 구별되어 있는 측면.

등 모든 법은 **유무 자리**를 응하여 건설된 법인바, 성인의 법은 어느 법이나 이 치에 위반됨이 없이 시비 이해가 분명하게 짜여지느니라. 또한, 이를 개인 공부에 운용하는 방법으로는 항상 **일원의 체성**을 체 받아서 일심 즉 선(禪)을 잘 닦으라 하신 것은 대를 운용하는 법이요, **사사 처처**에 **보은 불공**하는 도를 잘 알아 행하라 하신 것은 소를 운용하는 법이요, 유무에 집착하지 아니하고 유무를 따라 마음을 활용하며 변천의 도를 알아 미리 준비하여 사업을 성공하게 하신 것은 유무를 운용하는 법이니라."

37. 학인이 여쭙기를 "우리의 여섯 가지 법위 가운데, 같은 법위에 오른 도인은 그 **도력**이 다 한결같나이까?" 정산 종사 답하시기를 "명필 중에도 **초서**에 능한 사람, **해서**에 능한 사람, **전서**에 능한 사람이 있듯이, **항마** 이상의 도인들도 그 능한 방면이 각각 다를 수 있으며, 같은 위에 있다 할지라도 그 도력이 꼭 한결같지는 아니하니라."

유무 자리(有無-) 천지 만물이 변화하는 측면.
일원의 체성(一圓-體性) 법신불 자체. 법신불 본래 그 자리.
사사 처처(事事處處) 어떤 일이나 어느 곳에서나.
보은 불공(報恩佛供) 사은의 은혜에 감사하고 보은하는 실지 불공.
도력(道力) 도를 닦아서 얻은 힘. 법력(法力).
초서(草書) 한자 서체(書體)의 하나로 가장 흘려 쓴 글씨체.
해서(楷書) 예서(隸書)에서 발전한 것으로 바르게 또박또박 쓰는 글씨체.
전서(篆書) 고풍스럽게 쓰는 글씨체.
항마(降魔) 법강항마위. 악마를 항복시킴. 악마의 유혹을 극복함.

38. 학인이 여쭙기를 "**법강항마위** 승급 조항에 '생로병사에 해탈을 얻은 사람의 위'라는 말씀이 있사오니, 항마위만 되면 육도를 자유자재할 수 있나이까?" 정산 종사 답하시기를 "항마위에서는 생로병사에 끌리지만 않는 정도요, **출가위**에 가야 **자유자재**할 수 있느니라."

39. 시자 사뢰기를 "우리 회상을 과거 회상의 한 종파로 아는 이가 있나이다." 정산 종사 말씀하시기를 "과거 부처님께서 **바라문**의 교리를 **인순**(因循)하신 점이 있고, 예수께서 구약(舊約)을 연원하시었으나, 불교나 기독교를 과거 종교의 한 종파라 하지는 않느니라." 또 사뢰기를 "과거 교법과 우리 교법과의 관계는 어떠하나이까?" 말씀하시기를 "주로 창조하시고, 혹 혁신, 혹 인용(因用)하셨느니라."

40. 객이 여쭙기를 "귀 교는 무신입니까, 유신입니까?" 정산 종사 답하시기를 "우리는 어디에 따로 계시는 인격적 신은 인정하지 아니하나, 우주를 관통하여 두루 있는 신령한 진리는 인정하나니, 우리의 마음을 단련하여 그 진리를

법강항마위(法强降魔位) 여섯 가지 법위등급 중의 네 번째 단계. 법이 강하여 마를 항복받은 경지.

출가위(出家位) 여섯 가지 법위등급 중의 다섯 번째 단계. 지티의 국한을 벗어나 일체 생령을 위하여 헌신 봉공하는 경지.

자유자재(自由自在) 육도 세계를 자유롭게 거래하고 수용하는 능력.

바라문(婆羅門) 브라만교의 다른 명칭. 불교에 앞서 고대 인도의 고전(古典)인 베다를 중심으로 발달한 종교로, 우주의 본체인 브라만과 참 나인 아트만의 합일을 추구한다.

인순(因循) 수용하여 계승함.

이용하며 그 **위력**을 얻자는 것이 우리의 주장이니라." 또 여쭙기를 "귀 교는 **유심**입니까, **유물**입니까?" 답하시기를 "물심일여로 보나니, 우주 만유의 본체는 물과 심이 둘이 아닌 동일체나 운용할 때는 심이 체가 되고 물이 용이 되느니라."

41. 정산 종사, '**금강경**'을 설하실 때 '**색상**이나 음성으로 능히 여래를 보지 못한다.' 하신 말씀을 해설하시기를 "가령 사람의 인물을 외모만 보고 전부를 다 보았다 할 수 없고 그 사람의 위의·언어·지식·**용심** 등을 다 보아야 그 인물을 참으로 본 사람이라고 할 수 있는 것같이, 여래를 보는 법도 보통 사람으로서는 가히 볼 수 없는 경지가 있나니, 모든 상이 공하고 자타 피차가 없는 **유무 초월**

위력(威力) 큰 힘과 은혜.
유심(唯心) 우주의 궁극적 실재는 마음뿐이며 일체가 모두 마음 작용의 나타남이라고 보는 관점.
유물(唯物) 우주의 궁극적 실재를 물질이라고 생각하며 마음이나 정신 또한 물질에서 파생된 현상이라고 보는 관점.
금강경 불교의 경전 중 하나인 『금강반야바라밀경(金剛般若波羅密經)』의 약칭. 부처님과 제자 수보리의 문답형식으로 공(空)의 가르침을 설하고 있음. 원불교 『불조요경』에도 수록되어 있음.
색상(色相) 눈으로 볼 수 있는 부처님의 형상.
용심(用心) 마음 씀씀이.
유무 초월(有無超越) 모든 존재의 있고 없는 변화를 넘어섬. 있다고도 할 수 없고 없다고도 할 수 없는 진리의 모습.

한 자리를 깨쳐 **법신·보신·화신** 전부를 체득해 보아야 비로소 **여래**의 전부를 본 것이니라."

42. 정산 종사, '금강경' 해설을 마치고 말씀하시기를 "우주가 공을 바탕으로 하여 원래 낳이 없기 때문에 **불생불멸**하여 **인과보응**의 진리가 **소소**하나니, 우리가 **무상 대도**를 닦기로 하면 첫째 상 없는 공부 즉 **사상·법상·비법상**까지도 다 공하여 허공 같은 심경을 가질 것이며, 둘째는 주함이 없는 공부를 하여

> **법신(法身)** 모든 존재, 현상, 이치의 근원이 되는 궁극적 진리 그 자체.
> **보신(報身)** 오랜 수행으로 법신불에 합일하여 증득한 무궁한 지혜와 공덕.
> **화신(化身)** 부처가 중생을 구제하기 위하여 인연 따라 다양하게 나타난 모습.
> **여래(如來)** 부처님을 부르는 열 가지 명칭 가운데 하나로 진리 실상 그대로 오신 분이라는 의미.
> **불생불멸(不生不滅)** 생겨나지도 않고 없어지지도 않는다는 뜻으로 영원히 변함이 없는 진리의 실상을 뜻함.
> **인과보응(因果報應)** 지은 바(원인)에 따라 반드시 결과를 받게 되는 원리.
> **소소(昭昭)** 한 없이 밝음.
> **무상 대도(無上大道)** 가장 높고 큰 도.
> **사상(四相)** 깨치지 못한 중생들이 갖는 네 가지 집착하는 생각. 곧 아상(我相), 인상(人相), 중생상(衆生相), 수자상(壽者相).
> **법상(法相)** 법이라는 관념에 얽매이는 것. 또는 법을 깨쳤다, 법력을 갖추었다고 집착하는 것.
> **비법상(非法相)** 법상이 없는 경지에 들었다고 집착하는 것.

색·성·향·미·촉·법에 끌리지 않는 원만한 **심법**을 가질 것이며, 셋째는 **묘유**의 공부로써 희로애락 **원근친소**에 편착함이 없이 **지공무사**한 마음을 써야 할 것이니, 능히 이러하면 곧 대도를 성취할 것이며 금강경을 완전히 **신해 수지(信解受持)**한 것이니라."

43. 정산 종사, 학인이 '**반야심경**' 설명함을 들으시고 말씀하시기를 "반야심경은 **조견오온개공(照見五蘊皆空)**이라는 조견 법문에서 그 공부의 강령이 다 드러났다 할 것이니, 조견이란 **사량 분별**이 아닌 자성의 광명으로 **반조**하는 것이

색·성·향·미·촉·법(色聲香味觸法) 육근(눈, 귀, 코, 혀, 몸, 마음)으로 감각하고 인식하는 여섯 가지 대상. 색, 소리, 냄새, 맛, 촉감, 생각을 말함.

심법(心法) 마음을 사용하는 법도와 도량과 경륜.

묘유(妙有) 성품의 한 측면으로 신령스러운 성품의 조화.

원근친소(遠近親疎) 멀고 가깝고 친하고 친하지 않은 다양한 인간관계.

지공무사(至公無私) 지극히 공정하여 사사로움이 없음.

신해 수지(信解受持) 믿고 이해하여 받들어 간직함.

반야심경(般若心經) 『마하반야바라밀다심경(摩訶般若波羅密多心經)』의 줄임말. 『대반야경(大般若經)』 6백 권 사상의 정수를 담은 불교 경전으로 원불교 교서 『불조요경』에 수록되어 있으며 각종 의례에서 많이 독송되고 있다.

조견오온개공(照見五蘊皆空) 색수상행식의 오온이 모두 공함을 비추어 본다는 뜻. 오온은 인간의 심신 작용을 구성하는 다섯 가지 요소의 모임. 색(色)은 일체의 형상(몸), 수(受)는 대상을 접촉하여 지각(知覺)하는 작용, 상(想)은 지각된 바를 바탕으로 생각하는 것, 행(行)은 의지 또는 욕구 작용, 식(識)은 기억하고 분별하며 인식하는 작용.

사량 분별(思量分別) 생각하고 헤아리며 나누고 가름.

반조(返照) 돌이켜 비추어 봄.

요 어느 상에도 **주착**함이 없이 **원만구족**하고 지공무사하게 **직관**함인바, 이 조견 공부의 순서를 부연 설명하자면, 첫째는 관(觀)하는 공부니, 어느 상에도 주함이 없이 우주와 인생의 실상을 똑바로 보고 옳게 판단하는 것이요, 둘째는 각(覺)하는 공부니, 바르게 보고 옳게 판단하는 동시에 자성 본원의 **진공한 영지**를 걸림 없이 단련하여 크게 깨침을 얻는 것이요, 셋째는 행(行)하는 공부니, 걸림이 없이 깨치는 동시에 그 깨친 대로 모든 행동을 단련하여 해탈과 **만능**을 갖추는 것이라. 관하고 각하고 행하는 공부를 잘 조화하여 익숙해지면 조견 공부를 마쳐 일체의 **고액**을 건너게 되느니라."

44. 정산 종사, 학인이 '**사제(四諦)**' 법문 설명함을 들으시고 말씀하시기를 "고제(苦諦)의 **팔고(八苦)** 가운데 생·로·병·사 등 앞 **사고(四苦)**는 이미 어찌할 수 없는 자연적 고요, 애별리고(愛別離苦)·원증회고(怨憎會苦)·**구부득고(求不得**

주착(住着) 머물러 집착함.
원만구족(圓滿具足) 부족함도 없고 결함도 없이 모든 것을 완전히 갖춤.
직관(直觀) 어디에도 가림이 없이 있는 그대로 실상을 파악함.
진공한 영지(眞空-靈知) 텅 비어 고요한 가운데 신령스럽게 아는 지혜.
만능(萬能) 온갖 능력과 조화를 갖춤.
고액(苦厄) 온갖 괴로움과 재난.
사제(四諦) 미혹의 세계를 벗어나 깨달음의 세계에 이르도록 가르치는 원시 불교의 기본 교리로 고제(苦諦)·집제(集諦)·멸제(滅諦)·도제(道諦)의 네 가지 성스러운 진리를 말함.
팔고(八苦) 중생이 겪는 여덟 가지 괴로움으로 생로병사(生老病死)와 애별리고(愛別離苦), 원증회고(怨憎會苦), 구부득고(求不得苦), 오음성고(五陰盛苦)를 이름.
사고(四苦) 생로병사(生老病死).

苦)·오음성고(五陰盛苦) 등 뒤 네 가지 고는 새로이 지어가는 작용적 고이니라. 또 집제(集諦) 가운데 **지수화풍 사대의 소집**인 **색신**은 어찌할 수 없는 자연적 집이요, 수상행식 사온의 소집인 의식은 늘 새로이 지어 일으키는 작용적 집이니라. 그러므로 자연적 고나 집은 편안히 달게 받아 나가는 것이 공부가 되고, 작용적 고나 집은 편안하고 즐거운 선업으로 지어 나가는 것이 공부가 되느니라."

45. 정산 종사, 학인이 '**십이인연(十二因緣)**' 설명함을 들으시고 말씀하시기를 "십이연기는 부처님이나 중생이 한가지로 **수생**하는 과정이지마는, 부처님은 그 이치와 **노정**을 알기 때문에 **매**하지 아니함이 다르며, 그중에서도 현재 삼인(三因)인 **애(愛)**와 **취(取)**와 **유(有)**에 특별한 공부가 있나니, 부처님은, 천만 사

구부득고(求不得苦) 원하는 것을 구해도 얻지 못해서 겪는 고통.
지수화풍(地水火風) 사대(四大) 사람의 육신을 구성하는 네 가지 기본 요소.
소집(召集) 지수화풍 사대의 결합.
색신(色身) 인간의 육신.
십이인연(十二因緣) 중생이 무명으로 인하여 윤회하는 과정을 열두 가지로 설명한 것.
   무명(無明)-행(行)-식(識)-명색(名色)-육입(六入)-촉(觸)-수(受)-애(愛)-취(取)-유(有)-생(生)-노사(老死). 십이연기(十二緣起)라고도 함.
수생(受生) 생명을 받아 태어남.
노정(路程) 거쳐 지나가는 길이나 과정.
매(昧) 어두워짐.
애(愛) 갈망하거나 집착하는 마음.
취(取) 갈망하고 집착하는 대상을 소유하려 함.
유(有) 애와 취의 결과로 현재 습관화되고 체질화 되어 있는 모습 또는 상태.

물을 지어갈 때 욕심나는 마음으로 **갈애(渴愛)**하거나 주착하지 아니하며, 갈애하고 주착하는 마음으로 취하지 아니하며, 모든 업을 지음은 있되 그 업에 주착하는 마음은 있지 아니하나니, 그러므로 일체 모든 업이 청정하여 **윤회**에 미혹되지 아니하고 윤회를 능히 초월하느니라."

46. 정산 종사, 학인의 '삼신불(三身佛)'에 대한 질문에 답하시기를 "법신불은 본연 청정하여 제법이 개공한 부처님의 자성 진체를 이름이요, 보신불은 원만한 영지로써 부처님의 자성에 반조하는 반야의 지혜를 이름이요, 화신불은 천백억 **방편**으로 중생을 교화하신 부처님의 분별심과 그 색신을 이름이니라."

47. 정산 종사, 학인의 '**돈점(頓漸)**'과 '**오수(悟修)**'에 대한 질문에 답하시기를 "점수돈오는 보통 근기로서 선지식의 지도로 모든 수행을 쌓아 가다가 점점 지혜의 발달을 따라서 문득 자성의 원리를 깨치는 것이니 이는 보편적으로 수행하는 길이요, 돈오점수는 지혜의 힘으로써 이미 **견성**은 하였으나 아직도 다생 습관이 그대로 남아 있어서 그 **법력**에 의하여 점점 옛 습관을 고쳐 가는 것

갈애(渴愛) 탐내어 그칠 줄 모르는 집착과 애욕.

윤회(輪廻) 중생들이 지은바 업(業)에 따라 죽어도 다시 태어나 생사를 반복하는 것.

방편(方便) 자비로운 마음으로 중생을 구제하기 위하여 사용하는 다양한 방법.

돈점(頓漸) 돈(頓)은 단계를 뛰어넘어 단박에 이룬다는 뜻. 점(漸)은 순서를 따라 차례차례 이룬다는 뜻.

오수(悟修) 깨달음과 닦음.

견성(見性) 일원의 원리를 깨닫는 것. 본래 성품을 봄. 깨달음.

법력(法力) 불법을 수행하여 얻은 힘. 도력(道力).

이니 이는 과거 세상에 지혜의 단련은 이미 많으나 수행의 실력이 적은 이의 공부하는 길이요, 돈오돈수는 지혜의 힘으로써 견성함과 동시에 수행의 힘이 한결같아 지행의 공부가 한때 다 성취되나니 이는 **다생겁래**로 삼학의 공부를 갖추어 조금도 부족함이 없는 불보살로서 **인도**에 잠깐 매하였다가 일시에 그 광명이 발현된 것이니라."

48. 정산 종사, 학인의 '**자성 정혜(自性定慧)**'와 '**수상문 정혜(隨相門定慧)**'에 대한 질문에 답하시기를 "경계를 대하여 정하되 정한 상 없음이 자성 정이요, 밝되 혜의 상 없음이 자성 혜며, 정을 닦되 정하는 상 있음이 수상문 정이요, 혜를 닦되 혜의 상 있음이 수상문 혜니라."

49. 정산 종사, 학인의 '**삼귀의(三歸依)**'에 대한 질문에 답하시기를 "귀의불 양족존(歸依佛兩足尊)이라 함은 **복족 혜족**한 **선각자**에게 의지하여 사는 것이니,

---

다생겁래(多生劫來) 아주 오랜 시간 계속 된 여러 생.
인도(人道) 일체 생령이 윤회하는 여섯 가지 세계(육도-천도, 인도, 수라, 축생, 아귀, 지옥) 중 하나로 인간 세계를 말함.
자성 정혜(自性定慧) 보조 국사(普照國師) 지눌(知訥)의 『수심결(修心訣)』에 나오는 용어로 자성에 바탕하여 정과 혜를 닦아나가는 공부.
수상문 정혜(隨相門定慧) 보조 국사 지눌의 『수심결(修心訣)』에 나오는 용어로 특정한 수행법을 택하여 혼침과 산란을 제거하고 정과 혜를 닦아나가는 공부.
삼귀의(三歸依) 불, 법, 승, 삼보(三寶)를 믿고 공경하는 것.
복족 혜족(福足慧足) 복과 지혜를 모두 갖춤. 복족족 혜족족의 준말.
선각자(先覺者) 남보다 먼저 깨달은 사람.

저 초목의 종자가 땅을 만나야 뿌리를 박고 생장하듯이 복혜 양족한 선각자이신 부처님에게 마음의 뿌리를 단단히 박고 **순역 경계**에 흔들리지 아니할 굳은 신앙에 살며 안으로 **자심불**에 의지하여 공부해 나가자는 것이요, 귀의법 이욕존(歸依法離慾尊)이라 함은 부처님의 법에 의지하여 욕심을 여읨이니, 거미가 줄을 타고 살듯이 우리는 **불성**의 법도와 규칙을 타고 살며 안으로 자성을 **회광반조**하여 공부해 나가자는 것이요, 귀의승 중중존(歸依僧衆中尊)이라 함은 도덕 높은 스승에 의지하여 공부함이니, 승려나 교역자뿐 아니라 착하고 신앙심 있는 모든 사람으로부터 모든 성현에 이르기까지 **선지식**들에 의지하여 진리와 도덕을 배우며 안으로 자기 양심을 스승 삼고 공부해 나가자 함이니라."

50. 학인이 여쭙기를 "**등상불** 숭배는 한갓 헛된 형식일 따름이오니까?" 정산종사 답하시기를 "등상불을 숭배하여도 그 마음가짐에 따라 실효를 얻을 수도 없지 않나니, 그 앞에 알뜰히 예배 공양할 때 그 마음은 청정하여질 것이며, 그러한 마음으로 착한 인을 지으면 선한 **과보**를 받을 것이니, 이도 한 방편은 되느니라." 또 여쭙기를 "그러하오나 음식 불공은 허례가 아니오니까?" 답하시

순역 경계(順逆境界) 순경과 역경. 순경은 순조롭고 편안한 상황, 역경은 힘들고 어려운 상황.
자심불(自心佛) 자기 본래 마음이 곧 부처라는 의미.
불성(佛性) 모든 중생에게 본래 갖추어진 부처의 본성. 본래 마음. 자성.
회광반조(廻光返照) 지혜의 빛을 돌이켜 자기의 본래 마음을 비추어 봄.
선지식(善知識) 불법을 잘 수행하여 뛰어난 지혜와 덕을 갖춘 사람.
등상불(等像佛) 부처님의 형상을 본떠 만든 불상.
과보(果報) 지은 바(원인)에 따라 받게 되는 결과.

기를 "마음의 표현을 물질로써 나타내는 한 방편은 되나, 마음의 정성은 마음의 **재계**(齋戒)와 실다운 사업으로 하는 것이 그 실효가 훨씬 크니라."

51. 정산 종사, 학인의 '**삼계**(三界)'에 대한 질문에 답하시기를 "삼계로 벌여 있는 중생의 세계는 중생의 끌리는 마음 세계에 벌여 있나니, **욕계**는 **식·색·재**(食色財) 등 물욕에 끌려서 오직 자기 **구복**(求福) 하나를 위하여 예의염치도 모르고 종종의 악업을 지으며 정신없이 허덕이는 중생의 마음 세계요, **색계**는 **명상**에 끌려서 모든 선행을 하고 사업을 하되 자신의 명예욕에 끌려 하므로 자칫하면 **승기자**를 시기하고 지만 못한 자를 무시하며 그에 따라 **사량과 계교**가 많은 중생의 마음 세계요, **무색계**는 명상에 끌리는 바도 없고 사량과 계교도 없

재계(齋戒) 몸과 마음을 깨끗이 하고 부정(不淨)한 일을 멀리 하는 것.
삼계(三界) 불교의 세계관에 의하면 이 세계는 욕계(欲界), 색계(色界), 무색계(無色界)의 세 가지로 구성되어 있다고 함.
욕계(欲界) 삼계의 하나로 지옥·아귀·축생·수라·인간·천상계의 일부(욕계 6천)를 포함한 탐욕의 세계를 이름.
식·색·재(食色財) 식욕·색욕·재물욕을 이름.
구복(求福) 복을 구함.
색계(色界) 욕계와 무색계의 중간 단계로서 욕계의 탐욕은 여의었지만 물질을 떠나 순수한 정신적인 세계에는 도달하지 못한 경지.
명상(名相) 이름과 형상.
승기자(勝己者) 자기보다 나은 사람.
사량과 계교(思量-計較) 분별하고 비교하는 마음.
무색계(無色界) 삼계(三界)의 하나로 육체와 물질의 속박을 벗어난 비물질성의 세계.

다는 생각 즉 법상에 끌려서 **명리**에 끌리는 사람이나 사량과 계교에 끌리는 사람을 싫어하는 중생의 마음 세계니, 이 마음마저 **멸도**되어야 삼계를 초월하느니라."

52. 정산 종사, 학인의 '**육도 사생(六道四生)**'에 대한 질문에 답하시기를 "육도 사생으로 건설되는 이 세계는 우리 마음의 차별심으로부터 생겨서 나열된 세계니라. **천도**란 모든 경계와 고락을 초월하여 그에 끌리지 아니하며 고 가운데서도 낙을 발견하여 수용하는 세계요, 인도란 능히 선도 할 만하고 악도 할 만하여 고도 있고 낙도 있으며 향상과 타락의 기로에 있어 잘하면 얼마든지 좋게 되고 자칫 잘못하면 악도에 떨어지게 되는 세계요, **축생계**란 예의염치를 잃어버린 세계요, **수라**란 일생 살다 죽어버리면 그만이라고 하여 아무것도 하지 않고 허망히 살기 때문에 **무기공**에 떨어진 세계요, **아귀**란 복은 짓지 아니하고 복을 바라며 명예나 재물이나 무엇이나 저만 소유하고자 허덕이는 세계요, 지

명리(名利) 명예와 권세와 이익.
멸도(滅道) 모든 번뇌(煩惱)의 속박(束縛)에서 벗어남.
육도 사생(六途四生) 일체 생령이 윤회하는 여섯 가지 세계로 천상, 인간, 수라, 축생, 아귀, 지옥을 뜻하며, 사생은 일체 생령이 태어나는 네 가지 유형으로 태생은 태를 통해 태어나는 것, 난생은 알로 태어나는 것, 습생은 습지에서 태어나는 것, 화생은 의지한 데 없이 태어나는 것을 이름.
천도(天道) 현실 세계에서 복을 많이 지은 사람이 태어나게 된다는 천상 세계를 말함.
축생계(畜生界) 고통이 많고 즐거움은 적으며 서로 싸우고 잡아먹는 짐승 세계.
수라계(修羅) 몸을 받지 못하고 떠돌아다니며 싸우기를 좋아하는 귀신 세계.
무기공(無記空) 몽롱하고 멍한 상태.
아귀(餓鬼) 탐욕심이 많은 사람이 죽어서 떨어진다는 악도 세계.

옥이란 항상 **진심**을 내어 속이 끓어올라 그 마음이 어두우며 제 **주견**만 고집하여 의논 상대가 없는 세계니라. 이와 같이 육도 세계가 우리의 마음으로 건설되는 이치를 알아서 능히 천도를 수용하며 더 나아가서는 천도도 초월하여야 육도 세계를 자유자재하느니라."

53. 정산 종사 말씀하시기를 "부처님 세계는 모든 언동이 바른 생각의 지배를 받고, 인도 세계는 바른 생각과 **정욕**의 세력이 반반이 되고, **삼악도** 중생의 세계는 정욕의 세력이 모두를 지배하나니, 인도에서 바른 생각의 세력이 점점 더해 가는 것은 악도의 세계가 점점 밀어지는 것이요, 그 세력이 줄어가는 것은 악도의 세계가 차차 가까워지는 것이라, 이를 잘 살펴보면 그 사람의 앞길을 가히 알 수 있느니라. 그러나 이것은 정욕을 아주 없애라는 것이 아니라, 바른 생각의 지배 아래 정욕을 선용하라는 것이니라."

54. 학인이 여쭙기를 "**정토**가 서방에 있다 하오니 무슨 뜻이오니까?" 정산 종사 말씀하시기를 "서방은 **오행**으로 금에 속하고 금은 가을 기운에 속한다 하

진심(瞋心) 화내는 마음.
주견(主見) 자기의 주장이 강한 의견.
정욕(情欲) 본능적이고 생리적인 욕구.
삼악도(三惡道) 육도세계 중에서 죄악을 많이 범한 과보로 태어나는 지옥·축생·아귀의 세계.
정토(淨土) 부처나 보살이 사는 이상 세계로 번뇌에 물듦이 없는 청정(淸淨)한 세상.
오행 우주 만물의 생성 변화를 목(木)·화(火)·토(土)·금(金)·수(水)의 다섯가지 기운으로 설명하는 이론.

나니, 가을은 맑고 서늘한지라 맑고 가라앉은 우리의 마음 기운을 서방으로 상징한 것이니라. 그러므로 우리의 정신이 온전하여 맑고 서늘하면 **시방세계** 어디나 다 정토니라."

55. 학인이 여쭙기를 "사찰 **명부전**에 **시왕**(十王)이 있고, 또 **일직사자**와 **월직사자**가 있다 하오니, 사실로 있나이까?" 정산 종사 말씀하시기를 "**명부 시왕**이란 곧 진리계의 시방을 말한 것으로 시방세계에 **편만**한 **영명한** 진리가 다 우리의 선악 죄복을 조감하고 있다는 것이요, 일직사자 월직사자란 해와 달이 번갈아 흐르고 흘러서 죽음과 심판을 재촉하고 있다는 뜻이니라."

56. 정산 종사, '**일종**(日中▽)'과 '**예수재**(豫修齋)'에 대한 학인의 질문에 답하시기를 "일종의 본뜻은 자기의 수용을 절약하여 빚은 덜 지고 보시하며 끼니

시방세계(十方世界) 온 세상. 시방은 동·서·남·북·동남·서남·동북·서북의 8방과 상·하를 합친 전체 공간.
명부전(冥府殿) 지장보살을 본존으로 하여 염라대왕과 시왕(十王)을 모신 법당.
시왕(十王) 저승에서 죽은 사람을 재판하는 열 명의 대왕.
일직사자(日直使者) 혼백을 저승으로 인도하는 저승사자의 하나.
월직사자(月直使者) 혼백을 저승으로 인도하는 여신으로 저승사자의 하나.
명부 시왕(冥府十王) 염라대왕 이외에 인간의 사후 세계를 심판하고 다스리는 10명의 왕.
편만(遍滿) 두루 가득함.
영명한(靈明-) 신령스럽고 밝은.
일종(日中▽) 일종식 혹은 일중식이라 함. 불교에서 하루에 한 끼만 먹는 식사법.
예수재(豫修齋) 생전에 미리 지내는 자신을 위한 재.

를 잊고 정진하자는 뜻이요, 예수재의 본뜻은 생전에 미리 마음을 닦고 복을 지으라 함이거늘, 공부의 대중없이 끼니만 거른들 무슨 실효가 있으며, 실지의 공덕이 없이 죽을 무렵에 큰 재 한번 지낸 복이 어찌 큰 공덕이 되리오."

57. 정산 종사, '인의(仁義)'에 대하여 말씀하시기를 "인(仁)이란 어질다는 말이니, 부처님의 자비요 예수의 박애며, 의(義)란 옳은 것이니, 모든 일을 천도에 거슬리지 않고 인도에 어긋남이 없이 행하는 것이니라. 인의에도 큰 인의가 있고 작은 인의가 있나니, 인의를 행하되 작은 인의로부터 큰 인의를 행하며, 인과 의를 **겸전**하여 능히 만물을 포용하는 **덕화**의 바탕 위에 백천 마군을 무찌르고도 **엄연 자약**한 **의기**를 베풀어 써야 하느니라."

58. 정산 종사, '충효열(忠孝烈)'에 대하여 말씀하시기를 "충이라 함은 곧 가운데 마음이니 **내외심이 없는** 곧 거짓이 없는 참된 마음을 이름이니라. 그러므로 사람 사람이 다 이 참된 마음으로써 서로 교제하며 사회에 공헌하며 국가에 봉사하며 어느 직장 어느 처소에 있든지 항시 사 없는 노력을 다하는 것이 모두 이 충의 활용 아님이 없는지라, 이는 옛날 세상에 좁은 해석으로 임금 한 분에

겸전(兼全) 함께 온전히 함.
덕화(德化) 덕으로 감화시킴.
엄연 자약(儼然自若) 의연하며 변함이 없음.
의기(義氣) 의로운 기상.
내외심(內外心)이 없는 마음속에 품은 생각과 드러나는 마음이 다르지 않는.

제6 경의편

게 바치는 마음만을 충이라고 국한한 그것이 아니요, 국가 전체의 이해를 **불고**하고 비록 악한 임금이라도 그 임금 하나를 위하여 자기를 희생하던 어리석은 충도 아니니, 충의 의의는 실로 광대하고 진실하여 **천하 고금**에 길이 세상의 강령이 되고 인류의 정기(正氣)가 되느니라. 현하 시대 인심을 본다면 충이 병든 지 이미 오랜지라 안으로 양심을 속이되 스스로 뉘우치지 아니하고 밖으로 사회를 속이되 스스로 부끄러워하지 아니하여 인간의 생활이 피차 복잡해가고 세상의 혼란이 그치지 아니하나니, 이 혼란한 세상을 돌이켜서 신성하고 진실한 세상을 만들기로 하면 무슨 방법으로든지 이 충의 정신을 진흥하여 모든 인심이 충에 돌아오지 아니하고는 도저히 어려울 것이니라."

59. 정산 종사, 이어 말씀하시기를 "효라 함은 무슨 일이나 보은의 도를 행하는 것을 이름이니 이는 모든 보은 가운데 부모 보은이 제일 초보가 되는 까닭이라. 부모의 은혜를 모르는 이가 어찌 다른 은혜를 먼저 알 것이며 널리 천지와 동포와 법률의 근본적 은혜를 알 수 있으리오. 그러므로 효의 실행은 부모 은으로부터 시작하여 이 모든 은혜를 발견하는 데에 있나니, 사람 사람이 이 모든 은혜를 발견하여 어느 처소 어느 시간을 막론하고 **천만 경계**를 오직 이 감사 하나로 돌리는 것이 다 효의 활용 아님이 없는지라, 이는 옛날 세상에 좁은 해석으로 부모가 자력이 있을 때도 평생을 그 곁을 떠나지 않는 것만 효로 생각하고 사회의 모든 책임과 일체의 보은 행사에 등한해 온 일면적인 효가 아

불고(不顧) 돌아보지 않거나 돌보지 않음.
천하 고금(天下古今) 하늘 아래 온 세상에 영원히.
천만 경계(千萬境界) 마음 작용을 일으키는 모든 대상, 환경, 조건.

니, 효의 의의는 실로 광대하고 원만하여 천하 고금에 길이 세상의 강령이 되고 **인도**의 비롯이 되느니라. 현하 시대의 인심을 본다면 효에 병듦이 오래인 지라, 가정에서는 부모를 원망하고 세상에 나오면 천지와 동포와 법률을 원망하여 세상 기운이 침울하여지고 인간 생활이 위험에 빠지게 되나니, 이 위험한 시국을 돌이켜서 평화 안락한 세상을 만들기로 하면 무슨 방법으로든지 이 효의 정신을 진흥하여 모든 인심이 효에 돌아오지 아니하고는 도저히 어려울 것이니라."

60. 정산 종사, 이어 말씀하시기를 "열이라 함은 무슨 일이나 그 **지조**를 잘 지키는 것을 이름이니 이는 누구를 막론하고 그 지조를 중히 아는 것이 마치 여자가 정조를 중히 아는 것과 같은 까닭이라. 여자로서 정조를 중히 알지 않는 이가 다른 **조행**에 얼마나 성의를 낼 수 있으리오. 그러므로 열의 실행은 남녀 노소 간에 여자의 정조를 비롯한 천만 경우에 각각 그 지조를 잃지 않는 것이니, 어느 처지에 있든지 항시 자기의 마음을 굳게 하고 자기의 신분을 잘 지켜서, 정당한 일이면 죽기로써 실행하고 부당한 일이면 죽기로써 않는 것이 다 이 열의 활용 아님이 없느니라. 이는 옛날 세상에 좁은 해석으로 약혼만 한 남자가 죽을지라도 평생을 그 집에 가서 늙는다든지, 또는 남편이 죽으면 인도에 따르는 의무와 책임은 다 불고하고 오직 그 한 남자를 위하여 **순사(殉死)**하

인도(人道) 사람으로서 마땅히 행해야 할 도리.
지조(志操) 원칙과 신념을 굽히지 아니하고 끝까지 지켜 나가는 꿋꿋한 의지.
조행(操行) 사람다운 행실 가짐.
순사(殉死) 죽은 사람을 따라 죽음.

는 등 우치한 열에 한한 것이 아니니, 열의 의의는 실로 광대하고 통달하여 천하 고금에 길이 세상의 강령이 되고 인도의 표준이 되느니라. 현하 시대 인심을 본다면 열에 병듦이 오래인지라, 본말과 주객을 바꾸어 생각하며 아침에 먹은 마음이 저녁에 달라지고 어제 주장하던 이론이 오늘에 변경되는 자 많아서, 세상의 질서가 밝지 못하고 인도의 표준이 정확하지 못하여 성현의 교법이 권위를 잃고 사람의 생활이 더욱 착란해지므로, 이 **착란한** 생활을 돌이켜서 신성한 세상을 만들기로 하면 무슨 방법으로든지 이 열의 정신을 진흥하여 모든 인심이 열에 돌아오지 아니하고는 도저히 어려울 것이니라."

61. 정산 종사, 이어 말씀하시기를 "**선지자**의 유훈에 '세상에 충이 없고 세상에 효가 없고 세상에 열이 없으니, 이런고로 천하가 다 병들었다.' 하였고 '천하의 병에는 천하의 약을 쓰라.' 하였으니, 이는 장차 충·효·열이 병든다는 말씀과 충·효·열을 잘 살리라는 부탁이니라. 천하의 병을 고치는 처방은 우리 대종사의 교법이니, 우리가 매일 우리의 참 **성품**을 잘 연마하는 것은 곧 충을 살리는 공부요, **사중 보은**에 힘을 쓰는 것은 곧 효를 살리는 공부요, 신앙을 굳게 하고 계율을 지키는 것은 곧 열을 살리는 공부라. 우리의 공부가 아니면 어찌 충·효·열을 살릴 수 있으며, 충·효·열을 살리지 아니하면 고해에 빠진 모든 병

착란한(錯亂-) 잘못되고 어지러워짐.
선지자(先知者) 미래 세상을 먼저 통찰하는 사람. 여기서는 증산(甑山) 강일순(姜一淳)을 가리킴.
성품(性稟) 본래 마음. 자성, 본성, 진성, 불성 등으로도 표현.
사중 보은(四重報恩) 네 가지 큰 은혜에 대하여 보은하는 것.

자를 어찌 구원할 수 있으리오. 그러므로 그대들은 부지런히 공부하여 먼저 각자의 마음병을 고쳐서 우리가 모두 병 없는 사람이 되는 동시에, 그 힘을 합하여 우리 교단 전체가 병 없는 교단이 되게 하며, 그 힘을 추진하여 천하 만방의 병을 다 고치는 좋은 **의왕(醫王)**이 되는 데 노력하기를 간절히 바라노라."

62. 정산 종사, '오륜(五倫)'에 대하여 말씀하시기를 "**오륜**은 동양 윤리 도덕의 표준으로서 가정·사회·국가의 모든 규범이 이를 근본으로 하여 세워져 있던 것이나, 근래에 와서는 이 법이 해이해지고 실천의 능력이 약화되었으므로, 이를 시대에 맞도록 하여야 할 것이니, '부자유친(父子有親) 군신유의(君臣有義) 부부유별(夫婦有別) 장유유서(長幼有序), 붕우유신(朋友有信)'을 '부모와 자녀는 친함이 있으며, 위와 아래는 의리가 있으며, 남편과 아내는 화함이 있으며, 어른과 어린이는 **차서**가 있으며, 동포와 동포는 신의가 있으라.'라고 함이 그 법의 본의를 살려서 **전성(前聖)**의 뜻을 원만히 이어받는 길인가 하노라."

63. 정산 종사, '성경신(誠敬信)'에 대하여 말씀하시기를 "성이란 **계교 사량**을 떠나서 **순일한 마음**으로 하는 것이요, 경이란 성이 체가 되어 매사를 소홀히

의왕(醫王) 최고의 의사. 마음병을 치료하는 부처님을 비유함.
오륜(五倫) 유학에서 제시한 기본 윤리로 사람이 지켜야 할 다섯 가지 도리.
차서(次序) 차례. 순서.
전성(前聖) 앞서 다녀가신 성자. 여기서는 공자(孔子)를 가리킴.
계교 사량(計較思量) 비교하고 분별하는 마음.
순일(純一)한 마음 순수하고 전일한 마음.

아니하고 공경히 해가는 것이요, 신이란 성과 경을 바탕으로 하여 끝까지 믿어가는 것이니, 성경신은 나누면 셋이요 합하면 하나며, 성이 가장 근본이니라."

64. 학인이 여쭙기를 "동학의 글에 '복록은 한울님께 빌고 수명은 내게 빌라.' 한 말씀은 무슨 뜻이오니까?" 정산 종사 말씀하시기를 "인과보응의 이치는 곧 하늘의 공도니 죄복의 인을 따라 과를 받는 것은 **공공한** 천지에게서 받을 것이요, 불생불멸의 원리를 깨쳐 한량없는 수(壽)를 얻는 이치는 천도를 깨달으신 성인에게 배울 것이니, 그러므로 당신에게 빌라 하신 것이니라." 후일에 말씀하시기를 "동학의 글에 '**도기장존 사불입(道氣長存邪不入) 세간중인 부동귀(世間衆人不同歸)**'라 하신 도구(道句)는 끝 구를 '**일심청정 만사안(一心淸淨萬事安)**'이라 하였으면 더 좋지 않겠는가." 하시니라.

65. 정산 종사, '**수심정경(修心正經)**'의 강령을 밝히시며 '외수양(外修養)과 내

공공한(公公-) 공정한(公正-)

도기장존 사불입(道氣長存邪不入) 세간중인 부동귀(世間衆人不同歸) '도의 기운이 오래도록 간직되니 삿된 기운이 들어오지 못하고 세상 사람들과 같이 돌아가지 않으리.' 동학의 경전인 『동경대전』에 있는 최수운의 입춘시(立春詩)에서 유래. 최수운이 득도하기 전인 기미년(1859)에 울산지역에서 다시 용담으로 돌아와 입춘절을 맞아 마음을 더욱 새롭게 다짐하기 위하여 지은 시.

일심청정만사안(一心淸淨萬事安) 한 마음이 청정하면 모든 일이 편안하리라.

수심정경(修心正經) 원불교 초기 교서인 『수양연구요론(修養研究要論)』의 바탕이 되는 『정심요결(正心要訣)』을 정산 종사가 수정 보완한 책으로 유불선 삼교의 사상을 종합하여 마음 닦는 길을 밝히고 있다.

수양(內修養)'에 대하여 말씀하시기를 "외수양은 밖으로 **경계**를 **대치**하는 공부인바, 첫째는 피경(避境) 공부이니 처음 공부할 때는 밖에서 유혹하는 경계를 멀리 피하는 것이요, 둘째는 사사(捨事) 공부이니 긴요하지 않은 일과 너무 번잡한 일은 놓아 버리는 것이요, 셋째는 의법(依法) 공부이니 **해탈**의 법을 믿어 받들고 진리로 안심을 구하는 것이요, 넷째는 다문(多聞) 공부이니 위인들의 관대한 실화를 많이 들어 항상 **국량**을 크게 하는 것이라. 이러하면 자연히 바깥 경계가 평정되어 마음이 편안하리라. 내수양은 안으로 자기 마음을 닦는 공부인바, 첫째는 집심(執心) 공부이니 염불·좌선을 할 때는 물론 항상 마음을 잘 붙잡아 외경에 흘러가지 않게 하기를 소 길들이는 이가 고삐를 잡고 놓지 않듯 하는 것이요, 둘째는 관심(觀心) 공부이니 집심 공부가 잘 되면 마음을 놓아 **자적**(自適)하면서 다만 마음 가는 것을 보아 그 망념만 제재하기를 소 길들이는 이가 고삐는 놓고 소가 가는 것만 제재하듯 하는 것이요, 셋째는 무심(無心) 공부이니 관심 공부가 **순숙**하면 본다는 상도 놓아서 관하되 관하는 바가 없기를 소 길들이는 이가 사람과 소가 둘 아닌 지경에 들어가 동과 정이 한결같이 하는 것이라. 한 마음이 청정하면 **백천 외경**이 다 청정하여 경계와 내가

경계(境界) 마음 작용을 일으키는 모든 대상, 환경, 조건.
대치(對治) 맞이하여 다스림.
해탈(解脫) 모든 속박에서 벗어난 자유로움.
국량(局量) 사람을 포용하는 도량과 일을 처리하는 능력이나 재주.
자적(自適) 마음 가는 대로 편안하게 즐김.
순숙(純熟) 완전히 익음. 충분히 깊어짐.
백천 외경(百千外境) 크고 작은 수많은 경계.

사이가 없이 한가지로 **정토**를 이루리라."

66. 정산 종사, 이어 '외정정(外定靜)과 내정정(內定靜)'에 대하여 말씀하시기를 "외정정은 밖으로 **입지**가 부동하게 하는 공부인바, 첫째는 큰 원을 발함이니 원하는 마음이 지극하여 천만 가지 세상 인연이 앞에 가로놓여도 보되 보이지 않고 조금도 마음에 걸리지 않기를 석가세존께서 한번 대도에 발심하매 **왕궁의 낙**과 **설산의 고**가 조금도 마음에 머물지 않듯 하는 것이요, 둘째는 큰 신심을 발함이니 신심이 지극하여 천만 가지 세상 법이 비록 분분하여도 다시 **사량 취사**하는 마음이 없기를 **혜가(慧可)**께서 한번 믿어 뜻을 결정하매 몸을 잊고 법을 구하듯 하는 것이요, 셋째는 큰 **분심**을 발함이니 분심이 지극하여 천만 장애가 포위 중첩하여도 두렵고 물러나는 마음이 없기를 **십이사도**가 죽음을 무릅쓰고 도를 지키듯 하는 것이라. 이 세 가지가 있으면 자연히 뜻이 **태산**

정토(淨土) 번뇌의 속박을 벗어난 불보살들이 사는 청정한 세계.
입지(立志) 뜻을 세움.
왕궁의 낙(王宮-樂) 출가 전 왕궁에서 누렸던 안락하고 화려한 세속의 즐거움.
설산의 고(雪山-苦) 설산에서 6년간 구도하는 과정에서 겪었던 고행.
사량 취사(思量取捨) 분별하고 비교하여 취하고 버림.
혜가(慧可) 중국 남북조 시대의 승려로 선종(禪宗)의 개조(開祖)인 달마 대사의 선법을 계승함. 숭산 소림사에서 달마에게 가르침을 청했으나 허락하지 않으므로 왼팔을 끊어 그 지극한 신심을 보여 마침내 허락을 받았다는 설화가 전해진다.
분심(忿心) 용맹한 전진심.
십이사도(十二使徒) 예수를 따르던 열두 명의 제자.
태산(泰山) 중국 오악(五嶽) 중의 하나로 흔히 높고 큰 산을 비유하는 명칭.

같이 서서 흔들림이 없으리라. 내정정은 안으로 마음이 요란하지 않게 하는 공부인바, 첫째는 염불 좌선을 할 때와 일체 일 없을 때 어지러운 생각이 일어나지 않게 하여 일심을 기르는 것이요, 둘째는 **행주 동작**과 일체 일 있을 때 그 뜻이 올발라서 비록 찰나 간이라도 망념이 동하지 않게 하는 것이요, 셋째는 사상(四相)이 공하고 **육진(六塵)**이 **조촐**하여 경계를 대하되 경계를 잊고 착 되지도 물들지도 않는 것이라. 이 세 가지 힘을 얻으면 자연히 마음 바다가 평정하고 번뇌가 길이 끊어지리라."

행주 동작(行住動作) 행주좌와어묵동정 간의 일상생활 일체를 의미함.
육진(六塵) 육근(여섯 가지의 인식기관-안, 이, 비, 설, 신, 의)이 대하는 육경(여섯 가지 인식대상-색, 성, 향, 미, 촉, 법)을 달리 이르는 말. 육경은 육근을 통하여 청정한 자성을 물들이기 때문에 육진(六塵, 티끌세계) 또는 육적(六賊, 마음 도둑)이라 한다.
조촐 물들지 않아 순수하고 깨끗함.

제7 권도편

勸道編

권도편(勸道編) 구도의 자세와 마음 공부의 길과 순서 등 신앙과 수행을 권장하는 법문으로 구성되어 있다.

1. 정산 종사 말씀하시기를 "법은 듣는 이의 마음 정도에 따라 평범하게 한 말이 소중한 법설이 되기도 하고 애를 써서 설한 법문이 **범상한** 말이 되기도 하느니라. 그러므로 법을 듣는 이는 먼저 돈독한 **신성**과 극진한 공경을 바치고 무조건 봉대하는 심경으로써 한 마디라도 그 말씀을 헛되게 하지 않으리라는 갈망하는 마음으로 들어야 그 법이 깊이 감명되어 길이 잊히지 아니하며 실지 **경계**에 활용되어 실다운 이익을 얻느니라."

2. 정산 종사 말씀하시기를 "들을 때만 **흥취** 있고 들은 뒤에 취할 것이 없는 말은 **공교(工巧)한** 말이요, 들을 때는 비록 담담하나 생각할수록 **묘미**가 있는 말이 좋은 법문이며, **너절하기만** 하고 별로 추려 잡을 것이 없는 말은 번거한 말이요, 간략하나 뜻이 풍부하여 활용할 길이 분명한 말이 좋은 법문이니라. 지혜 있는 사람들은 시장 사람들의 **훤화 잡담(喧譁雜談)** 속에서도 법설을 발견하는지라 비록 **초학인**의 서투른 말 속에서도 깨달음과 느낌을 얻으나, 그렇지

범상한(凡常한) 평범한, 대수롭지 않은.
신성(信誠) 정성스러운 믿음.
경계(境界) 마음 작용을 일으키는 모든 대상, 환경, 조건.
흥취(興趣) 흥미. 재미.
공교한(工巧-) 재치 있고 교묘한.
묘미(妙味) 오묘한 의미. 함축적이고 여운이 있음.
너절하다 핵심이 없이 산만하다.
훤화 잡담(喧譁雜談) 특별한 주제 없이 주고받는 일상적인 이야기. 시끄럽게 지껄이며 떠드는 쓸데없는 말.
초학인(初學人) 공부를 이제 막 시작한 사람.

못한 사람은 상당한 선지식이 법을 설하여도 날넘는 재주로 사량만 하고 거기에서 실지 이익을 취할 줄 모르나니 이 어찌 손해가 아니리오. 법을 설하는 이는 스스로 그 지견과 행실을 돌아보아 말을 할 필요가 있지마는 듣는 이는 설하는 이의 행실에 구애하지 말고 오직 그 말만 취해다 쓰면 자신에게는 이익이 되느니라."

3. 정산 종사 말씀하시기를 "큰 **소견**이 열린 사람은 우주 만물을 모두 부처님으로 모시고 때 없이 **상주 설법**을 듣나니 이는 상근기요, **지각** 있고 배우기를 좋아하는 사람은 선지식을 자주 **친근하여** 좋은 말씀 듣기를 즐기나니 이는 그다음 근기요, 어리석은 사람은 아무 대중이 없이 되는대로 일생을 살며 비록 좋은 법문을 듣는다 할지라도 법으로 응용할 줄을 알지 못하나니 이는 하근기니라."

4. 정산 종사 말씀하시기를 "뿌리 깊은 나무는 바람에 아니 뽑히고 **원천**이 깊은 물은 가뭄에 아니 마르나니, 인생에서 신앙은 뿌리요 수행은 원천이라. 신앙이 깊은 생활은 어떠한 **역경 난경**에도 꿋꿋하여 굽히지 아니할 것이요, 수행이 깊은 생활은 어떠한 유혹에도 초연하여 평온함을 얻느니라."

소견(所見) 안목(眼目).
상주 설법(常住說法) 항상 설법을 하고 있다는 뜻.
지각(知覺) 분별력 있고 생각이 깊은.
친근하여(親近--) 직접 찾아뵙고 가까이 함.
원천(源泉) 물이 흘러나오는 근원.
역경 난경(逆境難境) 힘들고 어려운 경계.

5. 정산 종사 말씀하시기를 "옛날 부처님께서는, 몸은 **금색신**을 얻었고 위는 왕궁의 태자였으며 부귀는 장차 한 나라를 그 아래 두었고 아름다운 아내와 시중드는 사람들과 좋은 음식 등 생활의 풍족함이 천하에 비할 바 없었으되, 그것이 다 허망하여 길이 보전하지 못할 것을 예측하시고 **야반**(夜半)에 성을 넘어 무수한 고통을 다 지내신 후 필경 불생불멸의 참된 보물을 발견하여 길이 **인천**(人天)의 큰 도사가 되시었나니, 이는 만고에 구도하는 표본이 될 만하니라."

6. 정산 종사 말씀하시기를 "이 세상 여러 가지 원 가운데 **사홍서원**이 가장 큰 원이니, 먼저 중생이 **가없으나** 맹세코 제도하려는 원을 세우고, 그 원을 실현하기 위하여 번뇌를 끊임없이 끊으며, 법문을 성심껏 배우며, 불도를 영생토록 닦고 또 닦으면 결국 **성불 제중**의 **대원**을 성취하리라. 불보살과 중생의 차이가 마치 큰 나무와 돋아나는 싹 같나니, 장성하면 작은 싹도 큰 나무가 될 것이요, 꾸준히 수행하면 중생도 불보살이 되느니라. 그러므로 아무리 어려운 일이라도 하려고 하면 안 될 일이 없고 안 하려고 하면 될 일이 없나니, 우리는 부

금색신(金色身) 부처님의 빛나는 용모와 형상을 비유적으로 이르는 말.
야반(夜半) 한밤중.
인천(人天) 인간계와 천상계.
사홍서원(四弘誓願) 보살이 세우는 네 가지 큰 서원. 중생무변서원도(衆生無邊誓願度), 번뇌무진서원단(煩惱無盡誓願斷), 법문무량서원학(法門無量誓願學), 불도무상서원성(佛道無上誓願成).
가없으나 끝없이 많으나.
성불 제중(成佛濟衆) 부처를 이루고 중생을 구제함.
대원(大願) 큰 서원.

처와 내가 둘이 아니라는 큰 각오 아래 이 사홍서원으로 꾸준히 닦아 나아가면 못 이룰 것이 없느니라."

7. 정산 종사 말씀하시기를 "우리의 공부가 승급되고 강급되는 원인은 그 **발원**의 국한이 크고 작은 데와 자만심을 두고 안 두는 데와 법 높은 스승을 친근히 하고 하지 않는 데에 있나니, 우리는 공부를 할 때 먼저 한정과 국한이 없는 큰 원을 세우고 조금이라도 자만심을 내지 말며 법 있는 스승과 벗을 친근히 하고 계속 정진하여야 영원한 세상에 강급되지 아니하고 길이 승급의 길로 나아가느니라."

8. 정산 종사, **신제근(辛濟根)**에게 말씀하시기를 "영생을 통하여 이 **회상**을 여의지 아니할 큰 **서원**과 큰 신념이 확실히 섰는가를 생각해 보라. 이러한 회상을 만났을 때 기필코 진리를 **오득**하기를 발원하며, 대각하신 스승님과의 **법연**이 여의지 않기를 발원하고, 부지런히 공부하여 성불과 제중으로 **영겁**을 일관하라."

발원(發願) 간절한 원을 세움.
신제근(辛濟根, 1923~2013) 전남 영광 출생. 법호는 균타원(均陀圓)이며 법훈은 종사. 부산교구장, 영모원장 등을 역임하였다.
회상(會上) 궁극적 진리를 깨달은 부처 혹은 성자의 가르침을 실현하는 곳. 교단.
서원(誓願) 성불 제중의 큰 원(願)을 세우고 그것을 이루고자 맹세하는 일.
오득(悟得) 깨달아 얻음.
법연(法緣) 불법(佛法)으로 맺어진 인연.
영겁(永劫) 영원한 세월.

9. 정산 종사 말씀하시기를 "대종사께서 '누가 참 나를 알 것인가?' 하신 말씀이 지금에 와서 지극히 간절한 말씀임을 더욱 느끼노니, 참으로 믿는 마음이 있어야 한마디 말씀이라도 금옥같이 알아서 실행에 옮기게 되는 것이요, 실행에 성의 있는 사람이라야 참으로 대종사를 알고 믿는 사람이니라."

10. 정산 종사 말씀하시기를 "대종사 말씀에 '너무 미련한 사람도 제도하기 어렵고 너무 겉영리한 사람도 제도하기 어려우나 이왕이면 미련한 사람이 겉영리한 사람보다 낫다.' 하시었나니, 참으로 영리하여 한 말씀에 **대의**를 짐작하고 신(信)이 완전히 서 버리든지 아니면 차라리 어리석은 듯 외길로 나아가야지 겉똑똑한 사람은 신의 뿌리가 서지 못하므로 제도하기가 힘드니라."

11. 정산 종사 말씀하시기를 "**신근(信根)**에 **심천**이 있나니, 아무 **주견** 없이 여러 학설에 끌리고 여러 사람의 주의 주장에 끌려서 이리 흔들리고 저리 흔들려 자행자지하다가 자신을 그르치는 정도는 낙엽 같은 신근이요, 정당한 법에 믿음이 서서 약간의 경계에는 흔들리지 않으며 큰 경계를 당하면 흔들리기는 하나 타락하지 않는 정도는 나무뿌리 같은 신근이요, 믿음이 깊어서 어떠한 역경 난경을 당할지라도 조금도 흔들리지 아니하며 일체 행동을 하되 언제나 양심이

대의(大義) 근본이 되는 핵심적 의미.
신근(信根) 믿음의 뿌리.
심천(深淺) 깊고 얕음.
주견(主見) 주체적인 견해. 관점.

주장하여 죄고에 빠지지 않는 정도는 **태산교악** 같은 신근이니라."

12. 정산 종사 말씀하시기를 "자력과 타력은 서로 떠날 수 없는 관계를 가지고 있는바, 혹은 타력에만 편중하여 신앙만 하면 되는 것으로 고집하는 사람도 있고, 혹은 자력에만 편중하여 마음이 곧 부처니 **계율**과 인과가 필요 없다는 사람도 있나니, 이 두 가지가 다 **과불급**을 면치 못한 것이니라. 부처님을 믿는 것도, 깨닫고 행하신 인격 부처님을 믿는 것은 타력이요, 자기의 마음이 곧 부처인 진리를 알아서 부처와 합일된 자심불을 닦아 나가는 것은 자력이며, 법을 믿는 것도, 부처님의 깨달으신 경지에서 밝혀 놓으신 법을 믿는 것은 타력이요, 자기 마음의 **심법**을 알아 일거수일투족을 법에 맞게 하는 것은 자력이며, 승을 믿는 것도, **도문**의 스승들을 믿는 것은 타력이요, 자기의 참된 양심을 발견하여 그대로 행함은 자력이니, 이와 같이 자력과 타력을 겸하여 신앙하고 수행하여야 자타가 서로 힘을 합하여 원만한 성공을 보게 되리라."

13. 정산 종사, 선(禪) **결제식**에 설법하시기를 "내 절 부처를 내가 잘 위하여야 남이 위한다는 말이 있나니, 자신에게 값이 있는 부처를 발견하여 정성 들여

태산교악(泰山喬嶽) 높고 큰 산과 웅장한 봉우리.
계율(戒律) 악을 범하지 않도록 성자들이 제시한 규범.
과불급(過不及) 지나치거나 모자람.
심법(心法) 마음을 사용하는 법도와 도량과 경륜.
도문(道門) 불도를 수행하는 정법 회상. 여기서는 일원 대도의 회상을 의미함.
결제식(結制式) 정기 훈련이나 기도 등을 시작하는 의식.

불공하라. 불공에는 자기 불공과 상대 불공이 있는바, 이 두 가지가 쌍전하여야 하지마는 주종을 말하자면 자기 불공이 근본이 되나니, 각자의 마음공부를 먼저 하는 것은 곧 불공하는 공식을 배우는 것이니라."

14. 학인이 여쭙기를 "정(定) 공부의 길로는 **염불**과 **좌선**뿐이오니까?" 정산 종사 말씀하시기를 "기도도 정 공부의 길이 되느니라. 그러나 무슨 일이나 마음이 한곳에 일정하여 끌리는 바 없으면 그것이 정 공부이니, 매사를 작용할 때 온전한 생각으로 그일 그일의 성질을 따라 취할 것은 능히 취하고 놓을 것은 능히 놓으면 큰 **정력**을 얻을 수 있느니라." 또 말씀하시기를 "좌선은 성 공부의 큰길이 되고 기도는 정 공부의 지름길이 되나니, 기도드리며 **일심**이 되면 위력과 정력을 아울러 얻을 수 있느니라."

15. 정산 종사 말씀하시기를 "어떠한 소원을 위하여 **축원**하는 기도를 드리는 것도 좋으나, 자기의 수행을 위하여 서원하는 기도를 정성스럽게 드리면 **부지중** 전날의 습관이 녹고 공부가 점차 향상되어 만사를 뜻대로 성공할 수 있느니라."

염불(念佛) 나무아미타불(南無阿彌陀佛)을 일심으로 부르며 흩어진 정신을 일념으로 만드는 공부.
좌선(坐禪) 앉아서 하는 선(禪)으로 마음과 기운을 단전(丹田)에 주(住)하여 순연한 근본 정신을 양성하는 공부.
정력(定力) 정신 수양 공부로 얻게 되는 마음의 힘으로 어떠한 상황에도 흔들리지 않는 힘.
일심(一心) 전일하고 온전한 마음.
축원(祝願) 원하는 바를 간절히 아뢰고 이루어지기를 빎.
부지중(不知中) 알지 못하는 가운데.

16. 정산 종사 말씀하시기를 "**조석 심고**를 올릴 때도 제 몸을 위해서만 빌지 말고 세상과 회상을 위하여 빌기를 잊지 말라. 그 공덕이 훨씬 크리라."

17. 정산 종사 말씀하시기를 "나는 늘 이렇게 심고를 하노라. '법신불 **사은**이시여! 우리 모든 중생에게 대자대비하옵신 광명과 힘을 내리시와, 저희로 하여금 바로 도덕에 **회향**하고 **정법**에 **귀의**하여 **우치한** 마음을 돌려 지혜의 마음을 얻게 하옵시고 사납고 악한 마음을 돌려 자비의 마음을 얻게 하옵시며, 삿되고 거짓된 마음을 돌려 바르고 참된 마음을 얻게 하옵시고 시기하고 원망하는 마음을 돌려 사랑하고 감사하는 마음을 얻게 하옵시며, 탐내고 욕심내는 마음을 돌려 청렴하고 공정한 마음을 얻게 하옵시고 서로 싸우고 해하는 마음을 돌려 서로 화하고 **두호하는** 마음을 얻게 하옵시와, 죄업의 **근성**이 청정하여지옵고 혜복의 **문로**가 열리게 되오며, 세계정세가 날로 호전되어 이 나라의 **복조**가

조석 심고(朝夕心告) 아침과 저녁 일정한 시간에 법신불 사은 전에 마음으로 참회, 감사, 서원 등을 다짐하는 신앙 행위.
사은(四恩) 법신불의 네 가지 은혜. 천지은, 부모은, 동포은, 법률은.
회향(回向) 불연(佛緣) 및 선연(善緣)으로 돌아오는 것.
정법(正法) 원만하고 바른 가르침.
귀의(歸依) 마음을 바쳐 의지함.
우치한(愚癡-) 어리석고 못난.
두호하는(斗護--) 감싸주고 보호하는.
근성(根性) 뿌리 깊은 습성.
문로(門路) 들어오는 문.
복조(福祚) 복되고 상서로움.

한이 없게 하옵시고 이 세상의 평화가 영원하게 하옵시와, 일체 대중의 앞길에 오직 광명과 평탄과 행복뿐으로써 길이 부처님의 성지에 살게 하여 주시옵소서. 일심으로 비옵나이다.'"

18. 정산 종사, 또 말씀하시기를 "모든 법회에서는 이러한 예로 심고하라. '법신불 사은이시여! 이 **예회**에 모인 저희에게 특별한 광명과 힘을 내리시와, 저희로 하여금 신성의 근원이 더욱 깊어지옵고 혜복의 문로가 길이 열리게 하옵시며, 수양·연구·취사의 **삼대력**이 날로 전진하여 중생계를 벗어나 **보살도**에 오르게 되옵고 보살도를 닦아 부처의 경지에 들게 하옵시며, 공부와 사업을 하는 데에 모든 **마장**을 다 소멸하여 주옵시고 동서남북이 다 통달하여 어느 곳에 가든지 매양 대중을 이익 주는 동시에 대중의 환영과 보호를 받게 하옵시며, 언어 동작이 다 진실하여 어느 시간을 당하든지 항상 진리를 어기지 않는 동시에 진리의 **음조**와 **은덕**을 입게 하옵시며, 동지 교우가 화합 단결하여 이 회상의 위신이 두루 시방세계에 드러나고 이 교법의 공덕이 널리 일체중생을 제도하게 하여 주시옵소서. 일심으로 비옵나이다.'"

예회(例會) 정례법회의 줄인 말. 정기적으로 열리는 법회.
삼대력(三大力) 삼학 수행을 아울러 닦아 얻은 세 가지 큰 힘. 수양력, 연구력, 취사력.
보살도(菩薩道) 보살의 수행길. 보살은 대승불교의 이상적인 구도자상으로 위로는 부처의 깨달음을 추구하고 아래로는 중생들을 구원하기 위해 노력하는 경지.
마장(魔障) 마(魔)의 장애. 수행을 방해하는 내외(內外)의 장애.
음조(陰助) 보이지 않는 가운데 보호하고 도와주는 것.
은덕(恩德) 은혜로운 덕.

19. 정산 종사, **학림** 기도인들에게 말씀하시기를 "한 개인과 약속한 일을 어길지라도 그 마음을 속인 죄벌이 없지 않거늘, **천지신명** 전에 **제생 의세**의 큰 서원을 올렸으니 그 서약이 중하고 큰지라, 만일 중도에 어기고 보면 중한 죄벌을 면치 못하리니 깊이 명심해서 하라."

20. 정산 종사 말씀하시기를 "불보살들은 **전심(前心)**과 **후심(後心)**이 한결같아서 불보살이 되었으나, 범부들은 처음 발심과는 달리 경계를 따라 그 마음이 흔들려 퇴보하므로 성공을 보지 못하나니, 그대들은 언제나 도(道) 즐기는 마음과 공(公) 위하는 마음으로 전심과 후심이 한결같게 하라."

21. 정산 종사 말씀하시기를 "우리 공부인이 중생계에서 부처의 세계로 가는 길에 몇 가지 어려운 관문이 있나니, 하나는 **지견**이 차차 생겨날 때요, 둘은 **신망**이 차차 드러날 때요, 셋은 대우가 차차 높아질 때요, 넷은 물질이 차차 돌아올 때요, 다섯은 권리가 차차 생겨날 때라. 이 관문을 미리 알아서 거기에 구애되지 아니하여야 능히 큰 공부를 이루게 되리라."

학림(學林) 유일학림. 원기 31년(1946) 5월에 중앙총부 구내에 개설된 원불교 교역자 양성 기관으로 후일 원광대학교로 발전함.
천지신명(天地神明) 천지 만물을 주재하는 밝고 신령스러운 존재.
제생 의세(濟生醫世) 중생을 구제하고 병든 세상을 치유함.
전심(前心) 처음의 마음.
후심(後心) 이후의 마음.
지견(知見) 지혜와 식견.
신망(信望) 신뢰가 가는 덕망.

22. 정산 종사 말씀하시기를 "하근기는 식욕·색욕·재욕 등에 얽매어 솟아오르지 못하고, 중근기는 명예욕에 걸리어 솟아오르지 못하고, 좀 더 윗 근기는 상에 걸리어 크게 솟아오르지 못하나니, **오욕(五慾)**과 **사상(四相)**을 여의면 상근기니라."

23. 정산 종사 말씀하시기를 "명필이 되기로 하면 먼저 명필의 **필법**을 체 받아서 **필력**을 잘 길러야 하듯이, 부처를 이루기로 하면 먼저 부처님의 심법을 **체 받아** 일일시시로 **불심**을 잘 길러야 하나니, 우리는 대종사의 **심법**을 큰 **젯줄** 삼고 정전의 말씀대로 삼순히 실행하여 대종사의 **법통**을 오롯이 이어받는 참제자가 되어야 할 것이니라."

24. 정산 종사 말씀하시기를 "자녀가 부모를 닮아 가듯 불제자도 부처님을 닮아 가야 하나니, 끊임없이 모든 일에 부처님을 닮아 가서, 법신·보신·화신을

오욕(五慾) 인간의 다섯 가지 기본적인 욕망. 식욕·색욕·재물욕·명예욕·수면욕을 말함.
사상(四相) 깨치지 못한 중생들이 갖는 네 가지 집착하는 생각. 곧 아상(我相), 인상(人相), 중생상(衆生相), 수자상(壽者相).
필법(筆法) 글씨 쓰는 법.
필력(筆力) 글씨의 획에 드러난 힘이나 기운.
체 받아(體-) 표준으로 삼아. 본받아서.
불심(佛心) 부처님의 지혜롭고 자비로운 마음.
심법(心法) 마음을 사용하는 법도와 도량과 경륜.
젯줄 표준이 되는 본보기.
법통(法統) 올바른 법의 진수. 법의 계통이나 전통.

전부 닮으면 곧 여래의 **지경**이니라."

25. **송현풍**(宋玄風)이 무한 동력을 연구 중이라 하거늘, 정산 종사 말씀하시기를 "기계의 동력에도 무한 동력이 필요하지마는 우리의 수도에도 무한 동력이 필요하나니, 수도의 무한 동력은 곧 신성으로 이 신성이야말로 범부를 성인 만드는 가장 큰 원동력이니라."

26. 정산 종사 말씀하시기를 "마음 가운데 사심이 뿌리박거든 마음에 **일원상**을 **묵상**하여 그 공하고 둥글고 바른 본성을 돌이키기에 힘쓸 것이요, 대종사의 **성안**을 묵상하여 그 공명하고 정대하고 자비하신 심법을 체받기에 힘쓸 것이요, 나는 불제자요 **공도자**라는 자부심을 일으키어 그 **사심**을 제거하기에 힘쓰라. 그러하면 그 사심이 쉽게 **정심**으로 돌아오리라."

지경(地境) 경지.
송현풍(宋玄風, 1898~1964) 강원도 회양 출생. 발명가이며 『주역(周易)』을 깊이 연구하였다.
일원상(一圓相) 한 둥근 모습(○)으로 소태산 대종사가 제시한 법신불의 상징. 일원(一圓), 원상(圓相) 등으로 표현하기도 함.
묵상(默想) 말없이 마음속으로 그 모습을 생각하는 것.
성안(聖顔) 성인의 얼굴을 높여서 부르는 말.
공도자(公道者) 세상을 위하여 헌신 봉공하는 사람.
사심(邪心) 간사하고 바르지 못한 마음.
정심(正心) 바른 마음.

27. 정산 종사, 새해 아침에 설법하시기를 "성불하고 성인 되는 길이 멀고 다른 데에 있는 것이 아니요 가까이 내 마음으로 공부하기에 달린 것인즉, 우리는 늘 마음 고쳐 나가는 것을 직업으로 알고 재미로 알아서 새해에는 더욱 새로운 마음으로 다 같이 성불하는 데에 노력하자." 또 말씀하시기를 "새해의 새로움은 날에 있는 것이 아니요 우리의 마음에 있는 것이니, 새로운 마음으로 공부와 사업에 더욱 정진하는 것이 새해를 맞는 참뜻이라. 그러므로 새 마음을 챙기면 늘 새날이요 새해며, 이 마음을 챙기지 못하면 비록 새해가 와도 참다운 새해를 맞이하지 못하느니라."

28. 정산 종사, 신년식에서 말씀하시기를 "새해를 맞이하여 우리가 다 같이 거듭 새 사람이 됨으로서 새 나라와 새 세계를 우리 힘으로 건설하여 우리가 다 같이 **일원의 새 낙원**에 함께 즐겨야 할 것인바, 새 사람이 되는 길은, 나날이 새 마음으로써 좋은 습관을 길들이며 묵어 있는 공부 사업을 추어 잡아서 늘 새로운 공덕을 세상에 끼치는 것이며, 우리의 본래 성품을 닦고 닦아서 본래 **구족**한 **자성**을 회복하는 것이니라."

29. 정산 종사 말씀하시기를 "우리가 새 마음으로 **공부**와 **사업**에 힘쓰고 보면

일원(一圓)의 새 낙원 법신불 일원상의 진리가 널리 실현되는 이상 세계. 용화(龍華) 회상.
구족(具足) 온전히 갖추어 있음.
자성(自性) 사람이 본래 갖추고 있는 성품.
공부(工夫) 일원의 진리를 배우고 실천하는 수행. 마음공부.
사업(事業) 사은의 은혜에 감사하고 보은 봉공(報恩奉公)에 힘쓰는 일. 곧 복 짓는 일.

우리 일생이 새롭고 우리 회상도 새롭고 우리 세계가 새로울 것인바, 새로운 마음의 근원은 철저한 큰 **신심**을 근본으로 하여 큰 **공심**을 가지고 대자비를 활용하는 데 있느니라."

30. 정산 종사, **영산**에서 학인들에게 **교강**에 부연하여 '**구성심(九省心) 조항**'을 써 주시니 "**심지**가 요란하지 아니함에 따라 **영단(靈丹)**이 점점 커져서 대인의 근성을 갖추게 되고, 심지가 어리석지 아니함에 따라 지혜의 광명이 점점 나타나서 대인의 총명을 얻게 되고, 심지가 그르지 아니함에 따라 정의의 실천력이 점점 **충장**하여 대인의 복덕을 갖추게 되고, **신**과 **분**과 **의**와 **성**을 운전함에 따라 **불신**과 **탐욕**과 **나**와 **우**가 소멸하여 대도의 성공을 볼 수 있고, 원망 생활

신심(信心) 믿는 마음.

공심(公心) 공익심. 봉공심.

영산(靈山) 전남 영광군 백수읍에 위치한 원불교의 발상지. 소태산 대종사가 탄생, 성장, 구도 과정을 거쳐 대각하고 교단 창립의 기초를 다졌던 성지.

교강(敎綱) 교리 강령. 원불교의 기본 교리인 사은 사요(四恩四要)와 삼학 팔조(三學八條)를 말함.

구성심 조항(九省心條項) 자신을 성찰하는 아홉 가지 조항. 곧 일상 수행의 요법.

심지(心地) 마음 본 바탕. 성품, 본성, 자성, 불성, 진성 등으로도 표현함.

영단(靈丹) 깊은 수행으로 마음과 기운이 뭉쳐져 얻어진 신령스러운 힘.

충장(充張) 충실해지고 확장됨.

신(信) 분(忿) 의(疑) 성(誠) 모든 일(삼학 수행)이 잘 이루어지도록 촉진시키는 네 가지 조항.

불신(不信) 탐욕(貪慾) 나(懶) 우(愚) 모든 일(삼학 수행)을 잘 하기 위해 버려야 할 네 가지 조항.

을 감사 생활로 돌림에 따라 **숙세**에 맺혔던 원수가 점점 풀어지고 동시에 복덕이 **유여하고**, 타력 생활을 자력 생활로 돌림에 따라 숙세에 쌓였던 빚을 점점 갚아가는 동시에 복록이 저축되고, 배울 줄 모르는 사람을 잘 배우는 사람으로 돌리며 가르칠 줄 모르는 사람을 잘 가르치는 사람으로 돌림에 따라 **세세생생**에 항상 지식이 풍부하여지고, **공익심** 없는 사람을 공익심 있는 사람으로 돌림에 따라 세세생생에 항상 **위덕**이 무궁하리라."

31. 정산 종사 말씀하시기를 "**송죽(松竹)**의 가치를 **상설(霜雪)**이 드러내듯이 공부인의 가치는 **순역 경계**가 드러내나니, 각자에게 난관이 있는 때나 교난에 난관이 있는 때 그 신앙의 가치가 더 드러나고 그 공부의 가치가 더 드러나느니라. 국가에서 군인을 양성하는 것은 유사시에 쓰자는 것이요 도인이 마음공부를 하는 것은 경계를 당하여 마음 실력을 활용하자는 것이니라."

숙세(宿世) 수없이 거쳐 온 과거 세상.
유여하고(裕餘--) 모자라지 않고 넉넉하고.
세세생생(世世生生) 태어나고 죽음을 되풀이 하는 수많은 생애.
공익심(公益心) 공중(公衆)을 위해 힘쓰는 마음.
위덕(威德) 위엄과 덕화.
송죽(松竹) 소나무와 대나무.
상설(霜雪) 서리와 눈.
순역 경계(順逆境界) 순경과 역경. 순경은 순조롭고 편안한 상황. 역경은 힘들고 어려운 상황.

32. 정산 종사 말씀하시기를 "신·분·의·성을 마음공부에 들이대면 **삼학** 공부에 성공하고 사·농·공·상에 들이대면 직업에 성공하느니라."

33. 정산 종사, 학인에게 말씀하시기를 "큰 지혜를 얻으려 하면 큰 정에 들어야 한다고 하나 내가 **월명암**에서 **무심**을 주장하는 **정**만 익히었더니 사물에 어둡다고 대종사께서 크게 주의를 내리시더라. 마음 놓는 공부와 잡는 공부를 아울러 단련하여 숨 들이쉬고 내쉬는 것같이 놓기도 자유로 하고 잡기도 자유로 할 수 있어야 원만한 공부를 성취하느니라."

34. 정산 종사 말씀하시기를 "공부를 하는 데에는 대중을 잡는 것이 제일 중요하나니, 경전도 대중없이 건성으로 읽으면 비록 몇백 권을 읽어도 **서자서아자아(書自書我自我)**로 아무 소득이 없느니라. 또한, 공부가 책 보고 글 배우는 데에만 있는 것이 아니니, 일동일정에 **대중을 잡는** 마음만 있으면 모두 다 공부의 참 결과를 얻느니라."

삼학(三學) 법신불 일원상을 표본 삼아 인격을 함양해 가는 세 가지 수행 방법. 정신 수양, 사리 연구, 작업 취사.

월명암(月明庵) 전북 부안군 변산면 중계리 내변산에 있는 암자. 소태산 대종사가 영산에서 법인기도를 끝내고 봉래정사로 와 월명암 주지 백학명 선사와 교유(交遊)하였다.

무심(無心) 텅 비고 고요한 마음.

정(定) 선정(禪定) 공부. 선(禪) 수행.

서자서아자아(書自書我自我) 글은 글대로 나는 나대로 라는 뜻으로, 글은 읽고 있으나 마음은 다른 곳에 있음을 이르는 말.

대중을 잡는 표준을 잡는.

35. 정산 종사, 학인들에게 말씀하시기를 "모든 것이 간절히 구하는 이에게 돌아오나니, 과거 부처님께서 새벽별을 보시고 득도를 하신 것은 그 별 자체에 무슨 뜻이 있어서 깨치신 것이 아니라, 인간의 생로병사에 모든 의문을 풀어 보시려는 간절한 구도심이 쌓이고 쌓여 지극하셨기 때문에 마침내 깨치신 것이며, 대종사께서도 7세 때부터 우주의 자연현상을 보시고 싹트신 간절한 구도의 정성이 쌓이고 쌓여 드디어 대각을 이루신 것이니라. 그러므로 법문을 들을 때 공력 없이 듣는 것과 공력을 들여 듣는 것이 다르고, 모든 사리에 연구심을 가지고 견문하는 것과 **범연히** 듣고 보는 것이 다르나니, 정전을 항상 염두에 두고 모든 학설을 연마하면 교리에 더욱 밝아질 것이요, 그렇지 아니하고 학설만 들으면 머리만 산란하리라. 따라서 새벽에는 좌선으로 마음을 맑히고 낮에는 경전으로 이치를 연마하라 하셨느니라."

36. 정산 종사 말씀하시기를 "독경(讀經)에 세 가지가 있나니, 하나는 과거 성현들의 책으로 지어 놓은 경전들을 읽어 거기에서 지견을 밝히는 것이요, 둘은 모든 사람의 선악을 보아 거기에서 스승과 거울을 얻는 것이요, 셋은 모든 사물을 **접응**할 때 그 **사사물물** 가운데에서 진리의 교훈을 발견하는 것이라. 통달한 사람은 이 세 가지 독경을 아울러 하므로 **보보일체 대성경**(步步一切大聖經)이 되느니라."

범연히(泛然-) 차근차근한 맛이 없어 데면데면하게.
접응(接應) 맞이하여 대함.
사사물물(事事物物) 모든 일과 물건. 또는 모든 현상.
보보일체 대성경(步步一切大聖經) 걸음걸음 일체가 크고 성스런 가르침이라는 뜻.

37. 정산 종사, 우리 회상의 **창건사** 서문에 쓰시기를 "역사는 세상의 거울이라 하였나니, 이것은 어느 시대를 막론하고 모든 일의 흥망성쇠가 다 이 역사에 나타나는 까닭이니라. 그러나 역사를 보는 이가 다만 문자에 의지하여 지명이나 인명이나 연대만 보고 잘 기억하는 것으로 능히 역사의 진면을 다 알았다고 할 수 없나니, 반드시 그때의 **대세**와 그 주인공의 심경과 그 **법도** 조직과 그 경로를 잘 해득하여야만 능히 역사의 진면을 볼 수 있고 내외를 다 비치는 거울이 될 것이니라. 그런즉 우리 회상은 과연 어떠한 사명을 가졌으며 시대는 과연 어떠한 시대이며 대종사는 과연 어떠한 성인이시며 법은 과연 어떠한 법이며 실행 경로는 과연 어떻게 되었으며 미래에는 과연 어떻게 결실될 것인가를 잘 연구하여야 할 것이니라."

38. 정산 종사 말씀하시기를 "그대들이여! **화두**를 들고 지내는가. 화두를 연마

창건사(創建史) 정산 종사가 찬술한 『불법연구회창건사(佛法硏究會 創建史)』를 말함. 소태산 대종사의 탄생·구도·대각으로부터 원기 12년(1927) 까지의 원불교 창립 과정을 기술하고 있다.
대세(大勢) 큰 형세와 흐름.
법도(法度) 법률과 제도.
화두(話頭) 깨달음으로 이끌기 위한 의문을 일으키는 실마리(조목). 불조의 법문, 대화, 일화 등.

하는 데에는 **의리선·여래선·조사선**을 차서 있게 병행함이 옳으나, 과거의 선방 공부같이 온종일 화두만 계속 들 것이 아니라 화두를 마음 가운데 걸어 놓고 지내다가 마음이 맑고 조용할 때 잠깐잠깐 연구해 볼지니라. 그러하면 마치 저 닭이 오래오래 알을 품고 굴리면 그 속에서 병아리가 생기듯 마음의 **혜문(慧門)**이 열리리라."

39. 정산 종사 말씀하시기를 "연구 공부하는 데 세 가지 **요긴함**이 있나니, 첫째는 바르게 봄이요, 둘째는 바르게 앎이요, 셋째는 바르게 깨침인바, 이 세 가지 가운데 바르게 깨침이 그 **구경**이 되느니라. 안으로 버리고자 하되 버릴 수 없고 잊고자 하되 잊을 수 없고 숨기고자 하되 숨길 수 없으며, 밖으로 길흉이 능히 그 뜻을 움직이지 못하고 **순역**이 능히 그 마음을 유혹하지 못하고 백 가지 묘한 것이 능히 그 생각을 끌지 못하면 이것이 바르게 깨친 **진경**이니라."

의리선(義理禪) 언어나 문자로 표현된 화두(話頭)를 논리적인 사고와 분석을 통해서 이해하려고 하는 선(禪) 수행.
여래선(如來禪) 법신불의 진공(眞空) 평등한 자리를 체득하는 것을 위주로 하는 선(禪) 수행.
조사선(祖師禪) 법신불의 진공(眞空)에 바탕한 묘유(妙有) 차별의 자리를 체득하는 것을 위주로 하는 선(禪) 수행.
혜문(慧門) 일과 이치를 통달하는 지혜의 문.
요긴함(要緊-) 꼭 필요하고 중요함.
구경(究竟) 궁극의 경지.
순역(順逆) 순경과 역경. 순경은 순조롭고 편안한 상황. 역경은 힘들고 어려운 상황.
진경(眞境) 참다운 실상의 경지.

40. 정산 종사 말씀하시기를 "옛날 중국의 **우(禹)**는 선한 일을 들으면 반드시 일어나 절을 하매, 좌우에서 말하되 '상하를 **불고**하고 절하는 것이 너무 예에 과하지 않나이까?' 하거늘, 우가 답하기를 '내가 절하는 것은 그 위를 보고 절하는 것이 아니요, 그 선을 보고 절하였으니 선은 상하와 귀천이 없는 것이라.' 하였다 하니, 이는 **만고**에 선(善) 좋아하는 표본이 될 만하니라."

41. 정산 종사 말씀하시기를 "국방을 하는 데에도 육·해·공 세 방면의 방어가 필요한 것같이 공부인에게도 세 방면의 **항마**가 필요하나니, 그는 곧 순경과 역경과 공경(空境)의 세 경계라. 순경은 내 마음을 유혹하는 경계요, 역경은 내 마음에 거슬리는 경계요, 공경은 내 마음이 게을러진 경계이니, 항마할 때까지는 방어에 주로 주력하고 항마 후에는 이 모든 경계를 **노복**처럼 부려 쓰느니라."

42. 정산 종사 말씀하시기를 "공부를 할 때, 육신을 돌보지 않고 너무 **독공**을 하여 몸을 상한다거나, 육신만 위하고 공부에 방종하는 사람은 다 공부할 줄

우(禹) 중국 전설상의 하(夏)왕조 시조. 9년간 치수를 성공하여 민심을 안정시켰으며, 순(舜) 임금을 이어 왕위를 계승하고 하(夏)나라를 세웠다.
불고(不顧) 돌아보지 않거나 돌보지 않음.
만고(萬古) 영원한 세월.
항마(降魔) 법강항마위. 악마를 항복시킴. 악마의 유혹을 극복함.
노복(奴僕) 노예 혹은 종.
독공(篤功) 오롯한 마음으로 열성을 다해 정진함.

모르는 사람이니, 자기의 정신과 육신의 정도를 보아 능히 놓고 능히 잡을 줄 알아야 병 없는 공부를 성취하리라."

43. 정산 종사 말씀하시기를 "지혜 있는 사람의 공부하는 법은 각자의 힘을 헤아려 보아서 그 경계를 능히 이겨낼 만하면 대치해가지만 그렇지 못할 정도라면 미리 그 경계를 피하여 어느 정도의 실력을 길러 경계를 대치해 가느니라. 만일 그렇지 아니하고 억센 경계 속에서 억지로 경계를 이기려 하면 심신만 괴롭힐 뿐이요 아무 효력을 얻지 못하는 수가 허다하니라."

44. 정산 종사 말씀하시기를 "병자의 **맥**이 너무 급하면 느리게 하고 너무 미하면 강하게 약을 써서 그 혈맥이 골라져야 병 없는 육신이 되는 것같이, 우리의 마음 쓰는 데에도 **과불급**과 **편착심**이 있다면 그것을 **불편 불의**한 **중도**에 골라 맞게 하여야 병 없는 성질이 될 것이니라. 사람의 성질이 신중하기만 하면 조그마한 경계 하나도 넘어서지 못하는 병이 있고, 활발하기만 하면 너무 **허허하여** 함부로 하는 병이 있으며, 너무 정중한 사람은 민첩하지 못한 병이 있고, 재

맥(脈) 맥박.
과불급(過不及) 지나치거나 모자람.
편착심(偏着心) 한 편에 치우쳐 집착하는 마음.
불편 불의(不偏不倚) 한 편에 치우치거나 기울지 않음.
중도(中道) 한 편에 기울지 않고 넘치거나 모자람이 없이 꼭 알맞음.
허허하여(虛虛--) 야물지 못하고 빈틈이 많아서.

주만 있고 보면 **경망**하고 **박덕**한 병이 있으며, 뜻이 너무 고상하기만 하면 오만한 병이 있고, 마음이 겸손하기만 하면 향상하려는 용기가 적은 병이 있으며, 원대한 생각만 가진 사람은 작고 가까운 일에 소홀한 병이 있고, 너무 세밀한 사람은 **대체**와 강령을 잡지 못하는 병이 있으며, 열성이 너무 과한 사람은 걸핏하면 **승기자**를 미워하는 병이 있고, 뜻 없이 평범하기만 하면 모든 일에 **열**이 적은 병이 있으며, 위엄만 세우는 사람은 온순한 태도가 적은 병이 있고, 너무 온순한 사람은 위엄이 적은 병이 있으며, 성질이 곧기만 하면 사람이 잘 따르지 않는 병이 있고, 뜻 없이 화하기만 하면 **청탁**을 가리지 못하는 병이 있으며, 너무 강한 사람은 잔인한 병이 있고, 유하기만 하면 모든 일에 결단력이 적은 병이 있느니라. 그러므로 우리는 우리의 성질을 잘 파악하여 어느 편에 기울어지는 병이 있거든 항시 골라 세우는 데에 노력할 것이며, 공부를 하는 가운데 어느 과정 하나에만 편착하거나 사업을 하는 가운데 어느 부분 하나에만 편착하는 병이 없게 하며, 공부를 좋아하는 가운데 사업을 등한시하거나 사업을 좋아하는 가운데 공부를 등한시하는 병이 없게 할 것이니, 이러한 공부를 계속하는 사람은 점점 원만한 도를 성취하여 쓸모 많은 사람이 될 것이며 그 성질은 흠 없는 성질이 되고 그 인격은 더욱 완전한 인격이 될 것이니라."

경망(輕妄) 경거망동의 줄임말.
박덕(薄德) 덕이 부족함.
대체(大體) 일이나 내용의 기본적인 큰 줄거리.
승기자(勝己者) 자기보다 나은 사람.
열(熱) 열성 또는 열의(熱意).
청탁(淸濁) 옳고 그름. 또는 착함과 악함.

45. 정산 종사 말씀하시기를 "옛 선사의 말씀에 '**평상심이 곧 도**'라 하였나니, 평(平)은 고하의 계급과 **물아(物我)**의 차별이 없는 것이요, 상(常)은 고금의 간격과 유무의 변환이 끊어진 것이라. 이는 곧 우리의 자성을 가리킴이요 우리의 자성은 곧 우주의 대도니라. 그러므로 이 평상의 진리만 분명히 해득한다면 곧 **견성자**이며 **달도자**라 할 것이나, 마음의 **용처**에서는 설혹 그 진리를 다 깨닫지 못하였다 할지라도 때에 따라 능히 평상심을 실행할 수 있으므로 우리는 이 평상의 진리를 연구하는 동시에 평상의 마음을 잘 운용하여야 할 것이니라."

46. 정산 종사, 이어 말씀하시기를 "평상심을 운용하는 몇 가지 실례를 들어 해석하자면, 첫째는 어느 일이나 한번 정당한 곳에 입각한 이상에는 그 지키는 바 신의가 항상 여일함이 평상심이니, 그 신념이 항상 환경에 초월하여 환영과 배척이 능히 마음을 더하고 덜하게 하지 못하며 환란과 영화가 능히 마음을 변하고 옮기지 못하여 한번 뜻을 정한 후에는 능히 천만 난경을 돌파하고 마침

평상심이 곧 도(平常心是道) 중국 남송(南宋)의 선승(禪僧) 무문혜개(無門慧開)가 편찬한 선의 공안집 『무문관(無門關)』 제19칙에 나오는 글귀로 '어떤 것이 도입니까'라고 묻는 조주(趙州) 선사에게 남전(南泉) 선사가 대답한 내용.
물아(物我) 사물과 나. 객체와 주체.
견성자(見性者) 자성을 깨달은 사람.
달도자(達道者) 도(道)를 통달한 사람.
용처(用處) 사용하는 곳.

내는 **생사 관문**에 이른다 할지라도 오직 **태연자약**하여 조금도 요동하거나 **의구(疑懼)**하는 기색을 보이지 않는 것은 신의에 나타난 평상심이요, 둘째는 우리가 대중을 상대하여 **은의(恩誼)**를 서로 맺은 이상에는 그 교제의 정신이 항상 원만하고 **순일함**이 평상심이니, 그 정신이 능히 파당에 **초연하고 증애**에 끌리지 않아서 일을 당하여는 오직 공정을 주장하고 은혜를 베풀 때는 오직 **무념**을 주장하여 여기는 이(利)를 주고 저기는 해(害)를 주며 어느 때는 좋아하고 어느 때는 싫어하는 마음이 없으며 설혹 저 **피은자**가 **배은**하는 일이 있다 할지라도 은혜 베풀 때의 마음을 조금도 변하지 아니하는 것은 교제에 나타난 평상심이요, 셋째는 우리가 세상에 처하여 빈부의 환경을 당할 때 그 응하는 감정이 항상 담박함이 평상심이니, 그 태도가 항상 평탄하여 가난하여도 가난한 데 **구구한** 바가 없고 부유하여도 부에 넘치는 바가 없으며 **금의옥식(錦衣玉食)**을

생사 관문(生死關門) 생사의 갈림길.
태연자약(泰然自若) 어떠한 상황에도 흔들림 없이 편안함.
의구(疑懼) 의심하고 두려워함.
은의(恩誼) 은혜로운 정의(情誼).
순일함(純一) 순수하고 한결같음.
초연하고(超然--) 초월하여 담담하고.
증애(憎愛) 미움과 사랑.
무념(無念) 은혜를 베풀되 '베푼다'는 생각이나 흔적이 없는 것.
피은자(被恩者) 은혜 입은 사람.
배은(背恩) 은혜를 알지 못하는 것과 보은의 실행이 없는 것.
구구한(苟苟-) 구차한. 떳떳하지 못하고 졸렬한.
금의옥식(錦衣玉食) 비단옷과 흰쌀밥이라는 뜻으로 풍족한 생활을 비유하여 이르는 말.

할지라도 외면에 교만한 빛이 보이지 아니하고 **추의악식(醜衣惡食)**을 할지라도 내심에 부끄러운 생각이 없게 되는 것은 빈부에 나타난 평상심이요, 넷째는 우리가 세상에 출신하여 안위의 모든 경우를 당할 때 그 가지는 바 정신이 오직 전일함이 평상심이니, 편안한 때도 항상 조심하는 대중을 놓지 아니하고 위급한 때도 항상 **규모 절도**를 범하지 아니하여 한가히 거(居)하나 난중에 처하나 그 부동하고 **유유(悠悠)한** 정신이 조금도 변하지 않는 것은 안위에 나타난 평상심이니라."

47. 정산 종사, 이어 말씀하시기를 "이를 다시 강령적으로 말한다면 어느 곳에 있으나 어느 때를 당하나 항상 일심을 놓지 않는 것이 평상심을 운용하는 원동력이 되나니, 공부하는 이가, 평상의 진리를 깨치면 능히 **생사고락**에서 해탈하는 묘법을 얻을 것이요, 평상의 마음을 운용할 때는 능히 성현의 실행을 나타내게 될 것이니, '평상심이 곧 도'라 하는 것이 어찌 적절한 법문이 아니리오."

48. 정산 종사 말씀하시기를 "마음을 지나치게 급히 묶으려 하지 말고 **간단없**

추의악식(醜衣惡食) 거친 옷과 맛없는 음식이라는 뜻으로 가난한 생활을 비유하여 이르는 말.
규모(規模) 씀씀이의 계획성이나 일정한 한도.
절도(節度) 일이나 행동 따위를 정도에 알맞게 하는 규칙적인 한도.
난중(亂中) 매우 혼란하고 위태로운 상황 가운데.
유유한(悠悠-) 한가하고 여유 있는.
생사고락(生死苦樂) 삶과 죽음과 괴로움과 즐거움을 통틀어 이르는 말.

는 공부로써 서서히 공부하며, **집심(執心)**과 **관심(觀心)**과 **무심(無心)**을 번갈아 하되, 처음 공부는 집심을 주로 하고 조금 익숙하면 관심을 주로 하고 좀 더 익숙하면 무심을 주로 하며, 궁극에 가서는 **능심(能心)**에 이르러야 하느니라."

49. 정산 종사 말씀하시기를 "무엇이나 안에 **인력**이 있으면 밖에서 기운이 응하게 되나니, 주막에 **주객**이 모이는 것은 술의 인력이 있기 때문이요, 덕인에게 사람이 모이는 것은 덕의 인력이 있기 때문이니라. 공부인이 형상 없는 마음공부를 잘하고 보면 무형한 **심력**이 생겨나서 무한한 우주의 큰 기운을 능히 이끌어 응용할 수 있게 되나니, 이것을 일러서 **삼계의 대권**이라 하느니라."

50. 정산 종사 말씀하시기를 "참다운 자유는 완전한 해탈에서 오나니, 자유의 **구경 원리**는 곧 우주와 자성의 진리에 근원하고 있느니라."

간단없는(間斷-) 끊임없는.
집심(執心) 관심(觀心) 무심(無心) 집심은 외경에 흘러가지 않게 마음을 잘 붙잡음을 의미, 관심은 자기 마음을 놓치지 않고 똑똑히 살피는 것, 무심은 분별 주착을 벗어나 초연한 마음으로 마음 수양의 단계를 가리키는 표현.
능심(能心) 마음이 항상 자성을 떠나지 아니하여 동정이 한결같으며, 자유자재로 수기 응변하는 경지.
인력(引力) 끌어당기는 힘.
주객(酒客) 술 손님. 술을 좋아하는 사람.
심력(心力) 마음의 힘.
삼계의 대권(三界-大權) 욕계, 색계, 무색계를 자유자재하며 무수한 중생들을 다 제도할 수 있는 큰 능력.
구경 원리(究竟原理) 근본인 궁극의 원리.

51. 정산 종사 말씀하시기를 "법강항마위까지는 '부처는 누구며 나는 누구냐.' 하는 큰 **발분**을 가지고 기운을 돋우며 정진하여야 하고, 법강항마위부터는 '중생과 부처가 본래 하나'라는 **달관**으로 **상(相)**을 떼고 티를 없애는 것을 공부로 삼아야 그 공부가 길이 향상되느니라."

52. 정산 종사 말씀하시기를 "**정(定)**을 쌓되 동정에 구애 없는 정을 쌓으며, **혜(慧)**를 닦되 **지우**에 집착하지 않는 혜를 닦으며, **계(戒)**를 지키되 선악에 속박 없는 계를 지키라."

53. 정산 종사 말씀하시기를 "옛 말씀에 '심심창해수(心深滄海水)요 구중곤륜산(口重崑崙山)'이라 하였나니, 마음을 쓰되 **창해수**같이 깊고 깊어서 가히 헤아릴 수 없이 하고, 입을 지키되 **곤륜산**같이 무겁게 하라. 안으로 큰 사람이 되

발분(發奮) 분발(奮發). 마음과 힘을 다하여 떨쳐 일어남.
달관(達觀) 통달한 안목.
상(相) 분별과 집착으로 마음에 남아있는 흔적.
정(定) 고요함과 부동함. 수양력.
혜(慧) 지혜 광명. 일과 이치에 두루 통달함. 연구력.
지우(智愚) 슬기로움과 어리석음.
계(戒) 계행(戒行).
창해수 넓고 큰 바다의 물.
곤륜산(崑崙山) 중국 전설상의 높은 산. 중국의 서쪽에 있으며 전국(戰國) 시대 말기부터는 여자 신선 서왕모(西王母)가 살며 불사(不死)의 물이 흐른다고 믿어졌다.

어 갈수록 그 **심량**을 가히 헤아리지 못하나니, 작은 그릇은 곧 넘쳐흐르나 큰 그릇은 항상 여유가 있느니라."

54. 정산 종사 말씀하시기를 "큰 바다는 백천 골짜기 물을 다 받아들이되 흔적이 없듯이 **대인**은 공부나 사업 간에 흔적이 없어서, 모든 사리에 다 통달하되 통달한다는 흔적이 없고 만 중생을 두루 구원하되 구원한다는 흔적이 없느니라."

심량(心量) 사람을 포용하는 도량과 일을 처리하는 능력이나 재주.
대인(大人) 지혜가 밝고 큰 덕을 갖춘 수행자.

제8 응기편

應機編

응기편(應機編) 제자들의 근기와 특성에 응하여 설법하고 상황과 인연 따라 답변한 법문으로 구성되어 있다.

1. 정산 종사 말씀하시기를 "지도하는 이와 지도받는 이 사이나 동지와 동지 사이에 자주 챙겨야 하는 처지와 특히 챙기지 아니하여도 좋은 처지가 있나니, 자주 챙겨야 하는 처지는 안 챙기면 틈이 생길 우려가 있는지라 아직 알뜰한 **권속**이 다 되지 못한 것이요, 특별히 챙기지 아니하여도 좋은 처지는 의리와 인정이 형식에 구애되지 아니하는지라 그야말로 마음을 합하고 기운을 연한 알뜰한 권속이니라. 지도하는 이가 지도받는 이를 상대할 때 **사량**과 방편을 쓸 필요가 없게 되고, 지도받는 이가 지도하는 이를 상대할 때 **기망(欺罔)**과 조작이 없게 되면 그 사이에는 자연히 **대의**가 확립되고 **법맥**이 연하게 되므로, 그러한 권속이 수가 많을수록 이 **회상**은 쉽게 **융창**하리라."

2. 정산 종사 말씀하시기를 "'잡초가 잘 나는 밭에는 농부의 손이 자주 가야 함과 같이 변덕이 많은 공부인에게는 지도하는 공력이 더 든다.'라고 대종사께서도 말씀하셨나니, 이는 지도하는 이에게 **편심**이 있어서 그러는 것이 아니라 그에게는 그만한 공력을 들이지 아니하면 버리기 쉬운 연고라. 그러므로 공부하

권속(眷屬) 한집에서 거느리고 사는 식구.
사량(思量) 분별하고 비교하는 것.
기망(欺罔) 거짓으로 속임.
대의(大義) 스승과 제자 사이의 인정과 의리.
법맥(法脈) 심법과 가르침이 전해지는 바른 계통.
회상(會上) 궁극적 진리를 깨달은 부처 혹은 성자의 가르침을 실현하는 곳. 교단.
융창(隆昌) 기운차게 일어나거나 대단히 번성함.
편심(偏心) 한 편에 치우친 마음.

는 사람은 지도하는 이의 사랑을 저만 독특히 받으려 하지 말고, 대범스럽게 상대하되 의리와 인정이 있어야 하느니라."

3. 정산 종사 말씀하시기를 "큰 선인이 되고자 하는 이는 먼저 남의 선(善) 좋아하는 공부를 하여야 하나니, 남의 선을 좋아하지 아니하고 큰 선인이 되기는 어려우니라. 남의 선을 좋아하지 아니하면 선인과 친근하지 못할 것이요, 선인을 친근하지 아니하면 선심이 자연히 희미해질 것이며, 선심이 마음에서 희미해지면 선 행하기를 즐기지 아니할 것이니, 어찌 선인 이루는 길이 멀어지지 아니하리오. 그러므로 남의 선을 따라서 좋아하고 드러내는 것은 선인 되는 공부의 주요한 조건이 되느니라."

4. 정산 종사, **영산**에서 학인들에게 말씀하시기를 "밖에서 **죄해(罪害)**가 돌아오는 것은 **전생**과 **금생**에 내가 스스로 지은 것이요, **사은**의 이치는 항상 **여여**하여 변함이 없느니라. 선은 선으로써 나를 깨우쳐 주고 악은 악으로써 나를 깨우쳐 주나니, 아울러 나를 인도하는 좋으신 선생이라. 생각 생각이 항상 이와

영산(靈山) 전남 영광군 백수읍에 위치한 원불교의 발상지. 소태산 대종사가 탄생, 성장, 구도 과정을 거쳐 대각하고 교단 창립의 기초를 다졌던 성지.
죄해(罪害) 죄벌과 해로움.
전생(前生) 이 세상에 태어나기 이전의 세상.
금생(今生) 현재의 생(生). 현재의 삶.
사은(四恩) 법신불의 네 가지 은혜. 천지은, 부모은, 동포은, 법률은.
여여(如如) 한결같이 그대로 있는 모습.

같으면 당하는 곳마다 길이 평화를 보전하느니라." 하시고 '해유자작 은본무궁 선악지사 병도아선 염념여시 영보기화(害由自作 恩本無窮 善惡之師 並導我善 念念如是 永保其和)'라고 써 주시니라.

5. 정산 종사, **양도신(梁道信)**이 전무출신할 때 영생의 **보감될** 법문을 청한바, 네 가지 서약 조항을 써 주시니 이러하니라. '첫째, 대도의 수행은 **영겁**의 보물이 되고 일시적 **영욕**은 한 조각 **부운** 같으니 나는 이 영원한 희망으로써 목전의 **애욕**에 초월하리라. 둘째, **순경**과 **역경**이 모두 공부의 기회를 주시고 선인과 악인이 다 같이 공부의 길을 인도하시니 나는 여기에 항상 재미있고 감사한 생각을 잊지 아니하리라. 셋째, 부지런함은 **만복**의 근원이 되고 배우기를 좋아함은 큰 지혜의 바탕이 되나니 나는 항상 부지런과 배움 두 가지를 일생의 사업

양도신(梁道信, 1918~2005) 부산 출생. 법호는 훈타원(薰陀圓)이며 법훈은 종사. 남원교당, 종로교당, 부산교당 등에서 교무를 역임하였고 저서로는 『대종사님 은혜 속에』가 있다.

보감될(寶鑑-) 소중히 간직하여 거울삼을 만한.

영겁(永劫) 영원한 세월.

영욕(榮辱) 영예와 치욕.

부운(浮雲) 뜬구름.

애욕(愛慾) 애착과 욕심.

순경(順境) 순조롭고 편안한 상황.

역경(逆境) 힘들고 어려운 상황.

만복(萬福) 모든 복.

으로 삼으리라. 넷째, 나는 **역겁 난우**인 **대성 회상**에 참예하였고 겸하여 시방 세계에 헌신 희생하자는 **전무출신**을 서원하였나니 이러한 어려운 기회를 당한 자로서 어찌 일시인들 허송하며 이러한 큰 서원을 올린 자로서 어찌 작은 욕심에 구속되어 스스로 만년의 앞길을 그르치리오. 나는 이 어려운 기회, 중대한 책임을 명심하리라.'

6. 정산 종사, 이중정(李中正)에게 글을 써 주시니 '큰 원을 발하라. 사를 경영하고 저만 이롭게 함은 이슬 같고 연기 같으니, 부처 되어 중생 건지려 함이 모든 원의 머리니라. 큰 믿음을 세우라. 묘함이 다른 묘함이 없고 보배가 다른 보배가 없으며, 철주의 중심이요 석벽의 외면이니라. 큰 분을 일으키라. 이익을 한 근원에 끊으면 그 공이 백배요, 세 번 주야를 반복하면 그 공이 만 배라 하였느니라. 큰 의심을 품으라. 큰 믿음 아래 큰 의심이 있나니, 일심 이르는 곳에 금석도 뚫리리라. 큰 정성으로 행하라. 진실하여 거짓 없으면 안과 밖이 둘이 아니요, 시종이 한결같으면 천지와 공이 같으리라. **일원대도** 운전하여 무량 중생 제도하고 영겁 고를 해탈하라.[發大願 營私利己 如露如烟 成佛濟衆 萬願之宗 立大信 妙無他妙 寶無他寶 鐵柱中心 石壁外面 起大忿 絶利一源 用師百倍 三反晝夜 用師萬倍 懷大疑 大信之下 必有大疑 一心所到 金石可透 行大誠

역겁 난우(歷劫難遇) 오랜 세월을 지내도 만나기가 매우 어렵다는 말.
대성 회상(大聖會上) 큰 성인의 회상.
전무출신(專務出身) 출가 교도로서 신앙과 수행에 전념하며 세상을 위하여 심신을 오롯이 헌신 봉공하는 사람.
일원대도(一圓大道) 일원의 진리를 바르게 드러낸 큰 가르침.

眞實無僞 內外不二 始終一貫 天地同功 運一圓道 濟無量生 脫永劫苦]'

7. 정산 종사, 학인들에게 글을 써 주시니 '**송죽**은 **상설**을 지냄으로써 그 절개를 얻고 **보살**은 **인욕**으로써 그 마음을 기르나니, 인욕의 공부는 처음에는 죽순 같고 다음에는 대 같고 마침내는 **태산 교악** 같아 만세에 뽑지 못할 힘이 있고, 마음 넓히는 공부는 처음에는 시내 같고 다음에는 강(江) 같고 마침내는 **대해 창양** 같아서 **불가사의**한 역량이 있느니라. **객진**의 **요요**함은 비록 조석으로 변환하나 참 성품의 **여여**함은 **만고**를 통하여 길이 있나니, **물**(物)을 따라 옮기

> 발대원, 영사이기 여로여연 성불제중 만원지종. 입대신, 묘무타묘 보무타보 철주중심 석벽외면. 기대분, 절리일원 용사백배 삼반주야 용사만배. 회대의, 대신지하 필유대의 일심소도 금석가투. 행대성, 진실무위 내외불이 시종일관 천지동공. 운일원도 제무량생 탈영겁고. 發大願~脫永劫苦.
>
> **송죽**(松竹) 소나무와 대나무.
>
> **상설**(霜雪) 서리와 눈.
>
> **보살**(菩薩) 대승불교의 이상적인 구도자상으로 위로는 부처의 깨달음을 추구하고 아래로는 중생들을 구원하기 위해 노력하는 사람.
>
> **인욕**(忍辱) 온갖 모욕과 괴로움을 참고 원한을 품지 않음.
>
> **태산 교악**(泰山喬嶽) 높고 큰 산과 웅장한 봉우리.
>
> **대해 창양**(大海滄洋) 넓고 큰 바다.
>
> **불가사의**(不可思議) 말로 표현할 수도 없고 상상하기도 어려움.
>
> **객진**(客塵) 티끌 세상의 많은 번뇌 망상.
>
> **요요**(搖搖) 어지럽게 흔들림.
>
> **여여**(如如) 변함없이 그대로 있는 모습.
>
> **만고**(萬古) 영원한 세월.
>
> **물**(物) 사물. 경계.

지 아니하면 이것을 상근기라 이름하고 빛을 돌이키어 **자성**에 비추면 이것이 곧 **불도**니라.[松竹以經雪得其節 菩薩以忍辱養其心 忍辱之行 初如筍 中如竹 終如泰山喬嶽 有萬世不拔之力 恢心之工 初如溪 中如江 終如大海滄洋 有不可思議之量也 客塵之撓撓 雖朝暮而變幻 眞性之如如 亘萬古以長存 不逐物移 是名上根 回光返照 是爲佛道]'

8. 정산 종사, 합동 성년식에서 설법하시기를 "나이만 먹고 백발만 난다고 어른이 아니라 남을 잘 용납하고 덕을 입히는 것이 어른이니, 남을 용납하고 덕을 입히는 이는 곧 나이가 적어도 성년이요, 남의 용납만 받고 덕을 입기만 하는 이는 언제나 미성년이니라. 그대들은 이미 성년이 되었으니 남을 용납하는 사람이 되고 용납받는 사람은 되지 말며, 남을 위하는 사람이 되고 위함만 받으려는 사람은 되지 말며, 새로운 복을 짓는 사람이 되고 복을 받기만 하려는 사람은 되지 말라. 또한, 남을 이기는 법이 강으로만 이기기로 하면 최후의 승리는 얻기가 어려우나, 부드러운 것으로써 지혜로이 이기면 최후에 승리하는 법이 있나니, 물이 지극히 부드러운 것이로되 능히 산을 뚫는 것 같으니라."

자성(自性) 사람이 본래 갖추고 있는 성품.
불도(佛道) 부처님의 가르침. 부처님의 깨달음.
송죽이경설득기절 보살이인욕양기심. 인욕지공 초여순 중여죽 종여태산교악 유만세불발지력. 회심지공 초여계 중여강 종여대해창양 유불가사의지량야. 객진지요 수조모이변환 진성지여여 긍만고이장존. 불축물이 시명상근 회광반조 시위불도. 松竹以經雪得其節 ~ 是爲佛道.

9. 정산 종사, 하루는 **학인**들이 각기 일방적인 의견을 주장하면서 상대방을 이해하지 못함을 보시고 말씀하시기를 "모든 사물의 양면을 두루 살피지 못하고 하나에 집착하면 편벽되어 원만하지 못하나니, 그대들은 제 **주견**에 끌리지 말고 그때 그 처소에 맞게 일의 양면을 두루 보아서 적당한 비판과 **취사**를 하여 나가기에 노력하라."

10. 학인이 사뢰기를 "우리 교단에서도 장차 세대 전무출신 제도를 고려하고 계시온데 저의 소견으로는 신성한 **도량** 생활에는 맞지 않을 듯하나이다." 정산 종사 말씀하시기를 "돌아오는 세상의 법은 국한 없는 법이라야 하므로 많은 중생을 포용하여 **불은**을 두루 입게 하기 위하여서는 희망에 따라 **내외**가 다 **포교**할 수 있는 길을 마련해 보아야 하느니라."

11. 학인이 사뢰기를 "이러한 단체 생활에서는 상벌이 분명하여야 할 듯하나이다." 정산 종사 말씀하시기를 "상(賞) 없는 가운데 큰 상이 있고 벌 없는 가운데 큰 벌이 있나니, 그대들은 나타나는 상벌에만 끌리지 말고 참과 거짓에

학인(學人) 공부인. 도를 배우는 사람.
주견(主見) 개인적인 견해. 관점.
취사(取捨) 정의는 취하고 불의는 버리는 것.
도량(道場) 수행자의 처소. 또는 수도 하는 곳.
불은(佛恩) 부처와 불법의 은혜
내외(內外) 부부. 남편과 아내.
포교(布敎) 소태산 대종사의 가르침을 널리 펴기 위한 활동.

대한 마음 **대중**을 놓지 말라."

12. **김서룡**(金瑞龍)이 여쭙기를 "욕심으로 구하여도 얻어지나이까?" 정산 종사 답하시기를 "바라는 마음이 없어야 크게 와지느니라." 또 여쭙기를 "가장 크고 원만한 법을 가르쳐 주옵소서." 답하시기를 "마음을 찾아서 잘 닦고 잘 쓰는 법이니라."

13. **이명훈**(李明勳)이 여쭙기를 "제가 재주 하나를 배워 가지려 하오니, 이 세상에 어떠한 재주가 제일 크나이까?" 정산 종사 답하시기를 "사람과 잘 화하는 재주를 배워 가질지니라."

14. **장성진**(張聖鎭)이 여쭙기를 "마음은 항상 어떻게 가지오며 언행은 어떻게 하오리까?" 정산 종사 말씀하시기를 "항상 넉넉한 마음과 넉넉한 언행을 가질지니라."

15. 학인이 사뢰기를 "누구나 다 하여야 할 변치 않는 공부법 하나를 일러 주

대중 표준.
김서룡(金瑞龍, 1915~1943) 전남 영광 출생. 법호는 진산(進山). 출가한 후로 의학에 독공하여 약종상 시험에 합격하여 환자 치료에 심혈을 기울였다.
이명훈(李明勳, 1922~1947) 전북 임실 출생. 법호는 화타원(華陀圓). 이리교당 교무를 역임하였다.
장성진(張聖鎭, 1924~2010) 전남 영광 출생. 법호는 모산(母山)이며 법훈은 대봉도. 동산선원 교무, 상주선원장 등을 역임하였고 저서로는 『대도론』이 있다.

옵소서." 정산 종사 말씀하시기를 "매사에 **과불급** 없이 **중도**를 잡는 법이니라." 다시 여쭙기를 "어떠한 공부가 제일 어렵나이까?" 말씀하시기를 "**평상심**을 쓰는 공부니라."

16. 전이창(全二昌)이 여쭙기를 "과거·현재·미래를 위하여 어떠한 어른이 제일 큰 발견을 하여 주셨나이까?" 정산 종사 답하시기를 "제일 큰 은혜를 발견하여 주신 어른이니라." 또 여쭙기를 "어떠한 사이에 큰 원수가 맺어지나이까?" 답하시기를 "가장 가까운 사이에 큰 원수를 짓기 쉽나니, 가까운 사이일수록 조심할지니라."

17. 안이정(安理正)이 사뢰기를 "저는 이제 처음으로 교화 선상에 나가오니 보감될 말씀을 일러 주시옵소서." 정산 종사 말씀하시기를 "몸으로써 먼저 실행할 것이니라."

과불급(過不及) 지나치거나 모자람.
중도(中道) 한 편에 기울지 않고 넘치거나 모자람이 없이 꼭 알맞음.
평상심(平常心) 평등하고 떳떳한 마음. 차별과 집착이 없이 담담하고 한결같은 마음.
전이창(全二昌) 1925년 전남 영광 출생. 법호는 예타원(睿陀圓)이며 법훈은 종사. 중앙훈련원 부원장, 삼동원 원장 등을 역임하였고 저서로『죽음의 길을 어떻게 잘 다녀올까』,『기도』 등이 있다.
안이정(安理正, 1919~2005) 전남 함평 출생. 법호는 향산(香山)이며 법훈은 종사. 영산선원, 동산선원 교무, 중앙훈련원 원장 등을 역임하였고 저서로는『의두 성리의 연마』,『원불교 교전해의』 등이 있다.

18. 황주남(黃周南)이 여쭙기를 "어떻게 하여야 천지의 위력을 얻어 큰일을 하오리까?" 정산 종사 말씀하시기를 "**사(邪)**만 떨어지면 큰일을 할 수 있느니라."

19. 학인이 여쭙기를 "사람의 일 가운데 무슨 일이 제일 급선무가 되나이까?" 정산 종사 말씀하시기를 "각자의 허물을 찾아 고치는 일이니라."

20. **이제성(李濟性)**이 여쭙기를 "무슨 방법으로 하여야 큰 공부를 하오리까?" 정산 종사 답하시기를 "스승과 사이가 없어야 하느니라." 또 여쭙기를 "사이가 없기로 하면 어떻게 하오리까?" 답하시기를 "신(信)만 돈독하면 자연히 사이가 없느니라."

21. 학인이 여쭙기를 "**오욕**과 **삼독**과 **착(着)**과 **상(相)** 등을 떼는 공부를 할 때 따로따로 한 조목씩 **유념**하여 떼어 나가는 것이 어떠하오리까?" 정산 종사 말

황주남(黃周南, 1916~1982) 전북 완주 출생. 법호는 목타원(睦陀圓). 신흥교당, 창평교당 교무 등을 역임하였다.

사(邪) 어리석고 거짓되며 사욕(私慾)에 집착하는 마음.

이제성(李濟性, 1935~2009) 전북 전주 출생. 법호는 원산(元山)이며 법훈은 종사. 로스엔젤레스교당 교무, 전북교구교구장 등을 역임하였다.

오욕(五慾) 인간의 다섯 가지 기본적인 욕망. 식욕·색욕·재물욕·명예욕·수면욕을 말함.

삼독(三毒) 세 가지 해로운 탐진치(貪瞋痴)의 마음. 탐심은 욕심내는 마음. 진심은 화내는 마음. 치심은 어리석은 마음.

착(着) 머물러 집착함.

상(相) 집착으로 마음에 남아있는 흔적.

유념(有念) 어떤 일에 주의심을 가지고 처리하는 것.

씀하시기를 "그것도 좋으나 **경계**를 당하여 마음 일어나는 것을 보아 나쁜 마음의 싹이 보이거든 그 즉시로 제거하고 또 제거하면 여러 가지 사심이 저절로 일어나지 않게 되느니라."

22. 학인이 여쭙기를 "오욕이 나쁜 것이오니까?" 정산 종사 답하시기를 "오욕 자체는 좋고 나쁠 것이 없으나 분수 이상의 욕심을 내면 죄고로 화하고, 분수에 맞게 구하고 수용하면 그것이 **세간**의 복락이니라."

23. 이광정(李廣淨)이 사뢰기를 "그일 그일에 일심을 모아 보려고 노력하오매 그 노력하는 마음이 일심을 방해하나이다." 정산 종사 말씀하시기를 "일을 시작할 때만 공부심으로 하여 보리라는 대중을 가지고, 일단 착수한 뒤에는 그 마음도 놓아 버려야 일심이 되느니라."

24. 김인철(金仁喆)이 여쭙기를 "제힘에 겨운 난처한 삿된 경계에 끝까지 대결하여 싸우는 것이 **선책**(善策)이오리까?" 정산 종사 답하시기를 "무지 포악한 사람이 와서 시비를 걸 때는 슬그머니 그 경계를 피하였다가 뒤에 타이르듯이

경계(境界) 마음 작용을 일으키는 모든 대상, 환경, 조건.
세간(世間) 세속 생활.
이광정(李廣淨) 1936년 전남 영광 출생. 법호는 좌산(左山)이며 법훈은 종사. 종법사를 역임하였고 저서로는 『믿음 대로 산다』, 『마음수업』 등이 있다.
김인철(金仁喆, 1934~2011) 전남 영광 출생. 법호는 항산(亢山)이며 법훈은 종사. 교정원장, 원광학원 이사장 등을 역임하였다.
선책(善策) 좋은 방책.

하라. **공부 도상**에 고비가 없지 않나니, 그 고비를 억지로 뚫으려고만 하지 말고 수월하게 돌아갈 길을 찾는 것이 선책이니라."

25. 정산 종사 말씀하시기를 "공부는 경계를 지내고 나야 자신의 실력을 알 수 있으며, 없던 힘이 생겨나기도 하고 있던 힘이 더욱 강해지기도 하느니라."

26. 학인이 여쭙기를 "평소에 마음을 어떻게 다스려 가오리까?" 정산 종사 답하시기를 "대체로는 좋은 생각은 그대로 두고 사심만 제거하는 것을 표준으로 삼되, 때로는 선악 간 모든 생각을 다 끊는 기회도 가져 보라." 또 여쭙기를 "평소에 챙기지 못하였던 좋은 일이 좌선할 때 문득 생각나면 어떻게 하오리까?" 답하시기를 "바로 **명념하고** 놓아버렸다가 좌선 후에 다시 챙기어 처리하라."

27. 학인이 여쭙기를 "어찌하면 공심(公心)이 양성되오리까?" 정산 종사 답하시기를 "이 몸이 **사은의 공물**임을 알 것이요, 그러므로 보은은 의무임을 알 것이요, 인생의 참 가치는 **이타(利他)**에 있음을 알 것이요, **자리(自利)**의 결과와 공익의 결과를 철저히 자각할 것이니라."

공부 도상(工夫途上) 공부를 하는 과정.
명념하고(銘念--) 잊지 않도록 마음에 새겨 두고.
사은의 공물(四恩-公物) 천지, 부모, 동포, 법률의 네 가지 큰 은혜로 이루어진 존재.
이타(利他) 다른 사람을 이롭게 함.
자리(自利) 나에게 이로움.

28. 학인이 여쭙기를 "도통(道通)·법통(法通)·영통(靈通)에 대하여 알고 싶나이다." 정산 종사 말씀하시기를 "도통은 **견성**함이요 법통은 이치를 응하여 법도를 건설함이요 영통은 신령한 밝음을 얻음이니라." 또 말씀하시기를 "도통과 법통을 먼저 하고 끝으로 영통을 하여야 하나니, 만일 영통을 먼저 하면 사람이 사(邪)에 떨어져 그릇되기 쉽고 공부도 커 나가지 못하느니라." 또 말씀하시기를 "신통은 성인의 **말변지사**라. **주세 성자**가 신통으로 일을 삼으면 인도 정의를 누가 붙잡으리오. 새 세상 도인들은 신통을 쓸 필요가 없나니, 과학의 모든 문명이 모두 신통이니라."

29. 정산 종사, 양도신에게 말씀하시기를 "동정 간에 일심을 여의지 않는 것이 곧 입정이며, 그 일심으로써 육근 동작에 바른 행을 나타내는 것이 곧 신통이니라."

30. 정산 종사, 학인에게 말씀하시기를 "공부하는 데 큰 **마(魔)**는 내가 무던하거니 하는 것이니 이것은 **법식(法食)**의 체증(滯症)이니라."

견성(見性) 일원의 진리를 깨닫는 것. 본래 성품을 봄. 깨달음.
말변지사(末邊之事) 끝과 가장자리의 일. 중요하지 않은 일.
주세 성자(主世聖者) 한 시대와 세상을 책임지고 중생을 교화하는 성인, 또는 부처.
마(魔) 수행을 방해하는 장애.
법식(法食) 부처와 성인의 가르침을 음식에 비유하여 표현한 말.

31. 시자 여쭙기를 "무슨 일이나 다 사뢰고 처리하오리까?" 정산 종사 말씀하시기를 "일상의 일 외에는 먼저 말하고 처리하라. 내가 알고 있어야 기운이 상통하여 그 일이 잘 되어 가느니라." 또 여쭙기를 "지도인의 허물이 눈에 뜨일 때는 어떻게 하오리까?" 말씀하시기를 "꼭 의지해야 할 사람의 허물이 눈에 뜨이거든 스스로 박복함을 한할 것이요, 의혹이 풀리지 아니하거든 직접 고하여 그 의심을 풀지니라."

32. 학인이 여쭙기를 "부처님에게도 **친소와 원근**이 있나이까?" 정산 종사 말씀하시기를 "친소와 원근이 없지는 아니하나, 일을 처리할 때 오직 **공변**되고 치우침이 없이 두루 보아 처리하시느니라. 대종사께서도 '공심 있고 착한 사람을 보면 정이 더 건넨다.'라고 하셨느니라."

33. 학인이 여쭙기를 "**안분**을 하면 세상에 전진이 없지 않겠나이까?" 정산 종사 말씀하시기를 "의욕이 없고 게으른 것이 안분이 아니요, 순서를 바르게 잡아 태연히 행하는 것이 안분이니, 자기의 정도에 맞추어 전진할지니라."

34. 학인이 여쭙기를 "끝내 불의한 사람을 어떻게 대처하는 것이 자비이오니까?" 정산 종사 말씀하시기를 "불의한 사람을 아무리 타일러도 듣지 않으면

시자(侍者) 귀한 사람이나 어른을 가까이서 모시고 받드는 사람.
친소와 원근(親疏-遠近) 원근친소. 친하고 친하지 않고 멀고 가까운 다양한 인간 관계.
공변(公遍) 공평하고 정당하여 어느 한 편에 치우치거나 사사로움이 없는 것.
안분(安分) 자신의 환경과 처지에 편안한 마음을 지니는 것.

큰 경계를 써서 **개과**를 시키는 것도 자비니, 선악을 **불고**하는 자비는 참 자비가 아니요, 죄고를 방지하여 주는 것이 곧 **활불**의 자비니라. 그러나 마음에 미워서 해할 마음이 있으면 자비가 아니니라."

35. 학인이 여쭙기를 "자리이타는 물질로만 하는 것이오니까?" 정산 종사 말씀하시기를 "말과 행실을 잘 하여 남의 수행에 모범이 되어 주는 것도 훌륭한 자리이타가 되느니라."

36. 정산 종사, **이은석**·**김정용**에게 글을 써 주시니 '모나고 둥글기를 노에 맞게 하라.[方圓合道]'. 또 **이중정**에게 글을 써 주시니 '중정의 길을 잡으라.[中正之道]'. 시자에게 글을 써 주시니 '힘써 행하며 미혹되지 말라.[力行不惑]'

개과(改過) 잘못을 뉘우치고 고침.
불고(不顧) 돌아보지 않거나 돌보지 않음.
활불(活佛) 살려주는 부처.
이은석(李恩錫, 1925~1982) 전남 영광 출생. 법호는 한산(閑山). 동산선원 교감, 중앙총부 교무부장 등을 역임하였고 저서로는 『정전해의』 등이 있다.
김정용(金正勇) 1925년 전북 정읍 출생. 법호는 문산(文山)이며 법훈은 종사. 원광대 총장을 역임하였으며 저서로는 『생불님의 함박웃음』, 『한국 미륵신앙의 연구』 등이 있다.
방원합도 方圓合道.
이중정(李中正) 1926년 전남 영광 출생. 법호는 민산(敏山)이며 법훈은 종사. 동산선원 부원장, 마산교구 교구장 등을 역임하였다.
중정지도 中正之道.
역행불혹 力行不惑.

37. 시자 사뢰기를 "제가 꿈에 '무저단하(無抵端下)'라는 한 글귀를 얻었나이다." 정산 종사 말씀하시기를 "밖으로 대질리지 아니함은 화합의 근본이요, 안으로 단정히 하심함은 **양덕**의 근본이라. 좋은 글귀니 잘 지키라. 대개 너무 **기승(氣勝)**한 사람은 **촉** 없고 겸손한 공부에 먼저 힘써야 돌아오는 **인화 시대**에 가히 대성을 보리라."

38. 정산 종사, **박장식(朴將植)**에게 글을 써 주시니 '수양 공부의 근본은 마음을 널리 씀이니, 넉넉하고 수월히 **금강 성품**을 이루라.[**養性之本 運心蕩蕩 優優自在 鍊成金剛**]'

39. 정산 종사, **이성신(李聖信)**에게 말씀하시기를 "**심량(心量)**이 **호대**하면 모든 경계가 스스로 평온해지나니 이것이 곧 낙원의 길이요, 심량이 협소하면 모

양덕(養德) 덕을 쌓음.
기승(氣勝) 혈기가 왕성하고 굳세어 굽히지 않음.
촉(觸) 다른 사람과 의견 충돌이 되고 부딪치는 것.
인화 시대(人和時代) 모든 사람이 서로 돕고 화합하는 상생의 시대.
박장식(朴將植, 1911~2011) 전북 남원 출생. 법호는 상산(常山)이며 법훈은 종사. 교정원장, 미주교구 교령 등을 역임하였고, 저서로는 『평화의 염원』 등이 있다.
금강 성품(金剛性品) 금강같이 견고한 본래 마음.
양성지본 운심탕탕 우우자재 연성금강 養性之本 ~ 鍊成金剛.
이성신(李聖信, 1922~2012) 전남 영광 출생. 법호는 성타원(聖陀圓)이며 법훈은 종사. 대전교구장, 군산교구장 등을 역임하였다.
심량(心量) 사람을 포용하는 도량과 일을 처리하는 능력이나 재주.
호대(浩大) 매우 넓고 큼.

든 경계가 사면을 위협하나니 이것이 곧 고해의 길이라. 그러므로 고락이 바로 자신의 **견지** 여하에 있느니라." 하시며, 글을 써주시니 "지성으로 도덕을 닦으면 탄탄한 앞길이 열리리라.[至誠修道德 坦坦前路開]'

40. 정산 종사, 김정관(金正貫)에게 글을 써 주시니 '동하고 정하기를 법도에 맞게 하라.[動靜得度]'. 또 이정화(李正和)에게 글을 써 주시니 '내 마음이 바르면 천하의 마음이 정(正)으로 응하고, 내 마음이 화하면 천하의 마음이 화(和)로 응하느니라.[吾心正則 天下之心 以正應之 吾心和則 天下之心 以和應之]'

41. 정산 종사, 범과한 학인들에게 "대중과 불전에 알뜰히 참회하라." 하시며 글을 써주시니 '진실하여 스스로 속임이 없고, 다시는 범과를 않기로 서원하라.[眞實無自欺 誓願不貳過]'

견지(見地) 견해나 관점.
지성수도덕 탄탄전로개 至誠修道德 坦坦前路開.
김정관(金正貫) 1931년 전남 영광 출생. 법호는 시산(侍山)이며 법훈은 대봉도. 원광보건대학 교수와 학장 등을 역임했다.
동정득도 動靜得度.
이정화(李正和, 1918~1984) 경북 금릉 출생. 법호는 달타원(達陀圓)이며 법훈은 대봉도. 영모원장, 감찰원장 등을 역임하였다.
오심정즉 천하지심 이정응지 오심화즉 천하지심 이화응지 吾心正則 ~ 以和應之.
진실무자기 서원불이과 眞實無自欺 誓願不貳過.

42. 정산 종사, **유기현(柳基現)·한정원(韓正圓)**에게 글을 써 주시니 '생각 생각 이 생각 없음은 정할 때 공부요, 일일이 일에 밝음은 동할 때 공부라. 유념 무념이 뜻대로 되면 대도 탕탕하여 걸림이 없으리라.[念念無念 是靜時工夫 事事明事 是動時工夫 有念無念各隨意 大道蕩蕩無所碍]'

43. 정산 종사, **정종희(鄭宗喜)**에게 글을 써 주시니 '도를 닦고 덕을 기르되 날로 새롭고 또 날로 새로우라.[修道養德 日新又日新]'. 또 **윤주현(尹周現)**에게 글을 써 주시니 '먼저 수도에 힘써야 천하가 이 도에 돌아오리라.[先務修道 天下歸道]'

44. 정산 종사, **문동현(文東賢)**에게 글을 써 주시니 '재가와 출가가 마음에 있

유기현(柳基現, 1930~2007) 충남 서산 출생. 법호는 여산(如山)이며 법훈은 종사. 원광대학교 원불교학과 교수, 부총장 등을 역임하였고, 저서로는 『원불교와 한국사회』, 『탈종교 시대의 종교』 등이 있다.

한정원(韓正圓, 1933~2016) 충남 서산 출생. 법호는 진산(震山)이며 법훈은 종사. 원광대학교 원불교학과 교수, 부총장 등을 역임하였고, 저서로는 『선과 무시선의 연구』, 『한국 불교 사상 연구』 등이 있다.

염념무념 시정시공부 사사명사 시동시공부 유념무념각수의 대도탕탕무소애 念念無念~ 大道蕩蕩無所碍.

정종희(鄭宗喜) 1929년 충남 대덕 출생. 법호는 요타원(堯陀圓). 함라교당, 서동교당 교무 등을 역임하였다.

수도양덕 일신우일신 修道養德 日新又日新.

윤주현(尹周現, 1924~2011) 전북 남원 출생. 법호는 주타원(主陀圓)이며 법훈은 종사. 부산교당 교무, 영산선원장 등을 역임하였다.

선무수도 천하귀도 先務修道 天下歸道.

문동현(文東賢, 1909~2000) 부산 동래 출생. 법호는 운산(雲山)이며 법훈은 대호법. 중앙교의회 의장, 육영사업회 회장 등을 역임하였다.

고 몸에 있지 아니하며, 보살과 중생이 마음에 있고 몸에 있지 아니하나니, 생각생각 **보리심**으로 걸음걸음 **삼계**를 뛰어넘으라.[在家出家 在於心 不在於身 菩薩與衆生 在於心 不在於身 念念菩提心 步步超三界]'

45. 정산 종사, 집에 돌아간 학인에게 글을 써 주시니 '부처를 생각하며 닦아 행하면 천 리 밖에 있어도 서로 지척이요, 부처를 등지고 티끌세상에 합하면 지척 안에 있어도 천 리 밖이니라.[念佛修行 千里咫尺 背佛合塵 咫尺千里]'

46. 정산 종사, 결혼하는 학인에게 글을 써 주시니 '믿음은 모든 선의 근본이요, 화합은 모든 복의 근원이라.[信爲萬善之本 和爲萬福之源]'. 후일에 따로 한 구를 더 써 주시니 '정성은 모든 덕의 **조종**이니라.[誠爲萬德之宗]'

47. 정산 종사, 학인들을 서울 직장에 보내시며 훈시하시기를 "잘 인내하고 부지런하며 정직하고 관대하며 세속에 흐르지 않도록 조심하라."

보리심(菩提心) 깨달음을 얻고 중생을 제도하려는 마음.
삼계(三界) 욕계, 색계, 무색계로 중생들이 윤회하는 세계.
재가출가 재어심 부재어신 보살여중생 재어심 부재어신 염념보리심 보보초삼계 在家出家 ~ 步步超三界.
염불수행 천리지척 배불합진 지척천리 念佛修行 ~ 咫尺千里.
신위만선지본 화위만복지원 信爲萬善之本 和爲萬福之源.
조종(祖宗) 가장 으뜸되고 근본되는 것.
성위만덕지종 誠爲萬德之宗.

48. 정산 종사, **동화병원** 직원들에게 말씀하시기를 "의업 또한 **제중**의 성업이니, 친절과 성의와 정직을 신조로 삼으라."

49. 정산 종사, 해방 후 개성이 몇 개월 막혔을 때 **이경순(李敬順)**에게 글을 써 주시며 외우고 심고하라 하시니, '법신 원래 청정하니 **선미** 또한 청정하다. 개성 본래 걸림 없어 통달하면 무애로다. 공도 절로 탄탄하고 봉공 또한 탄탄하다. 삼세 모든 부처님 다 이대로 행하느니라.[**法身元清淨 禪味又清淨 開城本無碍 通達便無碍 公道自坦坦 奉公亦坦坦 三世一切佛 齊齊從此行**]. 이어 **송달준(宋達俊)**에게 말씀하시기를 "대하는 곳마다 **척**을 짓지 말고 저 고양이에게까지도 덕을 끼치며, 있어도 없는 듯 알고도 모르는 듯 살라. 이것이 피란의 요결이니라."

동화병원(東華病院) 교역자의 후생을 담당하는 원불교 최초의 양방 병원으로 원기 42년(1957)에 설립되었다.

제중(濟衆) 중생을 제도함.

이경순(李敬順, 1915~1978) 경북 금릉 출생. 법호는 항타원(恒陀圓)이며 법훈은 종사. 대구교당 교무, 부산교구장 등을 역임하였다.

선미(禪味) 선(禪) 수행에서 느끼는 묘미(妙味), 참 맛.

법신원청정 선미우청정 개성본무애 통달변무애 공도자탄탄 봉공역탄탄 삼세일체불 제제종차행 法身元清淨 ~ 齊齊從此行.

송달준(宋達俊, 1913~2006) 충남 서산 출생. 법호는 척타원(拓陀圓). 중앙훈련원, 중앙여자원로수도원 도무 등을 역임하였다.

척(隻) 원한을 품고 시기하며 미워함.

50. 정산 종사, **한국전쟁** 중 **국민병**으로 떠나는 총부 청년들에게 말씀하시기를 "법신불과 대종사를 언제나 받들어 모시고 매사를 작용하며, 구내를 떠났으되 구내에 상주하는 심경으로 지내고, 어떠한 난경에 부딪쳤을 때는 온전한 심경으로 심고를 드린 후 생각이 즉시 미치는 대로 처사하며, 잠시 나의 지도를 벗어났지마는 언제나 지도를 받는 심경으로 지내라."

51. 정산 종사, 한국전쟁 중 대중에게 훈계하시기를 "늘 척 없는 말을 하며 **여진** 있는 행을 하며 **기한**과 **도탄**에 빠진 동포들이 평화를 누리고 안락한 생활을 하도록 성성스럽게 기도하라." 하시고, "조석으로 사심 없이 기도를 드리면, 첫째는 자기 마음이 대자대비한 부처님 심경을 이루어 자기에게 먼저 이익이 돌아오고, 둘째는 그 소원이 마침내 달성되어 대중에게 그 이익이 돌아가느니라."

52. 정산 종사, 한국전쟁 후 혼란을 틈타 규율을 어기고 방종하는 무리가 있어 대중이 그의 조처를 누차 **진언**하매, 하루는 **최해월(崔海月)** 선생의 법문 가운데

한국전쟁 1950년 6월 25일 발발한 남북한 사이의 민족 전쟁.
국민병(國民兵) 1950년말 한국전쟁 당시 국민방위군설치법에 의하여 만 17세에서 40세 미만의 제2국민병으로 조직되었던 군대.
여진 여지(餘地). 여유.
기한(飢寒) 굶주림과 추위.
도탄(塗炭) 수렁에 빠지고 숯불에 탄다는 뜻으로 몹시 곤궁하여 고통스러운 지경을 이르는 말.
진언(進言) 윗사람에게 자기의 의견을 말함. 또는 그런 말.
최해월(崔海月, 1827~1898) 동학의 제2대 교주. 경북 경주 출생. 이름은 최시형(崔時

'내 **혈괴**(血塊)가 아니거니 어찌 **혈기**가 없으며, 오장육부가 있거니 어찌 감정이 없으리오. 다만 그를 탓하지 아니함은 **천심**을 상할까 함이라.' 한 구절을 인용하시며 "나 또한 대의를 모르고 시비를 몰라서 말하지 않겠는가. 오직 대종사께서 키우셨던 제자를 내가 어찌 먼저 버려 법연을 끊으며, 한 사람의 앞길인들 내가 어찌 먼저 막으리오. 대종사께서는 **일초일목**까지도 먼저 버리지 않으셨느니라."

53. 정산 종사, **한국보육원** 10주년 기념식에 축하 법문을 보내시기를 '만인과 화합하여 원을 이루고, 한결된 마음으로 하늘과 통하라.[萬和成圓 一心貫天]'

54. **황정신행**(黃淨信行)이 **도미**(渡美)할 때 글을 써 주시니 '**수륙공** 수만리에

亨)이며 호는 해월(海月). 1861년 동학에 입문하여 최수운의 뒤를 이었고 동학혁명이 실패하면서 1898년 처형되었다.

혈괴(血塊) 굳어진 핏 덩어리.

혈기(血氣) 격동하기 쉬운 의기(義氣).

천심(天心) 내 안에 있는 한울님 마음.

일초일목(一草一木) 풀 한 포기 나무 한 그루.

한국보육원 한국전쟁 당시 전쟁고아를 구호하기 위해 팔타원 황정신행이 서울 종로에 설립한 한국 최초의 민간보육원. 현재는 경기도 양주에 소재.

만화성원 일심관천 萬和成圓 一心貫天.

황정신행(黃淨信行, 1903~2004) 황해도 연안 출생. 법호는 팔타원(八陀圓)이며 법훈은 종사. 한국보육원, 휘경학원 등을 설립하였다.

도미(渡美) 미국으로 건너감.

수륙공(水陸空) 바다, 육지, 하늘.

가시기도 평안히 오시기도 평안히 하라.[水陸空數萬里 去平安來平安]'. 박광전(朴光田)이 도미할 때 한 구를 더하여 주시니 '**기연** 따라 **법광**을 전하되 처음도 뜻같이 나중도 뜻같이 하라.[應機緣 傳法光 初如意 後如意]'

55. 정산 종사, **임칠보화(林七寶華)** 회갑식에 법문을 보내시기를 '세상에는 금·은·유리·호박·진주·자거·마노 등 일곱 가지를 칠보라 하고, 수도 문중에서는 **신심**·**분심**·**의심**·**성심**·안정심·**연마심**·결단심 등 일곱 가지 마음을 칠보로 삼나니, 동지는 **삼세**를 통하여 이 일곱 가지 마음 보배를 근본 삼아 **영세**의 일체 혜복을 소유하기를 기원하노라.' 하시니라.

수륙공 수만리 거평안 내평안 水陸空 ~ 來平安.

박광전(朴光田, 1915~1986) 전남 영광 출생. 법호는 숭산(崇山)이며 법훈은 종사. 소태산 대종사의 첫째 아들로 원광대학교의 설립과 발전에 기여함. 원광대 초대 총장을 역임하였고 저서로는 『대종경 강의』가 있다.

기연(機緣) 상황과 인연.

법광(法光) 법의 광명. 진리의 광명.

응기연 전법광 초여의 후여의 應機緣 ~ 後如意.

임칠보화(林七寶華, 1896~1972) 경남 마산 출생. 법호는 영타원(永陀圓)이며 법훈은 대호법. 초량교당 창립에 헌신하였다.

신심(信心) 믿는 마음.

분심(忿心) 용맹한 전진심(前進心).

의심(疑心) 의문. 일과 이치에 모르는 것을 발견하고 알고자 하는 마음.

성심(誠心) 끊임없이 정성스런 마음.

연마심(研磨心) 연구하는 마음.

삼세(三世) 과거, 현재, 미래의 영원한 세상.

영세(永世) 영원한 세상.

56. 정산 종사, **윤석인(尹碩仁)** 회갑식에서 설법하시기를 "천지에 **우로**가 있건마는 그 우로를 이용하여 농사를 짓는 사람이 복을 더 받는 것같이 세상에 좋은 법이 있건마는 그 법을 잘 이용하여 복을 짓는 사람이 복을 더 받나니, 회갑 기념도 한갓 무의미한 **외화**로 하루를 지내지 아니하고 우리 예법을 이용하여 세상에 새 법을 세우며 새 복을 지으면 세상에서 무의미하게 많은 금전을 소비하는 것보다 그 영광이 몇 배나 더하며, 자손들의 부모에 대한 보은도 또한 몇 배나 더하느니라."

57. 정산 종사, **김현관(金玄觀)**에게 편지하시기를 '사람이 선악 간 업을 지을 때 중생은 명예와 권리와 **이욕**으로써 하고, 불보살은 신념과 의무와 자비로써 하나니, 그러므로 불보살에게는 참된 명예와 권리와 이익이 돌아오게 되며, 중생은 실상이 없는 명예와 권리와 이욕에 방황하느니라.'

윤석인(尹碩仁, 1889~1960) 전북 남원 출생. 법호는 길타원(吉陀圓). 장수교당 주무로 활동하였다.
우로(雨露) 비와 이슬.
외화(外華) 화려한 겉치레.
김현관(金玄觀, 1893~1963) 평남 중화 출생. 법호는 은산(恩山)이며 법훈은 대호법. 목포교당 교도회장을 역임하였고 은산육영재단을 설립하였다.
이욕(利慾) 사사로운 이익을 탐내는 욕심.

58. 정산 종사, **송자명**(宋慈明)에게 편지하시기를 '몸은 산천의 **격활**(隔濶)에 있으나 마음은 법회의 **일석**(一席)에 있으며, 일은 백천만 가지가 비록 다르나 정신은 **신성** 일념에 근원하여 부지런히 힘쓰면, 이것이 나를 떠나지 않는 공부요 바로 부처의 경지에 오르는 도가 되느니라.'

59. 정산 종사, 요양하는 시자에게 편지하시기를 '사람이 육신은 병들지언정 근본 마음은 병이 없나니, 그 병듦이 없는 마음으로써 육신을 치료하면 육신이 따라서 건강을 얻을 수 있으므로, 거기에 공부하기를 간절히 부탁하는 바이다.'

60. 정산 종사, 병이 중한 **김백련**(金白蓮)에게 편지하시기를 '나고 죽음도 없고 병들고 성함도 없나니, 스스로 안심 공부로 **불토**에 길이 즐기라.[不生不滅 不垢不淨 修以自安 永樂佛土]'

61. 정산 종사, 오랜 요양 중에 입맛의 증감이 잦으신지라, 인하여 말씀하시기

송자명(宋慈明, 1926~2015) 경남 거창 출생. 법호는 제타원(濟陀圓)이며 법훈은 대봉도. 기장교당 교무, 동래수양원 원장 등을 역임하였다.

격활(隔濶) 가로막혀 멀리 떨어져 있음.

일석(一席) 한 자리에 함께하고 있음.

신성(信誠) 정성스러운 믿음.

김백련(金白蓮, 1911~1961) 부산 출생. 법호는 복타원(復陀圓). 인쇄 시설을 원광사에 희사하여 『원광』을 발간하는데 기여하였다.

불토(佛土) 부처님의 가르침이 실현되는 낙원 세계.

불생불멸 불구부정 수이자안 영락불토 不生不滅 ~ 永樂佛土.

를 "입맛이 있으면 **소사채갱(蔬食菜羹)**도 오히려 달아서 몸에 영양이 되고, 입맛이 없으면 **고량진미**도 맛이 없어서 소화불량을 일으키나니, 자신에게 도가 있으면 역경도 능히 좋게 운전하여 복락을 수용할 수가 있고, 자신에게 도가 없으면 순경도 나쁘게 운전하여 재앙의 밑천을 짓는 수 있느니라. 그러므로 세상 살아나가기의 재미있고 재미없는 것이 밖의 경계에만 있는 것이 아니요, 실은 안으로 자기의 **도력**과 **도미(道味)** 유무에 달려 있느니라."

소사채갱(蔬食菜羹) 거친 음식과 나물국이란 뜻으로 청빈하고 소박한 생활을 이르는 말.
고량진미(膏粱珍味) 기름진 고기와 좋은 곡식으로 만든 맛있는 음식.
도력(道力) 도를 닦아서 얻은 힘.
도미(道味) 도를 닦는 재미. 도를 즐기는 참 맛.

제9 무본편

務本編

무본편(務本編) 공부와 일의 근본과 지엽, 선과 후를 알아서 근본에 힘써야 함을 강조한 법문 등으로 구성되어 있다.

1. 정산 종사 말씀하시기를 "무엇이나 근본에 힘써야 끝이 잘 다스려지나니, **육근**의 근본은 마음이요 마음의 근본은 **성품**이며, 처세의 근본은 신용이요 권리와 명예와 **이욕** 등은 그 끝이니라."

2. 정산 종사 말씀하시기를 "마음의 **본말**을 알고 마음 닦는 법을 알고 마음 쓰는 법을 잘 아는 것이 모든 지혜 중에 제일 근본 지혜가 되나니, **경**에도 '사람이 삼세의 일체사를 알려면 법계의 모든 일이 마음으로 된 줄 알라.' 하셨느니라."

3. 정산 종사 말씀하시기를 "모든 일에 본말과 선후를 찾아 미리 준비함이 있어야 하나니, 눈앞의 이해에 얽매이지 말고 영원한 장래를 놓고 보아 근본 일에 힘을 쓰라. 범상한 사람들은 일생을 산다 하나 결국 육신 하나 돌보는 데 그치고, 근본인 정신은 돌볼 줄 모르나니, 어찌 답답하지 아니하리오."

육근(六根) 눈, 귀, 코, 혀, 몸, 뜻의 감각과 인식기관.
성품(性稟) 본래 마음. 자성, 본성, 진성, 불성 등으로도 표현함.
이욕(利慾) 사사로운 이익을 탐내는 욕심.
본말(本末) 사물이나 일의 처음과 끝.
경(經) 경전. 여기서는 『화엄경(華嚴經)』을 가리킴.
삼세(三世) 과거, 현재, 미래의 영원한 세상.
일체사(一切事) 모든 일.
법계(法界) 유형, 무형의 모든 세계.
사람이 ~ 된 줄 알라 若人欲了知(약인욕료지) 三世一切佛(삼세일체불) 應觀法界性(응관법계성) 一切唯心造(일체유심조).

4. 학인이 여쭙기를 "굶주려 죽어가는 사람에게는 **법**보다 밥이 더 중요하지 않사오리까?" 정산 종사 말씀하시기를 "본말로 논하자면 법이 근본이요 밥이 말이 되나, 우리의 육신을 보호하는 데에는 밥이 선(先)이 되고 법은 후가 되나니, 그러한 경우에는 밥을 먼저 먹어야 하고, 일생 생활의 **체**를 잡는 데에는 정신을 근본 삼아 **수양·연구·취사**로써 의식주를 구해야 하느니라."

5. 정산 종사 말씀하시기를 "근본인 법을 체로 삼고, 때에 따라 선후를 가려 물질을 잘 이용하라. 마음의 조화가 큰 것이요 물질의 소유가 큰 것이 아니니라."

6. 학인이 여쭙기를 "이 세상에서 어떠한 공부가 제일 근본 공부가 되나이까?" 정산 종사 말씀하시기를 "마음공부가 제일 근본 공부가 되느니라. 마음공부는 모든 공부를 **총섭**하나니, 마음공부가 없으면 모든 공부가 다 바른 활용을 얻지 못하느니라." 또 여쭙기를 "이 세상에서 어떠한 기술이 제일 근본 기술이 되나이까?" 말씀하시기를 "**인화**하는 기술이 제일 근본 기술이 되느니라. 사람 잘 화하는 기술은 모든 기술을 총섭하나니 인화하는 기술이 없으면 모든 기술이

법(法) 성자의 가르침.

체(體) 표준과 방향.

수양(修養)·연구(硏究)·취사(取捨) 수양은 닦고 기른다는 뜻으로 삼학 중 '정신수양'의 준말. 연구는 어떤 일이나 사물에 대하여 깊이 있게 조사하고 생각하여 따져 보는 일을 말하며 삼학 중 '사리연구'의 준말. 취사는 취하고 버림의 뜻으로 삼학 중 '작업취사'의 준말.

총섭(總攝) 모두를 포함하고 거느림.

인화(人和) 서로 화합함.

다 잘 활용되지 못하느니라."

7. 정산 종사 말씀하시기를 "**진화**의 근본은 교육이요, 교육 가운데에는 정신 교육이 근본이니, 학문이나 기술은 발전에 필요하기는 하나, 진실과 **공심**의 정신 위에 갖추어진 학문과 기술이라야 세상에 이익 주는 학술이 되느니라."

8. 학인이 여쭙기를 "**도의** 교육의 근본은 무엇이오니까?" 정산 종사 말씀하시기를 "**보본**과 **보은**의 사상을 잘 배양함이 도의 교육의 근본이니, 도의 교육을 잘 실현한 사회라야 새 세상의 **대운**을 먼저 타리라."

9. 정산 종사 말씀하시기를 "과수를 기르는 데에도 뿌리에 거름을 주어야 그 과수가 잘 자라고 훌륭한 결실을 보게 되는 것같이, 사람의 뿌리는 마음이라 무엇보다 먼저 마음공부에 힘써야 훌륭한 인격을 이루나니, 이 마음공부를 여의고 어찌 **혜복**의 결실을 바라리오."

진화(進化) 일이나 사물 따위가 점점 발달하여 감.
공심(公心) 공익심. 봉공심.
도의(道義) 사람이 마땅히 지키고 행하여야 할 도리.
보본(報本) 태어나고 자라난 근본을 잊지 않고 그 은혜를 갚음.
보은(報恩) 은혜에 감사하고 보답함.
대운(大運) 크고 좋은 운수.
혜복(慧福) 지혜와 복락.

10. 정산 종사 말씀하시기를 "우리가 세상에서 구하고자 하는 것을 간단히 말하자면 복과 혜 두 가지인바, 세상은 복의 밭이요 우주는 진리의 덩치이며 우리에게는 다 부처님같이 복과 혜를 얻을 수 있는 요소가 갖아 있건마는 구하는 데 노력하지 아니하므로 얻지 못하나니, 구하기에 노력만 한다면 누가 이를 막으리오. 그러나 아무리 구하여도 되지 않는 일은 진리에 어긋나게 구하는 연고이니, 우리는 원하거든 먼저 구해야 하며, 구하되 진리로써 구해야 하느니라."

11. 정산 종사 말씀하시기를 "물에 근원이 있고 나무에 뿌리가 있어야 그 물과 나무가 마르지 않듯이, 현재에 복락을 누리는 것보다 그 **용성(用性)**에 복덕의 종자가 박혀 있어야 그 **복락**이 **유여**하나니, 자기 마음에 어떠한 싹이 트고 있는가를 늘 살펴서 좋은 싹을 기르기에 힘을 쓰라. 복덕의 종자와 싹은 곧 **신심**과 공심과 자비심이니라."

12. 정산 종사 말씀하시기를 "복 받기를 원하거든 형상 없는 마음에 복의 싹을 길러 내고, 죄 받기를 싫어하거든 형상 없는 마음 가운데 죄의 뿌리를 없애라. 마음으로만 남을 위하여도 복덕이 되느니라."

13. 정산 종사 말씀하시기를 "측량하는 사람이 먼저 기점을 잡음이 중요하듯

용성(用性) 성품을 사용한다는 말로 용심(用心)과 같은 뜻.
복락(福樂) 행복함과 즐거움.
유여(裕餘) 모자라지 않고 넉넉함.
신심(信心) 믿는 마음.

이 우리의 공부와 사업도 기점을 잡음이 중요하나니, 공부의 기점은 자기의 마음공부에 두고 제도의 기점은 자신의 **제도**에 둘지니라. 그러나 자신을 다 제도한 후에 남을 제도하라는 말은 아니니, 마음공부를 근본으로 모든 학술을 공부하고, 자신 제도에 힘쓰면서 제도 사업에 힘을 쓰라 함이니라."

14. 정산 종사, 해방 후 **전재 동포 구제 사업**을 하게 하시며 말씀하시기를 "구제 사업에는 구호 사업과 제도 사업의 두 가지 뜻이 있나니, 전재 동포에게는 우선 구호 사업이 시급하나 거기에 그치지 말고 반드시 제도 사업을 아울러 하여야 하느니라. 물질과 무력으로 어찌 참다운 행복과 평화를 이룰 수 있으리오. 오직 심지를 바르게 제도하여야 참다운 행복과 평화가 오나니, 이 세상 모든 사업 중에 가장 큰 사업은 종교 사업이며, 우리는 항상 구호 사업과 제도 사업의 양면을 **쌍전**하여 나아가야 할 것이니라."

15. 정산 종사 말씀하시기를 "남에게 이익을 줌이 길이 많으나 바른 **발원** 하나 일어나게 하는 것에 **승함**이 없고, 남에게 해독을 줌이 길이 많으나 나쁜 발원 하나 일어나게 하는 것에 더함이 없나니, 발원은 곧 그 사람의 영생에 선악의

제도(濟度) 깨우쳐서 바른 길로 인도함.
전재 동포 구제 사업(戰災同胞救濟事業) 원기30년(1945) 9월에 익산과 서울, 전주, 부산 등지에서 광복 후 외국에서 귀환하는 전재동포들에게 식사와 의복 공급, 숙소 안내, 응급치료와 사망자 장례 등을 진행한 구호 사업.
쌍전(雙全) 함께 온전하게 함.
발원(發願) 간절한 원을 세움.
승함(勝-) 뛰어남. 보다 나음.

종자가 되는 까닭이니라."

16. 정산 종사 말씀하시기를 "지방 **교당** 하나 생기는 것이 쉬운 것 같으나 그 지방에 복 있는 사람이 많아야 교당이 서는 것이며, 교당 하나 설립하는 것이 다른 물질의 보시보다 공이 훨씬 더하나니, 흉년에 굶주린 사람을 도와주는 것도 좋지마는 어떠한 사업 기관을 벌여 여러 사람이 생활하게 한다면 그 공이 더 클 것이며, 한때 물질적 이익을 주는 것보다 학교 하나를 설립하여 모든 인재가 배우게 한다든지, 훌륭한 연구로 만인의 편리를 도와준다면 그 공이 더 나을 것이 아닌가. 하물며 그보다 더한 도학의 기관으로 교당을 세우고 도덕을 가르쳐서 모든 사람이 함께 길이 **선인**이 되게 한다면 그보다 더 큰 복이 어디 있으리오."

17. 정산 종사 말씀하시기를 "**불보살**들은 널리 천지 **허공 법계**를 내 집안 살림으로 삼고 **시방세계**에 **복록**을 심어 **세세생생** 그치지 않고 복록을 수용하시나니, 크다 크다 하여도 국한 없는 부처님 포부보다 더 크며, 넓다 넓다 하여도

교당(敎堂) 일원의 진리를 신앙하고 수행하는 도량.
선인(善人) 착한 사람.
불보살(佛菩薩) 부처와 보살.
허공 법계(虛空法界) 허공처럼 텅 비어 보이지 않는 신령스러운 세계.
시방세계(十方世界) 온 세상. 시방은 동·서·남·북·동남·서남·동북·서북의 8방과 상·하를 합친 전체 공간.
복록(福祿) 복되고 영화로움.
세세생생(世世生生) 태어나고 죽음을 되풀이 하는 수많은 생애.

국한 없는 부처님 **곳간**보다 더 넓으리오."

18. 정산 종사 말씀하시기를 "공덕을 짓는 데에 세 가지 법이 있느니라. 첫째는 심공덕(心功德)이니 남을 위하고 세상을 구원할 마음을 가지며 널리 대중을 위하여 기도하고 정성을 들이는 것이요, 둘째는 행공덕(行功德)이니 자기의 육근 작용으로 덕을 베풀고 자기의 소유로 보시하여 실행으로 남에게 이익을 주는 것이요, 셋째는 법공덕(法功德)이니 **대도 정법**의 **혜명**을 이어받아 그 **법륜**을 **시방 삼세**에 널리 굴리며 정신·육신·물질로 도덕 **회상**을 크게 발전시키는 공덕으로, 이 공덕이 가장 근본이 되는 공덕이니라."

19. 정산 종사 말씀하시기를 "우리가 이 **도량**에 사는 근본은 마음공부 하나 하기 위함이니, 공부를 하려 함에 **의식**을 준비하게 되고, 그러기 위하여 나 하나만이 아닌 여러 대중이 같이 일도 하고 사업도 하고 기관도 벌였거늘, 공부인

곳간(庫間) 물건을 간직하여 두는 곳. 창고.
대도 정법(大道正法) 크고 원만하고 바른 가르침.
혜명(慧命) 지혜의 생명이라는 뜻으로 대도 정법의 정수를 의미함.
법륜(法輪) 법의 수레바퀴. 불법으로 중생의 어리석음을 거침없이 타파하여 나아가는 것을 비유하여 이르는 말.
시방 삼세(十方三世) 한없는 공간과 시간. 시방은 동·서·남·북·동남·서남·동북·서북의 8방과 상·하를 합친 전체 공간. 삼세는 과거·현재·미래의 시간.
회상(會上) 궁극적 진리를 깨달은 부처 혹은 성자의 가르침을 실현하는 곳. 교단.
도량(道場) 수행자의 처소, 또는 수도하는 곳.
의식(衣食) 입을 것과 먹을 것. 의복과 음식.

가운데 혹 그 근본을 잊어버리고 속된 욕심과 헛된 **영화**에 마음을 흘려보내는 이가 적지 않으니, 본말을 **전도**한 그 앞길이 어찌 근심되지 아니하리오."

20. 정산 종사, 학인들에게 말씀하시기를 "한 도량에서 같이 생활하여도 사람들의 마음 뽑히는 형상이 각각 다르나니, 생각과 소원이 이 공부 이 사업에만 오롯이 집중된 사람도 있고, 혹 다른 데에 마음이 뽑히나 스스로 **반조**하여 바로 **본원**에 돌아오는 사람도 있고, 상당히 많이 뽑히나 스승과 동지들의 말을 듣고 다시 본분을 챙기는 사람도 있고, 그 뽑히는 마음이 행동으로 나타나 대중의 시비를 듣되 스스로 반성이 없고 스승과 동지들의 충고를 듣지 않고 일을 그르치는 사람도 있나니, 그대들의 마음은 어느 정도에 있는가 반조하여 영원한 세상에 큰 후회가 없도록 하라."

21. 정산 종사 말씀하시기를 "이 도량에 살면서도 공부심은 다 놓아 버리고 사는 사람을 보면 그 사람들의 과거 **업장**이 얼마나 두터울까 민망스러운 생각이 나며, 생사의 이치와 죄복의 이치를 생각할 때 깜짝 놀랄 일이건마는 이 법문에 들어와서도 아무 생각 없이 생활하는 것을 보면 오직 불쌍할 따름이니라."

영화(榮華) 세상에 드러나는 영광.
전도(顚倒) 어리석음으로 인해 순서가 서로 뒤바뀌는 것.
반조(返照) 돌이켜 살펴봄.
본원(本願) 본래 서원.
업장(業障) 과거에 지은 업으로 인하여 받게 되는 온갖 장애. 또는 과보를 나타나게 하는 업의 힘.

22. 정산 종사 말씀하시기를 "한 마음이 일어날 때 **공사(公私)**와 **정사(正邪)**를 대조하여 그 마음의 시작부터 공변되고 바르게 하라. '바늘구멍으로 황소바람 들어온다.'라는 말이 있나니, 한구석에 삿된 마음이 들어오기만 하면 바로 본원에 반조하여 바른 마음으로 돌려야 후일에 후회가 없으리라. 도량에서도 알뜰한 공부가 없이 억지로 체면에 끌리어 시일만 보내면 이생은 혹 그대로 지낼지 모르나 다음 생에는 자연히 회상을 등지고 타락하게 되며, **공가**에서 짓는 죄는 사가에서 짓는 죄보다 훨씬 더 중한 보응을 받게 되나니, 크게 각성하여 영원한 길에 유감이 없도록 하라. 본원에 반조하는 한 마음이 곧 부처와 가까워지는 마음이니, 수도인은 오직 도만을 생각하고 부처만을 부러워해야 하느니라."

23. 정산 종사 말씀하시기를 "그대들이 도량에서 생활하는 가운데 **주심(主心)**과 **객심(客心)**을 분간하여야 하나니 우리의 주심은 무엇인가. 우리가 이곳에 와서 사는 것이 돈을 얻고자 함인가. 권리를 얻고자 함인가. 명예를 얻고자 함인가. 기타 어떠한 향락을 구하고자 함인가. 우리는 **성불 제중**을 목적하고 이 도량에 모여 사나니, 성불하고자 함이 주심이요 제중하고자 함이 주심이라. 우리가 만일 그 주심을 놓고 객심에 사로잡혀서 주객이 바뀐 생활을 하게 된다면

공사(公私) 공공의 일과 사사로운 일.
정사(正邪) 올바름과 그릇됨.
공가(公家) 공익의 일을 하는 단체나 기관.
주심(主心)과 객심(客心) 근본에 대한 관심과 지엽에 대한 관심.
성불(成佛) 부처를 이룸.
제중(濟衆) 고통 받는 중생을 구제하는 것.

우리의 전도는 어찌 될 것인가. 그런즉 그대들은 항상 그 주심을 철석같이 견고히 하고 때에 따라 객심을 잘 이용할지언정 객심으로 하여금 도리어 주심을 지배하지는 못하게 하여야 그 근본이 확립되리라."

24. 정산 종사 말씀하시기를 "성불 제중의 서원은 우리 인류의 소원 가운데 제일 높고 제일 큰 서원이요, 성불 제중을 하기 위하여 모여 사는 곳은 세상에서 제일 신성하고 귀중한 곳이니, 우리의 의무가 그 얼마나 중하며 우리의 생활이 그 얼마나 귀한가. 그러나 마음이란 오래되면 풀어지기 쉽고 경계에 부딪히면 흔들리기 쉬우며, 시국의 어지러움과 생활의 복잡함을 따라 모든 인심이 조석으로 변환하는 이때 도량에서도 조금만 방심하고 챙기지 아니하면 **부지불식간**에 본분을 **매각**할 염려가 없지 않나니, 그대들은 이에 크게 주의하여 시간을 보낼 때마다 경계를 당할 때마다 한결같이 우리의 본래 목적에 반조하기를 잊지 말라. 이 공부가 오래오래 **순숙**되면 **필경**에는 반조할 것 없이 저절로 목적에 적중(的中)될 것이요, 우리의 공부가 순숙하면 세계가 자연히 **불국**으로 화하게 되리라."

25. 정산 종사, 이어 말씀하시기를 "**신혼 경례(晨昏敬禮)**는 우리의 근본을 사

부지불식간(不知不識間) 알지 못하는 가운데.
매각(昧却) 잊어버림.
순숙(純熟) 완전히 익음. 충분히 깊어짐.
필경(畢竟) 마침내. 결국에는.
불국(佛國) 부처님의 가르침이 실현되는 낙원 세계.
신혼 경례(晨昏敬禮) 조석 심고. 아침과 저녁 일정한 시간에 법신불 사은 전에 참회, 감

모하는 예(禮)요 우리의 마음을 챙기는 일정한 시간이니, 심신의 권태에 끌려 혹 등한한 생각이 나거든 본래 목적에 반조하여 새로운 정신으로 힘써 행할 것이요, 새벽 좌선은 우리의 **천진 면목**을 찾아보는 좋은 시간이니, 몸에 어떠한 지장이 있으면 어찌할 수 없지만 권태로 인하여 혹 등한한 생각이 나거든 본래 목적에 반조하여 비록 짧은 시간이라도 그 시간을 지킬 것이요, **예회**나 **야회**는 우리 정신의 양식을 장만하는 특수한 날이니, 생활의 복잡에 사로잡혀 혹 등한한 생각이 나거든 본래 목적에 반조하여 끊임없는 정성으로 참석할 것이요, **계율**은 수행자의 생명이요 성불의 사다리니, 심신의 철없는 요구에 추종하여 혹 등한한 생각이 나거든 본래 목적에 반조하여 죽기로써 기어이 실행할 것이요, 경전은 우리의 전도를 바로 인도하는 광명의 등불이니, 시간의 틈을 다른 데에 빼앗기어 그 연습에 혹 등한한 생각이 나거든 본래 목적에 반조하여 그 연습에 힘쓸 것이니라."

26. 정산 종사, 이어 말씀하시기를 "**헌규**는 대중을 총섭하는 생명선이니, 개인

사, 서원 등을 다짐하는 심고를 올리는 동시에 삼세 제불 제성과 부모 선조에게 공경심을 다하여 경배하는 예(禮).

천진 면목(天眞面目) 자연 그대로의 순수한 본래 모습.

예회(例會) 정례법회의 줄인 말. 정기적으로 열리는 법회.

야회(夜會) 저녁에 열리는 정례 법회.

계율(戒律) 악을 범하지 않도록 성자들이 제시한 규범.

헌규(憲規) 원불교 교단에서 시행하는 교헌·교규·교령·규칙을 통칭하는 말. 교헌은 교단의 기본헌장, 교규와 교령은 시행 규칙과 시행령.

의 **사의**(私意)와 편견에 집착하여 혹 위반할 생각이 나거든 본래 목적에 반조하여 대중의 **공법**을 자기의 생명같이 보호할 것이요, 우리는 개인의 명예와 권리를 위하여 모인 것이 아니요 오직 교단의 명예와 권리를 얻음으로써 다 같이 영광으로 삼자는 것이니, 혹 개인의 명예와 권리에 편착하는 삿된 생각이 나거든 본래 목적에 반조하여 전체의 명예와 권리를 얻는 데에 노력할 것이요, 우리는 개인의 안일과 이욕을 채우기 위하여 모인 것이 아니요 오직 대중을 위하여 희생하기로 모인 것이니, 혹 개인의 안일과 이욕에 치우쳐서 대중의 **안위**와 전체의 이해를 **불고**하는 우치한 생각이 나거든 본래 목적에 반조하여 **무아봉공**의 서원을 조금도 손상하지 말 것이요, 우리는 세상에서 배우는 일반적 학문을 구하기 위하여 모인 것이 아니요 오직 모든 학문의 근본인 **도학**을 주로 가르치고 배우자는 것이니, 혹 복잡한 **외전**(外典)에 치우쳐서 도학의 **원경**(元經)을 가벼이 아는 생각이 나거든 본래 목적에 반조하여 주(主)와 종(從)의 대의를 잃지 말 것이요, 우리는 화려한 세속 생활과 인간의 일시적 향락을 구하기 위하여 모

사의(私意) 사적인 의견.
공법(公法) 공의(公議)를 거쳐서 제정한 규범.
안위(安危) 편안함과 위태함.
불고(不顧) 돌아보지 않거나 돌보지 않음.
무아봉공(無我奉公) 나만을 위하려는 생각에서 벗어나 모두를 널리 이롭게 함.
도학(道學) 진리를 깨치고 실천하도록 하는 가르침. 또는 지혜를 밝히는 마음공부의 가르침.
외전(外典) 도학(道學) 이외의 다른 주제에 관한 문헌.
원경(元經) 근본되고 으뜸되는 경전.

인 것이 아니요 오직 담담하고 영원한 **심락**을 얻기 위하여 모인 것이니, 혹 **번화한** 욕심 바다에 정신이 끌려서 수도인의 참된 생활에 부질없는 생각이 나거든 본래 목적에 반조하여 영원한 세상에 큰 **경륜**을 매각하지 말 것이니라."

27. 정산 종사, 이어 말씀하시기를 "**목적 반조(目的返照)** 공부와 아울러 **자성 반조(自性返照)** 공부를 하여야 하나니, 참다운 자성 반조 공부는 견성을 하여야 할 수 있지마는 **견성**을 못 한 이라도 **신성** 있는 공부인은 부처님의 법문에 의지하여 반조하는 공부를 할 수 있는바, 그 요령은 정전 가운데 **일상 수행의 요법**을 표준하여 천만 **경계**에 항시 **자성**의 **계·정·혜**를 찾는 공부를 하는 것이니라. 부연하여 그 실례를 들어본다면, 때로 혹 자타의 분별이 일어나서 무슨

심락(心樂) 마음의 즐거움.
번화한(繁華-) 번잡하고 화려한.
경륜(經綸) 계획이나 포부. 세상을 다스리는 능력.
목적 반조(目的返照) 본래의 목적을 돌이켜 살펴봄.
자성 반조(自性返照) 자신의 본래 마음을 돌이켜 살펴봄.
견성(見性) 일원의 원리를 깨닫는 것. 본래 성품을 봄. 깨달음.
신성(信誠) 정성스러운 믿음.
일상 수행의 요법(日常修行-要法) 일상생활에서 수행해 가는 요긴한 법.
경계(境界) 마음 작용을 일으키는 모든 대상, 환경, 조건.
자성(自性) 사람이 본래 갖추고 있는 성품.
계(戒) 한 편에 기울지 않는 바른 마음과 중도행. 취사력.
정(定) 고요함과 부동함. 수양력.
혜(慧) 지혜 광명. 일과 이치에 두루 통달함. 연구력.

일에 공정하지 못한 생각이 있거든 바로 자성 반조하여 원래에 자타가 없는 그 **일원**의 자리를 생각할 것이요, 때로 혹 차별의 마음이 일어나서 나의 아랫사람을 업신여기는 생각이 나거든 바로 자성에 반조하여 원래에 차별 없는 그 평등한 자리를 생각할 것이요, 때로 혹 번뇌가 치성하여 정신이 스스로 안정되지 못하거든 바로 자성에 반조하여 원래에 번뇌 없는 그 청정한 자리를 생각할 것이요, 때로 혹 **증애**에 치우쳐서 편벽된 착심이 일어나거든 바로 자성에 반조하여 원래에 증애 없는 그 **지선**한 자리를 생각할 것이요, 때로 혹 있는 데에 집착하여 물욕을 끊기가 어렵거든 바로 자성에 반조하여 원래에 있지 않은 그 **진공**의 자리를 생각할 것이요, 때로 혹 없는 데에 집착하여 모든 일에 허망한 생각이 일어나거든 바로 자성에 반조하여 원래에 없지 않은 **묘유**의 자리를 생각할 것이요, 때로 혹 생사의 경우를 당하여 삶의 애착과 죽음의 공포가 일어나거든 바로 자성에 반조하여 원래에 생멸 없는 그 **법신** 자리를 생각할 것이요, 때로 혹 **법상**(法相)이 일어나서 대중과 더불어 동화하지 못하거든 바로 자성에 반조하여 원래에 법상도 없는 그 **상** 없는 자리를 생각하라. 이와 같이 하면

일원(一圓) 진리 부처님. 법신불.
증애(憎愛) 미움과 사랑.
지선(至善) 선과 악을 초월한 자리.
진공(眞空) 분별 주착이 없이 참으로 텅 빈 마음의 상태.
묘유(妙有) 신령스럽고 조화로운 마음의 작용.
법신(法身) 만법의 근원인 영원한 진리 부처님.
법상(法相) 법이라는 관념에 얽매이는 것. 또는 법을 깨쳤다, 법력을 갖추었다고 집착하는 것.
상(相) 집착으로 마음에 남아 있는 흔적.

견성 여부를 막론하고 마음의 작용이 점차로 자성에 부합될 것이며, 공부를 오래오래 계속하면 언제 어디서나 항상 자성을 떠나지 아니하여 필경은 자성의 진리를 밝게 깨닫는 동시에 자성의 광명이 그대로 나타나게 될 것이니, 이것이 곧 부처님의 경지요 성현의 작용이니라."

28. 정산 종사 말씀하시기를 "사람의 육신 생활을 위한 직업 강령으로 사·농·공·상이 있듯이 정신 생활에도 사·농·공·상이 있나니, 선비로는 도덕을 배우고 가르치는 도학 선비가 제일가는 선비가 되고, 농사로는 인재를 기르는 사람 농사가 제일가는 농사가 되고, 공장으로는 마음을 개조시키는 마음 공장이 제일가는 공장이 되고, 장사로는 정법을 받들어 세상에 전파하는 법 장사가 제일가는 장사가 되느니라."

29. 정산 종사 말씀하시기를 "물질이란 우리의 일상생활에 보조물밖에 되지 않는 것이요, 끝까지 놓으려야 놓을 수 없는 것은 우리의 마음이니, 우리는 항상 내 마음에 **삼대력**을 쌓고 또 쌓아 영원한 세상을 위하여 항상 미리 준비하여야 하느니라."

30. 정산 종사 말씀하시기를 "형상 있는 창고만 채우려 힘쓰지 말고 무형한 진리 세계의 창고를 채우기에 힘쓰라. 수도인이 세속을 부러워하고 거기에 마음

삼대력(三大力) 삼학 수행을 아울러 닦아 얻은 힘. 수양력, 연구력, 취사력.

을 집착하게 되면 그것이 종자가 되어 내세에 그 **세욕**을 이룰 수는 있으나 수양이 매하여져서 잘못하면 타락하기 쉬우니라."

31. 정산 종사 말씀하시기를 "세상 사람들이 금은보패를 보물이라 하나 실은 모든 상(相) 있는 것이 다 허망한 것이니라. 인생의 참다운 보물은 두 가지가 있나니, 하나는 영원히 불멸하여 세세생생 참 나의 주인공이 되는 우리의 참 마음이요, 둘은 우리의 그 참 마음을 찾아 참다운 혜복(慧福)을 얻게 하는 바른 법이니, 안으로 참 마음과 밖으로 바른 법이 우리의 영원한 보물이 되느니라."

32. 정산 종사, 학인에게 글을 써 주시니 "큰 보배가 있다. 옥으로도 못 견주고 금으로도 못 견줄. 무슨 보배인가. 평생 닦은 덕이요 최후 일념 맑은 것이니라.[有大寶焉 玉不可比也 金不可比也 此何寶 一生所修之德是也 最後一念淸淨是也]"

33. 정산 종사 말씀하시기를 "불보살은 함 없음에 근원하여 함 있음을 이루게 되고, 상 없는 자리에서 오롯한 상을 얻게 되며, 나를 잊은 자리에서 참된 나를 나타내고, 공을 위하는 데서 도리어 자기를 이루시느니라.[有爲爲無爲 無相相固全 忘我眞我現 爲公反自成]"

세욕(世慾) 세속적 욕망.
유대보언 옥불가비야 금불가비야 차하보 일생소수지덕시야 최후일념청정시야 有大寶焉 ~ 最後一念淸淨是也.
유위위무위 무상상고전 망아진아현 위공반자성 有爲爲無爲 ~ 爲公反自成.

34. 정산 종사 말씀하시기를 "대종사께서 **고경** 한 **구**를 인용하사 혜복 이루는 **요도**를 간명히 밝혀 주셨나니, 곧 '자성을 떠나지 않는 것이 가장 큰 공부요 응용에 무념하는 것이 가장 큰 덕'이라 하심이니라." 또 말씀하시기를 "상(相)에 주착한 공덕은 오히려 **죄해**의 근원이 되기 쉽나니, 사람이 다 자식을 기르되 부모에게는 상이 없으므로 큰 은혜가 되듯 복을 짓되 상이 없어야 큰 공덕이 되느니라."

35. 정산 종사 말씀하시기를 "무진장의 보고(寶庫)가 다른 것이 아니라, 안으로 삼대력이요 밖으로 **무념 공덕**이니, 이 두 가지가 무궁한 복락의 원천이니라."

36. 정산 종사 말씀하시기를 "도인은 복을 받는 가운데 끊임없이 복을 닦아 한없는 복을 얻고, **범부**는 조금 지은 복을 받으면 거기에 탐착하거나 오만하여 타락하는 수가 허다하나니, 복도 잘못 이용하면 도리어 재앙의 밑천이 되고, 재앙도 잘 이용하면 도리어 복의 밑천이 되느니라."

고경(古經) 옛 경전. 여기서는 『육조단경(六祖壇經)』을 가리킴.
한 구 불리자성왈공(不離自性曰工) 응용무념왈덕(應用無念曰德).
요도(要道) 올바르고 요긴한 길.
죄해(罪害) 죄벌과 해로움.
무념 공덕(無念功德) 생각이나 흔적이 없이 베푼 공덕.
범부(凡夫) 지혜가 얕고 어리석은 사람.

37. 정산 종사 말씀하시기를 "복을 지으면서 알아주지 않는다고 한탄 말라. 복을 짓고 칭찬을 받아 버리면 그 복의 반을 받아 버리는 것이니, 내가 복을 지음이 부족함을 생각할지언정 당장에 복 받지 못함을 한탄하지 말라." 또 말씀하시기를 "오는 복을 아끼면 길이 복을 받느니라."

38. 정산 종사 말씀하시기를 "장기와 바둑에만 수가 있는 것이 아니라 세상만사에도 수가 있나니, 범부는 눈앞의 한 수 밖에 보지 못하고 성인은 몇십 수 몇백 수 앞을 능히 보시므로, 범부는 항상 목전의 이익과 금생의 안락만을 위하여 무수한 죄고를 쌓지마는, 성인은 항상 영원한 혜복을 위하여 현재의 작은 복락을 희생하고라도 **안빈낙도**하시면서 마음공부와 공도 사업에 계속 노력하시느니라."

39. 정산 종사 말씀하시기를 "성인들은 현재의 작은 이익을 취하지 않고 오히려 해를 입어 가면서 영원무궁한 참 이익을 얻으시나, 범부들은 작은 이익을 구하다가 죄를 범하여 도리어 해를 얻나니, 참된 이익은 오직 정의에 입각하고 대의에 맞아야 얻어지느니라."

40. 정산 종사 말씀하시기를 "명예와 지위와 권리를 도(道)로써 구하면 죄도 짓지 않는 동시에 그것으로 복을 더 짓게 되며, 내가 응당히 수용할 만하고 그 자리에 앉을 만하여도 사양하고 수용치 아니하면 이것이 또한 숨은 복으로 쌓

안빈낙도(安貧樂道) 가난한 중에도 편안한 마음으로 도(道)를 즐김.

이게 되나니, 복을 받아 버림은 곧 소모요 받지 아니하고 베푸는 것은 곧 **식리(殖利)**를 함이니라." 또 말씀하시기를 "도인도 **위**를 얻지 못한즉 경륜과 포부를 다 실현하지 못하나니, 위가 나쁜 것이 아니고 필요도 한 것이나 처지를 잘 살피어 오직 대의에 따라 그 위를 얻고, 얻은 후에는 그 권리를 독차지 아니하고 아껴 써야 그 위를 길이 안보하느니라."

41. 정산 종사 말씀하시기를 "불보살이나 범부나 좋은 것을 좋아하고 낮은 것을 싫어함은 같으나, 불보살은 아무리 좋아도 의리에 부당하면 취하지 않으시고 범부는 의리에 부당하여도 취하는 점이 다르며, 불보살은 희로애락의 경계를 당하여도 증애에 착심이 없으시나 범부는 좋고 낮은 데 집착하는 점이 다르며, 이 세상에 살 때 위를 얻어야 각자의 이상과 포부를 실현함은 같으나, 범부는 지위와 권리와 재물을 모두 죄짓는 도구로 사용하는 수가 많고 불보살은 이것으로 세상 사람들에게 이익을 주어서 복을 수용하시면 할수록 세상 만인에게 복록을 끼치게 되는 점이 다르시나니, 그러므로 불보살들은 복록이 항상 유여하시며, 따라서 불보살께 바치는 모든 수용품도 세상을 이익 주는 거룩한 물건으로 화하게 되느니라."

42. 정산 종사 말씀하시기를 "자기가 자기를 대우하지 못하나니, 남을 대우함이 자기를 대우함이 되며, 자기의 공을 자기가 드러내지 못하나니, 남의 공을

식리(殖利) 이익을 늘림.
위(位) 지위나 직위.

잘 드러내 줌이 자기의 공을 드러냄이 되느니라."

43. 정산 종사 말씀하시기를 "하루 품삯은 곧 나오나 일 년 농사는 가을에야 수확되듯이, 큰 이익은 늦게 얻어지고 큰 공부는 오래 걸리느니라. 복을 조금 지어 놓고 곧 안 돌아온다 하여 조급증을 내지 말고 계속하여 더 지으며, 죄를 지어 놓고 곧 안 돌아온다고 안심하지 말고 곧 참회 개과하라. 한도가 차면 돌아올 것은 다 돌아오나니 꾸준히 방심하지 말고 공을 쌓으라."

44. 정산 종사 말씀하시기를 "하루살이는 하루만 보고 버마재비는 한 달만 보므로 하루살이는 한 달을 모르고 **버마재비**는 일 년을 모르는 것같이, 범부는 일생만 보므로 영생을 모르나 불보살들은 능히 영생을 보시므로 가장 긴 계획을 세우시고 가장 근본이 되는 일에 힘쓰시느니라."

45. 정산 종사 말씀하시기를 "중생들은 **무상 변천하는 세간 낙**에 마음을 붙이어 마침내 복이 다하면 타락하고, 불보살 성현들은 **무형 불변하는 출세간 낙**에 마음을 길들여 극락을 수용하나니, 그대들은 일시적 향락과 영화에 집착하지 말고 불변 담박하고 영원한 도덕의 복락과 영화를 수용하라."

버마재비 사마귀.
무상 변천하는(無常變遷-) 끊임없이 변화하는.
세간 낙(世間樂) 일반 세상의 즐거움.
무형 불변하는(無形不變-) 형상이 없고 변함이 없는.
출세간 낙(出世間樂) 세속을 초월하여 도로써 즐기는 마음 낙(樂).

46. 정산 종사 말씀하시기를 "**길일 양신(吉日良辰)**이 **일진(日辰)**에 있는 것이 아니라 각자의 마음과 행동 가짐에 있나니, 특별한 길일은 진정한 지도인을 만나는 날이요, 진정한 법에 결정심을 세우는 날이요, 자성의 원리를 깨치는 날이며, 보통 길일은 계문을 잘 지키고 사심을 방지하며 욕됨을 참고 안심하며 **전과**를 뉘우치고 죄를 짓지 않은 날이요, **이타행**으로써 복을 지으며 **우연한 고**를 잘 극복하여 묵은 빚을 잘 갚는 날이니라."

47. 정산 종사 말씀하시기를 "수도하는 사람에게는 육신의 생일보다 마음의 생일이 더 중요하나니, 우리의 마음이 **불생불멸**의 대도에 큰 서원을 발한 날이 곧 마음의 큰 생일이요, 수도하는 가운데 혹 퇴굴하는 마음을 다시 추어 잡아서 새로운 마음을 분발하는 날이 마음의 생일이며, 경계를 따라 한 생각 밝은 마음과 한 생각 좋은 마음이 일어나는 날이 곧 마음의 생일이니라. '**일일시호일(日日是好日)**'이라는 옛 도인의 말씀과 같이 우리는 '**일일시생일(日日是**

길일 양신(吉日良辰) 길일(吉日)은 재수가 아주 좋은 날, 양신(良辰)은 모든 일이 잘 되는 좋은 시간.
일진(日辰) 그날의 운세.
전과(前過) 과거의 잘못.
이타행(利他行) 모두를 널리 이롭게 하려는 실천행.
우연한 고(苦) 우연히 받는 괴로움. 고통.
불생불멸(不生不滅) 생겨나지도 않고 없어지지도 않는다는 뜻으로 영원히 변함이 없는 진리의 실상을 뜻함.
일일시호일(日日是好日) 날마다 좋은 날.

生日)'로써 지내야 할 것이니, 그대들은 날과 달로 세운바 본원을 반조하여 좋은 생각을 내고 또 내어서 한량없는 세상에 빛나는 삶을 누리며, 영원토록 너른 세상을 이익 주는 큰 인물이 되기를 바라노라."

48. 정산 종사 말씀하시기를 "세간의 오복과 출세간의 오복에는 그 기준에 다른 일면이 있나니, '**서전(書傳)**' **홍범(洪範)**에는 수(壽)·부(富)·강녕(康寧)·**유호덕(攸好德)**·**고종명(考終命)**을 오복이라 하였으나 일반 세상에서는 수와 부와 귀와 강녕과 **다남자**를 오복이라 하는바, 보통 사람들은 그 몸이 오래 사는 것만을 수로 삼으나 수도인들은 생함도 없고 멸함도 없는 진리를 깨닫는 것을 수로 삼으며, 보통 사람들은 자기 소유의 재산이 많은 것만을 부로 삼으나 수도인들은 시방세계가 오가의 소유임을 아는 것을 부로 삼으며, 보통 사람들은 명예와 벼슬을 얻는 것만을 귀로 삼으나 수도인들은 모든 행동이 다 법도에 맞아서 **최령**의 가치를 다하는 것을 귀로 삼으며, 보통 사람들은 몸에 병이 없는 것만을 강녕으로 삼으나 수도인들은 마음에 번뇌와 착심이 없는 것을 강녕으로 삼으며, 보통 사람들은 자기의 생자녀가 많은 것만을 다자손으로 삼으나 수

일일시생일(日日是生日) 날마다 새롭게 태어나는 날.
서전(書傳) 홍범(洪範) 『서전(書傳)』은 유교의 삼경(三經) 중 하나인 『서경(書經)』에 관한 주석의 하나로 저자는 송대(宋代)의 성리학자 채침(蔡沈)이다. 홍범(洪範)은 『서전』의 한 편으로서 중국 고대의 정치사상을 담고 있다.
유호덕(攸好德) 덕(德)을 좋아하여 즐겨 행하는 일.
고종명(考終命) 자기 수명대로 편안하게 살다가 죽음.
다남자(多男子) 아들이 많음.
최령(最靈) 지능과 영적(靈的) 능력이 매우 뛰어남.

도인들은 시방세계 일체중생을 다 한 권속 삼는 것을 다자손으로 삼느니라. 또한, 이 출세간의 오복만 갖추고 보면 세간의 오복도 자연히 돌아오는 이치가 있나니, 그대들은 이 근본적인 오복의 원천을 얻어서 세간 출세간의 오복을 아울러 수용하는 데에 힘쓰라."

49. 정산 종사 말씀하시기를 "현실 생활의 예산 결산과 수도 생활의 예산 결산은 그 수입 지출을 대조하는 기준에 다른 일면이 있나니, 현실 생활에서는 현실적 수입이 많아야 그 생활이 윤택하고 편안할 것이나, 진리 면에서는 현실적 손실을 볼지라도 진리적 저축이 많아야 영원한 세상에 복록이 **유족**하나니라. 그러나 어리석은 사람은 **수지**의 참뜻을 알지 못하고 어떠한 술책으로든지 다른 사람을 속여서라도 우선 당면한 수입만 취하나니, 이는 마치 빚진 사람이 더욱 채무의 구렁으로 들어가는 격과 같아서 어느 세월에 그의 앞에 복록이 돌아오리오. 그러므로 여러분은 수지의 바른길을 알아서 **자리이타**의 정신 아래 현실적 수지도 잘 맞추려니와 마음과 말과 행동으로써 늘 남을 더욱 이익 주며 날로달로 참다운 수지 대조로 한량없는 **복전**을 개척하라."

50. 정산 종사 말씀하시기를 "벼슬에 두 가지가 있나니 곧 인작(人爵)과 천작(天爵)이라. 인작은 사람이 주는 것이므로 빼앗을 수도 있으나 천작은 진리가

유족(有足) 여유있게 풍족함.
수지(收支) 수입과 지출.
자리이타(自利利他) 나와 다른 사람이 함께 이로움.
복전(福田) 복의 터전.

주는 것이므로 빼앗을 수 없느니라. 불보살들은 이 천작을 중히 여기시어 안으로 삼대력 얻는 것을 참다운 영화로 삼고 밖으로 세상 구제하는 것을 참다운 직업으로 삼아 길이 천하 만민의 찬송을 받나니, 이 천작만 잘 닦으면 인작도 저절로 돌아와서 영원무궁토록 천작과 인작을 아울러 누릴 수 있느니라."

51. 정산 종사, 새해에 '독경 해액(讀經解厄)'이라는 제목으로 말씀하시기를 "이 나라의 재래 습관에 새해가 되면 모든 가정에서 승려나 장님을 청하여 독경으로 **해액**을 축원하는 행사가 있으나, 그에 따라 액이 풀리고 복이 오는 증거가 확실하지 않으며, 모든 경을 읽는 이가 다만 입으로만 읽고 그 경의 본의를 알지 못하면 모든 행사가 일종의 미신에 흐르고 말게 되나니, 우리는 새해 벽두에 다른 이를 시켜서 하룻밤 읽고 마는 경이 아니라 각자 각자가 매일 읽는 경으로 액을 풀며, 소리를 내어 읽는 경만이 아니라 묵묵한 가운데 마음으로 읽는 경으로 액을 풀며, 시간을 잡아 책상에서만 읽는 경이 아니라 동정 간 모든 경계에 염두에서 항상 읽는 경으로 액을 풀기로 하고, 우리의 경전들을 숙독 실행하는 동시에 현실 세상에 나타나 있는 실지의 경전들을 잘 읽고 활용한다면 자신의 모든 **재액**을 능히 보낼 수 있으며, 가정과 사회와 국가의 행복을 오게 할 수 있으리라."

52. 정산 종사 말씀하시기를 "부처님께서는 근기 따라 읽게 하는 세 가지 경전

해액(解厄) 액운(厄運)을 풀음. 재앙을 막음.
재액(災厄) 재앙과 액운.

을 설하시었나니, 첫째는 **지묵**으로 기록된 경전이요, 둘째는 삼라만상으로 나열된 현실의 경전이요, 셋째는 우리 자성에 본래 **구족**한 무형의 경전이라. 지묵의 경전보다 현실의 경전이 더욱 큰 경전이요 현실의 경전보다 무형의 경전이 더욱 근본이 되는 경전이니라." 또 말씀하시기를 "'성인이 나시기 전에는 도가 천지에 있고 성인이 나신 후에는 도가 성인에게 있고 성인이 가신 후에는 도가 경전에 있다.' 하시었나니, 우연 자연한 천지의 도가 가장 큰 경전이니라."

53. 정산 종사 말씀하시기를 "수도인에게 세 가지 스승이 있나니, 말로나 글로나 행동으로써 나를 가르쳐 주시는 사람 스승과, 눈앞에 벌여 있는 무언의 실재로써 나를 깨우쳐 주는 우주 스승과, 스스로 자기를 일깨워 주는 양심 스승이라. 사람이 큰 도를 이루고자 하면 이 세 가지 스승의 지도를 다 잘 받아야 하느니라."

54. 정산 종사 말씀하시기를 "**사은**이 모두 우리의 복전이로되, 불보살들은 국한 없는 세계의 **공변된** 밭에 세세생생 교화의 종자를 심으시어 **사생의 자부**요

지묵(紙墨) 종이와 먹. 글.

구족(具足) 온전히 갖추어 있음.

사은(四恩) 법신불의 네 가지 은혜. 천지은, 부모은, 동포은, 법률은.

공변된(公遍-) 공평하고 정당하여 어느 한 편에 치우치거나 사사로움이 없는 것.

사생의 자부(四生-慈父) 사생의 자애로운 아버지. 사생은 일체 생령이 태어나는 네 가지 유형. 태생은 태를 통해 태어나는 것, 난생은 알로 태어나는 것, 습생은 습지에서 태어나는 것, 화생은 의지한데 없이 태어나는 것.

삼계의 도사가 되시나, 범부들은 국한 있는 사사로운 밭에 이욕(利慾)의 종자를 심어 평생 골몰하되 마침내 별 **공효**가 남지 않으며, 불보살들은 형상 없는 마음밭 농사에 세세생생 공을 들이시어 미래 세상에 영원히 **무루**의 복과 무량한 혜를 얻으시나, 범부들은 **재색 명리** 등 형상 있는 일에만 공을 들이므로 공을 들일 때는 실효가 있는 듯하나 떠날 때는 허망하니라."

55. 정산 종사 말씀하시기를 "우리가 영겁을 통하여 공부하는 데 가장 중요한 조건은 서원과 법연이니, 서원은 우리의 방향을 결정해 주고 법연은 우리의 서원을 이끌어 주며 북돋아 주시느니라."

56. 정산 종사, **조전권(曺專權)**에게 말씀하시기를 "저 과수도 종자가 좋고, 땅을 잘 만나고, **우로지택**이 고르고, 사람의 적공이 잘 들어야 훌륭한 결실을 보게 되는 것같이, 사람도 훌륭한 인격을 완성하기 위해서는 이 네 가지 요소를 갖추어야 하느니라. 사람은 습관성이 종자가 되나니, 이 세상 모든 사람이 다

삼계의 도사(三界-導師) 삼계(三界)의 어리석은 중생을 바른 길로 인도하는 스승. 삼계는 불교의 세계관에 따른 욕계(欲界), 색계(色界), 무색계(無色界)의 세 가지 세계.
공효(功效) 공을 들인 보람이나 효과.
무루(無漏) 새어 나감이 없음. 흠 없이 영원하다는 의미.
재색 명리(財色名利) 인간이 갖는 세속적 욕망으로 재물에 대한 욕망, 색(色)에 대한 욕망, 명예와 이권에 대한 욕망을 말함.
조전권(曺專權, 1909~1976) 전북 김제 출생. 법호는 공타원(空陀圓)이며 법훈은 종사. 동산선원장, 중앙훈련원장 등을 역임하였다.
우로지택(雨露之澤) 비와 이슬의 도움.

마음도 다르고 행동도 다르게 태어나는 것은 익힌 바 습관의 종자가 각각 다른 까닭이라. 그대들은 각자 각자가 좋은 습관을 들여서 좋은 종자를 장만하기에 힘쓰라. 사람의 땅은 부모·형제·**사우(師友)** 등과 회상의 인연이니, 이러한 인연을 잘 만나야 훌륭한 인물이 될 수 있을 것이니라. 만일 그 인연을 잘못 만나 바른 지도를 받지 못하거나 옳은 일을 하려고 할 때 반대하고 막거나, 설사 그렇지는 않는다 하더라도 서원의 종자를 심을 때 정법 회상이 아니면 좋은 싹을 발하지 못하고 말 것이니, 그대들은 좋은 인연을 많이 맺는 데에 전력하라. 사람의 우로(雨露)는 곧 법의 우로니, 자주 성경현전을 보고 이상 사우의 법설도 들어야 마음의 좋은 싹이 잘 자라서 향상 진보할 수 있을 것인즉 그대들은 종종 법의 우로를 잘 받으라. 인격 완성에 있어서 인공(人功)이란 곧 자기의 공력이니, 사람이 좋은 습관을 가졌고 좋은 인연을 만났고 또 좋은 법설을 들었다 하더라도 각자의 적공이 들지 않고는 훌륭한 인격을 이룰 수 없느니라. 그러므로 범부가 변하여 부처가 될 때까지 각자 각자가 하나하나 실지의 공을 쌓아야만 성불 제중하는 큰 인격을 이루게 되느니라."

57. 정산 종사 말씀하시기를 "한 사람이 세 딸을 출가시키며 벼 한 **말**씩을 주어 보냈는데, 몇 해 후에 살펴보니, 한 딸은 바로 식량으로 소비하고 가난하게 살며, 한 딸은 기념 삼아 매달아 두고 그대로 살며, 한 딸은 그것을 종자로 삼아 많은 농사를 지어 잘 살더라는 이야기와 같이, 사람 사람이 이 세상에 나올

사우(師友) 스승과 벗.
말 곡식, 가루, 액체 따위의 양을 헤아리는 단위의 일종. 한 말은 열 되.

때 복과 혜의 종자를 다 가지고 나왔으나, 과거에 지어 놓은 복과 혜를 다 소비만 하여 없애버리고 빈천하고 무식하게 사는 사람도 있고, **근신**하여 방탕은 하지 않으나 새로운 복과 혜는 닦을 줄 모르고 늘 한 모양으로 사는 사람도 있고, 끊임없이 복과 혜를 장만하여 삼대력을 키우며 복도 그 일부만을 수용하고 그 대부분을 정당한 사업에 써서 그 복이 더욱 쌓이게 하는 사람도 있나니, 자기가 타고난 복이라도 남용을 하거나 허비만 하면 복을 덜어 앞길이 볼 것 없는 것이요, 심신의 수고와 재물을 아끼지 아니하고 정당한 공부 사업에 힘쓰는 이는 혜복이 항상 유여하나니라."

58. 정산 종사 말씀하시기를 "신통은 지엽 같고 **견성성불**은 그 근본이니, 근본에 힘을 쓰면 지엽은 자연히 무성해질 것이나, 지엽에 힘을 쓰면 근본은 자연히 마르게 될 것이니라. 신통은 성현의 **말변지사(末邊之事)**이므로 대종사께서도 회상을 공개하신 후에는 이를 엄금하시고, 오직 **인도상(人道上) 요법**을 주체 삼아 중생을 제도하시되 **일용 범절**과 평범한 도로써 하시었나니 이것이 **무상 대도**니라."

근신(謹愼) 말이나 행동을 삼가고 조심함.
견성성불(見性成佛) 본래 성품을 깨닫고 부처를 이룸.
말변지사(末邊之事) 끝과 가장자리의 일. 중요하지 않은 일.
인도상 요법(人道上要法) 사람으로서 마땅히 행해야 할 도리를 밝힌 요긴한 법.
일용 범절(日用凡節) 일상생활에서 지켜야 하는 예의나 법도.
무상 대도(無上大道) 가장 높고 큰 도.

제10 근실편

勤實編

근실편(勤實編) 허례허식을 버리고 진실과 근면에 바탕한 내실과 솔선수범을 강조한 법문 등으로 구성되어 있다.

1. 정산 종사 말씀하시기를 "이 세상 사람들은 대개 나타나 보이는 것은 믿으나 나타나지 않는 것은 믿지 아니하며, 외부의 영화에는 정신을 몰두하나 내면의 진실은 찾아보지 아니하며, 당장의 이해에는 **추호**를 살피나 장래의 죄복은 생각하지 못하므로, 그 행동이 매양 형식과 거짓을 꾸며서 근원 있는 실력을 기르지 못하고 그날그날의 허영과 이욕에 날뛰다가 **필경**은 죄업의 구렁에 떨어지나니 어찌 애석하지 아니하리오. '화려한 제 뿔만을 사랑하고 못생긴 제 다리는 미워하던 사슴이 포수에게 쫓기어 숲속을 헤쳐 나올 때, 저를 살려 준 것은 못생겼으되 잘 뛰어준 다리였고 저를 죽일 뻔한 것은 화려하되 숲에 거리끼기만 하던 뿔이었다.'라는 이야기는 한낱 우화에 불과하나, 돌이켜 생각하면 이 세상을 여실히 풍자한 **경어(警語)**라 할 것이니라."

2. 정산 종사, 이어 말씀하시기를 "현하 물질문명의 발달을 따라 세상의 장엄이 날로 찬란해져서, 기묘한 문명 이기(文明利器)를 마음껏 소유하고 수용하기로 하면 명예와 권리와 재산이 필요한지라, 모든 인심이 자연히 거기에 휩쓸려서, 다소라도 구하는 바를 얻고 보면 스스로 거만하고 자부하며, 얻지 못한 이는 어떠한 **비루한** 일을 해서라도 그 욕망을 채우려 애를 써서, 온갖 죄과를 범하고 갖은 원수의 종자를 심다가, 하루아침에 역경의 포수가 신변을 위협할

추호(秋毫) 가을철 짐승의 가는 털이라는 뜻으로 매우 작거나 적은 것을 비유.
필경(畢竟) 마침내. 결국에는.
경어(警語) 경계하는 말.
비루한 비겁하고 야비한.

때는 **경황망조(驚惶罔措)**하여 피할 곳을 찾으며, **일심**과 **알음알이**와 **실행**을 다하여 그 **위경**을 돌파하려 하나, 평소에 단련 없는 실력이 잘 효과를 내기가 어려우며, 기왕 저질러 놓은 명예와 권리와 재산 등이 이모저모로 거리껴서 더욱 사지(死地)에 들게 할 것이니 그 얼마나 가련한가. 더구나 사람 사람이 누구나 다 당하는 죽음의 시간에는 그 일생에 가지고 있던 명예와 권리와 재산 등이 아무 소용이 없고, 그것으로 도리어 **업장**이 덮이고 애착이 얽혀서 영혼의 자유가 구속되고 선도의 인연이 방해되나니, 여러분은 마땅히 깊이 생각하고 크게 명심하여, 어느 때 어느 사물을 당하든지 매양 마음의 실력을 대조하며 **수양·연구·취사**의 **삼대력**을 양성하는 데 모든 정성을 다할지어다."

3. 정산 종사, 이어 말씀하시기를 "그대들은 이미 수도 문중에 들어 왔으니 허실(虛實)의 내용을 대체로는 짐작할 것이나, 그러한 가운데에도 일일시시로

경황망조(驚惶罔措) 놀라고 당황하여 어찌할 바를 모름.
일심(一心) 전일하고 온전한 마음을 양성함. 정신 수양을 표현한 말.
알음알이 일과 이치의 핵심을 파악함. 사리 연구를 표현한 말.
실행(實行) 실천에 옮김. 작업 취사를 표현한 말.
위경(危境) 위태로운 상황 또는 처지.
업장(業障) 과거에 지은 업으로 인하여 받게 되는 온갖 장애 또는 과보를 나타나게 하는 업의 힘.
수양(修養)·연구(硏究)·취사(取捨) 수양은 닦고 기른다는 뜻으로 삼학 중 '정신수양'의 준말. 연구는 어떤 일이나 사물에 대하여 깊이 있게 조사하고 생각하여 따져 보는 일을 말하며 삼학 중 '사리연구'의 준말. 취사는 취하고 버림의 뜻으로 삼학 중 '작업취사'의 준말.
삼대력(三大力) 삼학 수행을 아울러 닦아 얻은 힘. 수양력, 연구력, 취사력.

잘 살피지 못하면 모르는 사이에 **외화(外華)**에 끌리기가 쉬우며, 수행을 하는 가운데에도 학식이 많다든지 문장이 능하다든지 변론이 능하다든지 하면 그것으로 공부의 실력이나 있는 듯이 자부하며, 어떠한 칭찬을 듣는다든지 어떠한 대우가 돌아올 때는 그것으로 무슨 **대과**나 얻은 듯이 자만하기가 쉬우니라. 그러나 참 공부는 언어와 문자에 있는 것이 아니라, 오직 정신이 자유의 힘을 얻어서 **육도 사생**을 **임의**로 할 만한 능력을 갖추며, **사리**의 근원을 깨달아서 **허실 사정**에 의혹이 없을 만한 능력을 갖추며, 모든 취사가 법도에 맞아서 일체 계율이 저절로 지켜질 만한 능력을 갖춰야 부처가 되었다고 이름하나니, 그러므로 도가에서는 아무리 무식하고 천하고 **언변**이 부족한 이라도 법에 **신근**이 있고 마음에 공부가 있으면 그를 조금도 가벼이 알지 아니하고 장래의 큰 **법기(法器)**로 기대하느니라."

외화(外華) 화려한 겉치레.

대과(大果) 큰 성과.

육도(六途) 일체 생령이 윤회하는 여섯 가지 세계. 천상, 인간, 수라, 축생, 아귀, 지옥.

사생(四生) 일체 생령이 태어나는 네 가지 유형. 태생은 태를 통해 태어나는 것, 난생은 알로 태어나는 것, 습생은 습지에서 태어나는 것, 화생은 의지한 데 없이 태어나는 것.

임의(任意) 마음대로 함. 일정한 기준이나 원칙 없이 하고 싶은 대로 함.

사리(事理) 일과 이치.

허실 사정(虛實 邪正) 허망함과 실다움과 그릇됨과 올바름.

언변(言辯) 말솜씨. 말재주.

신근(信根) 믿음의 뿌리.

법기(法器) 법을 담을 수 있는 그릇. 대도 정법을 능히 수행하여 증득할 만한 자질을 갖춘 사람.

4. 정산 종사, 이어 말씀하시기를 "더구나 이 마음공부는 한번 실력을 얻고 보면 능히 우주 만유를 지배할 수 있으며, 명예와 **재보(財寶)**와 일체 모든 학식을 다 참되게 사용할 수 있을 것이니, 실력 있는 외화(外華)는 근원에서 흐르는 물 같고 실체에서 나타난 그림자 같아서 그 물과 그림자가 전부 참으로 화하게 되느니라. 보라. 예로부터 지금까지 모든 불보살 성현들의 명예를 누가 헐 이 있으며, 그 권위를 누가 앗을 이 있으며, 그 모든 장엄을 누가 싫어할 이 있는가. 세월이 지날수록 더욱 찬란해지고 인간이 깨달을수록 더욱 높아져서, 이른바 욕심 없는 자리에서 도리어 큰 욕심을 이루게 되나니, 그대들은 이 욕심 없는 자리를 잘 지키고 형상 없는 실력을 잘 양성하여, 우리 대종사의 정신개벽 공사에 각각 큰 일꾼이 되어 주기를 바라노라."

5. 정산 종사 말씀하시기를 "사람이 한때 이름을 드러내기는 쉬우나 그 실을 충실히 쌓기는 어려우며, 나타난 **명상(名相)**을 알기는 쉬우나 그 **실상**의 진리를 **투득(透得)**하기는 어려우며, 일시의 드러나는 선행을 하기는 쉬우나 그 근본적 **선근**을 배양하기는 어렵나니, 명상은 그림자 같은 것이요 오직 실상이 서야 그가 참 소득이요 참 명예니라."

재보(財寶) 재물과 보배.
명상(名相) 이름과 형상.
실상(實相) 있는 그대로의 참모습.
투득(透得) 꿰뚫어 얻음. 투철하게 깨달음.
선근(善根) 선을 좋아하고 행할 수 있는 성격 또는 기질.

6. 정산 종사 말씀하시기를 "교만이 많으면 사람을 잃고 **외식**(外飾)이 많으면 진실을 잃나니, 사람을 잃으면 세상을 버림이요 진실을 잃으면 자기를 버림이라. 이 두 가지를 잃고 도를 구함은 종자를 잃고 결실을 구하는 것 같으니라."

7. 정산 종사 말씀하시기를 "소인의 선은 잘 묻히고 악은 잘 드러나나니, 그것은 **부정**한 것을 아무리 비단으로 싸도 그 냄새가 밖으로 풍김을 막을 수 없는 것 같고, 군자의 허물은 잘 묻히고 선은 더욱 드러나나니, 그것은 누더기 속에 금옥을 싸도 금옥의 가치는 한가지인 것 같으니라. 그러므로 군자는 외식에 힘쓰지 아니하고 **내수**(內修)를 철저히 하며, 항상 그 실력을 충실히 기르기에 힘쓰느니라."

8. 정산 종사 말씀하시기를 "매사에 허식을 즐기지 말라. 겉으로 화려하고 안으로 보잘것없는 것은 개인·가정·사회·국가를 쇠망케 하는 근본이니라."

9. 정산 종사 말씀하시기를 "**인조견**은 결국 비단 행세를 못 하나니, 외식(外飾)에 힘쓰지 말고 오직 실(實)을 기르라."

10. 정산 종사 말씀하시기를 "거짓은 무너질 때는 여지없이 무너지나 진실은

외식(外飾) 겉만 보기 좋게 꾸밈.
부정(不淨) 깨끗하지 못함. 또는 더러움.
내수(內修) 안으로 마음 수양에 힘쓰는 것.
인조견(人造絹) 인공으로 만든 명주실로 짠 비단.

천지도 없앨 수 없느니라."

11. 정산 종사 말씀하시기를 "옛말에 신언서판(身言書判)이라 하여 풍채와 언변과 문장과 판단으로 사람의 인격을 논한다 하였으나, 그중 가장 중요한 것은 판단이며, 그보다 더 중요한 것은 오직 그 사람의 마음이니라."

12. 정산 종사 말씀하시기를 "**시속(時俗)** 사람들은 외모만으로 인물을 논하는 수가 많으나 도가에서는 그 마음 바탕에 복덕의 종자가 싹트고 있는가 없는가로 인격을 판단하며, 시속 사람들은 학벌이나 간판 등으로 인물을 논하는 수가 많으나 도가에서는 그 마음 가운데 진리를 알아 가는 진취성이 있는가 없는가로 인격을 판단하며, 시속 사람들은 현재의 지위나 명예로 인물을 논하나 도가에서는 그 행동이 정의의 길을 밟고 있는가 그렇지 않은가로 인격을 판단하느니라."

13. 정산 종사 말씀하시기를 "사람의 병이 눈이나 귀나 수족 같은 외부에 든 것은 바로 그 생명까지 위독하지는 않지마는, 병이 내부에 들고 그중에도 심장이 마비되면 즉시 생명을 잃게 되는 것같이, 마음병도 부지중 습관상으로 외부에 나타나는 약간의 허물들은 위독한 증세는 아니지마는, 만일 내심을 속이며 그중에도 양심상 가책되는 행동을 하되 조금도 뉘우침이 없어서 양심이 마비되면 그 인격은 무너지고 마느니라."

시속(時俗) 요즘 세상.

14. 정산 종사 말씀하시기를 "밖으로 나타난 인물과 학벌 등은 겉인격이요 안으로 양심을 갖춘 것은 속인격이라. 이를 나무에 비유하자면 겉인격은 지엽이요 속인격은 뿌리니, 그 뿌리를 잘 가꾸어야 지엽도 무성하고 결실도 충실하나니라."

15. 정산 종사 말씀하시기를 "배움에 세 가지가 있나니, 하나는 밖으로 모든 학문을 듣고 배워 알아 감이요, 둘은 안으로 **연마**하고 **궁구**하여 자각으로 지견을 기르는 것이요, 셋은 배우고 깨친 바를 실지에 베풀어서 지행이 일치하게 하는 것인바, 이 세 가지 중에 실지 공부가 가장 중요하나니라."

16. 정산 종사, 학인들에게 말씀하시기를 "옛날 중국의 **후영**(候嬴)은 한낱 마을 문지기였으되 그 역량과 재주가 장하므로 그 **영명**(令名)을 세상에 널리 떨쳤을뿐더러 그 보잘것없는 마을 문까지 따라서 드러나게 되었다 하나니, 그대들 가운데서도 앞으로 큰 실력과 큰 실행 있는 인물이 배출된다면 마을 문이 드러나듯 **학림**이 따라서 드러나게 되리라. 이제 세상은 형식 시대가 지나가고 실력과 실행이 주가 되어, 알되 실지로 알고 하되 실지로 실천하는 인물이라야 세상에서 찾게 되고 쓰이게 될 것이니, 그대들은 바깥 형식에 끌리지 말고 오

연마(研磨) 생각을 거듭하여 갈고 닦음.
궁구(窮究) 세밀하고 철저하게 깊이 연구함.
후영(候嬴) 기원전 250년경 중국의 춘추전국시대 때 위나라 대량성(大梁城)의 동문(東門)을 지키던 노인.
영명(令名) 훌륭한 명성이나 명예.
학림(學林) 유일학림(唯一學林). 원기 31년(1946) 5월에 중앙총부 구내에 개설된 원불교 교역자 양성기관으로 후일 원광대학교로 발전하였다.

직 실력을 갖추기에 힘을 쓰며, 앞으로 어느 직장에 간다 하여도 그 자리 자리에서 실력을 발휘하여, 후영이 마을 문을 드러내듯 그대들과 직장이 한가지로 드러나게 하여 주기 바라노라."

17. 정산 종사 말씀하시기를 "돌아오는 세상에는 실력이 충실하여야 서게 되는바, 실력의 조건은 지식이나 수완보다는, 첫째 진실함이요, 둘째 공심 있음이요, 셋째 덕 있음이니라." 또 말씀하시기를 "돌아오는 세상의 주인 될 이는 법이 있고 진실 되며 어느 모로나 대중에게 이익을 주는 이니라."

18. 정산 종사 말씀하시기를 "**미륵불** 세상이란 곧 근실(勤實)한 세상을 이름이니, 종교도 그 교리가 사실에 맞고 자력을 주로 하는 종교라야 세상에 서게 될 것이요, 개인도 자력으로써 **실업**에 근면하며 진실한 도덕으로 대중을 위하는 실적이 있어야 세상에 서게 되리라."

19. 정산 종사 말씀하시기를 "정치가들은 소리가 많으나 도인들은 소리 없이 큰일을 하나니, 밥 먹고 집안일 하듯 천하 일을 하느니라."

20. 정산 종사 말씀하시기를 "대종사께서 항상 '앞으로는 형식을 주장하는 이는 허망한 세상을 보리라.' 하시었나니, 돌아오는 세상에는 진실하고 실력 있

미륵불(彌勒佛) 미래에 사바세계에 출현하여 성불한 후 중생을 제도한다는 미래불(未來佛).
실업(實業) 직업. 생업(生業).

어야 출세할 수 있으며, 신심 있고 공심 있어야 세상에 쓰이게 되며, 덕 있고 활동력 있는 사람이라야 큰 사업을 하게 되리라."

21. 정산 종사, **전음광**(全飮光)에게 글을 써 주시니 "**상지**는 신의를 보배로 삼고 **중지**는 **명리**를 보배로 삼고 **하지**는 **물화**를 보배로 삼나니, 물화의 보배는 허망하기가 뜬구름 같고 위태하기가 돌무더기 같으며, 명리의 보배는 밖으로는 영화스러운 듯하나 안으로는 진실이 없으며, 신의의 보배는 안과 밖이 진실하여 광명이 **통철**하고 영세토록 매하지 않아서 명리와 물화가 함께 하느니라.[上智以信義爲寶 中智以名利爲寶 下智以物貨爲寶 物貨之寶 虛似浮雲而危如累石 名利之寶 外似榮華而 內無眞實 信義之寶 內外眞實 光明洞徹 永世不昧 名物俱焉]"

전음광(全飮光, 1909~1960) 전북 진안 출생. 법호는 혜산(惠山)이며 법훈은 대봉도. 중앙총부 연구부장, 교무부장 등을 역임하였다.
상지(上智) 가장 뛰어난 지혜. 또는 그런 지혜를 가진 사람.
중지(中智) 평범한 지혜. 또는 그런 지혜를 가진 사람.
명리(名利) 명예와 권세와 이익. 명예와 이익을 아울러 이르는 말.
하지(下智) 낮은 지혜. 또는 어리석은 사람.
물화(物貨) 물품과 재화.
통철(通徹) 막힘없이 통함.
상지이신의위보 중지이명리위보 하지이물화위보. 물화지보 허사부운이위여누석. 명리지보 외사영화이 내무진실. 신의지보 내외진실 광명통철 영세불매 명물구언 上智以信義爲寶 ~ 名物俱焉.

22. **산동교당**에서 **일언첩**에 '장마가 지고 개는 것은 하늘에 맡겼노라.[潦霽任天]' 하는 글을 쓰시더니, 그 후 남원교당에 오시어 "말이 갖추어지지 못하였다." 하시며, "심고 가꾸기는 사람에게 달렸다.[稼穡由人] 이 네 글자를 더하여야 산 **법구(法句)**가 되리라." 하시니라.

23. 정산 종사, 하루는 살구를 잡수신 후 **박정훈(朴正薰)**에게 말씀하시기를 "이 씨를 버리지 말고 도량에 심으라. 나무 심기를 좋아하는 마음은 덕이 있는 마음이니라." 하시고 "설사 자기 당대에 결과를 보지 못한다 하더라도 후세에 덕을 심는 것이 되므로 **여진** 있는 도인의 심경이니, 나무 심기를 좋아하라."

24. 한 선비가 늦게 출가하여 별다른 책임 없이 구내에 거주하매 **감원(監院)**이 이를 불평하거늘, 정산 종사 말씀하시기를 "그만한 선비가 여기 와서 사는 것만으로도 은연중 다른 이들에게 권장이 되며, 그분에게도 법연을 맺어 두어야 내세에라도 이 회상에 와서 큰일을 하여 주지 않겠는가."

산동교당 전북 남원시 산동면에 위치한 원불교 교당.
일언첩(一言帖) 떠오르는 한 생각을 기록한 책.
요제임천 가색유인 潦霽任天 稼穡由人.
법구(法句) 법(法)다운 문구(文句).
박정훈(朴正薰, 1934~2013) 전북 남원 출생. 법호는 이산(裡山)이며 법훈은 종사. 서울교구장, 전북교구장 등을 역임하였고 저서로는『한 울안 한 이치에』,『정산종사전』등이 있다.
여진 여지(餘地). 여유.
감원(監院) 교당이나 기관의 살림을 담당하는 사람.

25. 한 학인이 어떠한 고민 끝에 발작을 일으키매, 담당 지도인이 그를 바로 귀가시키자고 **진언**하거늘, 정산 종사 말씀하시기를 "사람의 육신에 **곽란**이 났을 때 사관(四關)만 통해 주면 그 체증이 내리듯, 사람의 정신에 곽란이 났을 때도 막힌 점 몇 가지만 잘 살펴 통해 주면 그 발작이 그칠 수 있나니, 보내려고만 하지 말고 정신적 **사관**을 잘 통해 주어 보자."

26. 정산 종사, 교당이나 기관의 요인이 오면 언제나 그 사정을 일일이 알아보시고 어려운 사정이 있을 때는 반드시 기억하셨다가 알뜰히 챙겨서 그 해결책을 일러 주시니라.

27. 지도 교무가 사뢰기를 "학생 한 사람이 아무리 지도하여도 말을 듣지 아니하오니 어찌하오리까?" 정산 종사 말씀하시기를 "사람을 지도하는 이가 자기의 성질대로 사람을 굽히려 하면 되지 않나니, 먼저 그 사람의 **근기**나 성질을 살피고 소질과 소원을 잘 알아서 서서히 순리로 지도하여야 교화가 잘 되느니라."

28. 한 학인이 사뢰기를 "의리 없는 동지는 추방함이 의(義)가 아니오리까?"

진언(進言) 윗사람에게 자기의 의견을 말함. 또는 그런 말.
곽란(癨亂) 음식이 체하여 토하고 설사를 하는 급성 위장병.
사관(四關) 곽란 따위와 같이 급하거나 중한 병일 때에 침을 놓는 좌우측의 합곡(合谷)과 태충(太衝) 네 곳의 혈(穴)을 이르는 말.
근기(根機) 불법을 믿고 이해하며 수행할 수 있는 능력 또는 자질.

정산 종사 말씀하시기를 "의리가 없다 하여 동지를 추방함은 자기의 의리도 상함이 되나니 곧 의 가운데 소의(小義)요, 그를 용서하고 끝까지 그 의리를 찾게 하여 본래의 서원을 함께 이루는 것이 곧 대의(大義)니라."

29. 한 **교역자**가 대중의 인심 모으기에 주력하여 파당을 짓고 있거늘, 정산 종사 말씀하시기를 "짐짓 지어서 얻는 인망(人望)은 무너질 때 허망하나니, **인망**을 **계교**하지 말고 도력과 공심만 갖추고 보면 제자 없어서 교화 못 할 일은 없느니라."

30. 한 교역자가 정계에 투신할 뜻을 보이거늘, 정산 종사 말씀하시기를 "이미 **성불 제중**의 대업에 서원한 사람이 이 일을 놓고 다시 무슨 일을 취하리오. 도인들은 정치가가 되는 것보다 그들을 인도하는 스승이 되어야 하느니라."

31. 하루는 정계 요인의 부인이 온다 하여 일부에서는 환영 준비를 하고 일부에서는 이를 반대하거늘, 정산 종사 말씀하시기를 "예에 과하지 않은 준비는 하라. 그분에게 이미 그만큼 지은 복이 있었으며, 그분도 호감을 가지게 되면 앞으로 제도의 연이 될 수 있지 않겠는가."

교역자(敎役者) 원불교의 교화, 교육, 자선 사업에 전문적으로 헌신 봉사하는 교도를 말함.
인망(人望) 세상 사람이 우러르고 따르는 덕망.
계교(計較) 저울질하고 비교하는 것.
성불 제중(成佛濟衆) 부처를 이루고 중생을 구제함.

32. 정산 종사, **종법실** 앞 감나무에 새들이 자주 앉아 홍시를 쪼아서 버려 놓음을 보시고 시자에게 말씀하시기를 "저러한 새들도 대회상의 창립에 도움은 주지 못할망정 빚을 져서야 쓰겠느냐. 쫓으라." 하시고, 시자가 없을 때는 손수 쫓으시니라.

33. 정산 종사를 처음 뵈온 **김진구(金珍丘)**는 말하기를 '**제월광풍(霽月光風)**'이라 하고, **황성타(黃聖陀)**는 말하기를 '**화풍경운(和風慶雲)**'이라 하고, **안병욱(安秉煜)**은 말하기를 '내가 이 세상에서 본 가장 좋은 얼굴'이며, '얼마나 정성껏 수양의 생활을 쌓았기에 저와 같이 화열(和悅)과 인자(仁慈)가 넘치는 얼굴이 되었을까.' 하느니라.

종법실(宗法室) 정산 종사가 거처하던 집.

김진구(金珍丘, 1893~1978) 법호는 후산(厚山). 진안교당 창립주로 초대 교도회장을 역임했다.

제월광풍(霽月光風) 비가 갠 뒤의 바람과 달이란 뜻으로 마음이 넓고 쾌활하여 아무 거리낌이 없는 인품을 비유적으로 이르는 말.

황성타(黃聖陀, 1903~1957) 법호는 원산(願山). 소성교당을 창립하는데 공헌하였다.

화풍경운(和風慶雲) 화창한 바람과 상서로운 구름.

안병욱(安秉煜) 1920년 평남 용강 출생. 호는 이당(怡堂). 『사상계』 주간과 숭실대 교수 등을 역임하였고, 저서로는 『마음의 창문을 열고』, 『행복의 미학』 등이 있다.

제11 법훈편

法訓編

법훈편(法訓編) 수행과 처세에 관한 간결하면서도 뜻이 깊은 법문으로 구성되어 있다.

1. 정산 종사 말씀하시기를 "육신 생활은 부업이요 정신생활이 **원업**이니라."

2. 정산 종사 말씀하시기를 "**계·정·혜**는 우리 정신의 의·식·주니라."

3. 정산 종사 말씀하시기를 "**소시**에 대각하고, 중년에 **제도** 사업하고, 말년에 **해탈**하면 원만한 일생이니라."

4. 정산 종사 말씀하시기를 "**도량** 안에서 법 중한 줄을 알지 못하면 제도하기가 더 어려우니라."

5. 정산 종사 말씀하시기를 "소소한 **계문**부터 중히 지키라. 이 법을 우리가 중히 지켜야 세상 사람들이 중히 여기느니라."

6. 정산 종사 말씀하시기를 "자신의 **계행**은 **소승**으로 지키고, 세상의 교화는

원업(原業) 본업(本業). 주가 되는 직업.
계정혜(戒定慧) 부처를 이루는 세 가지 공부 방법으로 계율과 선정과 지혜를 말함.
소시(少時) 젊었을 때.
제도(濟度) 구원. 구제.
해탈(解脫) 모든 속박에서 벗어난 자유로움.
도량(道場) 수행자의 처소. 또는 수도 하는 곳.
계문(戒文) 악을 범하지 않도록 소태산 대종사가 제시한 규범.
계행(戒行) 계문을 받아 지킴.
소승(小乘) 작게 싣고 운반한다는 뜻으로 엄밀한 수행을 통한 개인의 해탈을 중시하는 교법.

대승으로 하여, 소승과 대승을 **병진**하라."

7. 정산 종사 말씀하시기를 "옛날 한 선비는 평생 '**소학(小學)**'만 읽었다 하나니, 우리는 평생 '**일상 수행의 요법**'만 읽고 실행하여도 **성불**에 족하리라."

8. 정산 종사 말씀하시기를 "천하의 대도는 **간이**하나니, 공부 길을 잡은 이는 팔만 장경을 단련하여 한두 마디로 강령 잡아 실행하느니라."

9. 정산 종사 말씀하시기를 "결심은 특이하게 하고, 처신은 평범하게 하라."

10. 정산 종사 말씀하시기를 "법을 들으며 조는 것은 꿈에 떡을 먹는 것 같고, 건성으로 앉아서 듣는 것은 그림의 떡을 보는 것 같으니라."

11. 정산 종사 말씀하시기를 "지식과 자각이 다르나니, 지식을 얻은 뒤에 자각

대승(大乘) 크게 싣고 운반한다는 뜻으로 큰 서원에 바탕하여 모두가 함께 하는 수행을 중시하는 교법.
병진(竝進) 함께 아울러 조화롭게 나아감.
소학 송나라 때 주희(朱熹, 1130~1200)가 학인들에게 유학의 기본을 가르치기 위해 제자 유자징(劉子澄)에게 지시하여 편찬한 책으로 조선 시대 교육기관의 필수 교재로 널리 애용되었다.
일상 수행의 요법(日常修行-要法) 일상생활에서 수행해 가는 요긴한 법.
성불(成佛) 부처를 이룸.
간이(簡易) 간단하고 쉬운.

이 따르지 아니하면 평생 지식의 종노릇밖에 못 하느니라."

12. 정산 종사 말씀하시기를 "믿고 행하기를 놓지 아니하면 마침내 **증득**할 수 있느니라."

13. 정산 종사 말씀하시기를 "신앙 불교, 학자 불교, 실행 불교를 다 갖춘 불법이 참 불법이니라."

14. 정산 종사 말씀하시기를 "미신이 따로 없느니라. 모르고 믿으면 미신이니라."

15. 정산 종사 말씀하시기를 "일상 인사에 육신의 안녕만 묻지 말고 '마음공부 잘하자.'라고 인사하라. 이것이 수도인의 참 인사가 되리라."

16. 정산 종사 말씀하시기를 "옛 성인은 제자들에게 소금이 되라고 하셨거니와 나는 그대들에게 연꽃이 되라고 권하노라. 연꽃은 진흙 속에 뿌리박았으되 그 잎이 더러움을 받지 않으며 그 꽃은 아름답고 향기롭나니 새 세상 수도인들의 상징이니라."

17. 정산 종사 말씀하시기를 "탐(貪)·진(瞋)·치(痴)를 대치하는 데 염(廉)·공(公)·명(明) 세 가지가 필요하나니, 청렴은 탐심을 대치하며, 공심은 진심을 대

증득(證得) 깨달아 얻음.

치하며, 명심은 치심을 대치하느니라."

18. 정산 종사 말씀하시기를 "충고를 감수할 경지만 되면 그 공부는 **일취월장** 하느니라."

19. 정산 종사 말씀하시기를 "어떠한 사람이 눈이 밝은가? 자기의 그름을 잘 살피는 이가 참으로 눈 밝은 이요, 어떠한 사람이 귀가 밝은가. 알뜰한 충고 잘 듣는 이가 참으로 귀 밝은 이니라."

20. 정산 종사 말씀하시기를 "죽음을 생각 않는 **임종인**에게 **천도 법문** 설해 주기가 어렵듯이, 스스로 살필 줄 모르는 사람에게 충고의 말을 해 주기가 어려우니라."

21. 정산 종사 말씀하시기를 "눈이 제 눈을 보지 못하고 거울이 제 자체를 비추지 못하듯이, 중생은 **아상**에 가려 제 허물을 보지 못하고 남의 시비만 보나, 공부인은 자타를 초월하여 자기를 살피므로 자타의 시비를 바르게 아느니라."

일취월장(日就月將) 날로 나아가고 달로 성장함. 나날이 발전함.
임종인(臨終人) 죽음을 맞이하는 사람.
천도 법문(薦度法門) 죽은 사람의 명복을 빌고 그 영혼을 선도(善道)로 인도하는 법문. 영가(靈駕)가 괴로움을 떠나서 즐거움을 얻고, 악업을 끊고 선업을 지으며, 무명 번뇌에서 벗어나 깨달음을 얻도록 인도하는 법문.
아상(我相) 모든 것을 자기 본위로만 생각하여 자기와 자기의 것만 좋다 하는 자존심.

22. 정산 종사 말씀하시기를 "마음에 발원이 없고 향상코자 노력함이 없는 이는 곧 살았으되 죽은 이니라."

23. 정산 종사 말씀하시기를 "서원과 욕심이 비슷하나 **천양(天壤)**의 차가 있나니, 서원은 나를 떠나 **공(公)**을 위하여 구하는 마음이요, 욕심은 나를 중심으로 사(私)를 위하여 구하는 마음이니라."

24. 정산 종사 말씀하시기를 "세상을 떠나는 이의 가장 중요한 일은 최후의 일념을 청정히 챙김이요, 세상에 나서는 이의 가장 중요한 일은 최초의 발원을 크게 세움이니, 성불 제중의 원이 모든 발원 가운데 으뜸이니라."

25. 정산 종사 말씀하시기를 "여행자에게 목적지가 있듯이 공부인의 목적지는 불지니라."

26. 정산 종사 말씀하시기를 "**사필귀정(事必歸正)**도 맞지마는 실은 '정할 정'자 **사필귀정(事必歸定)**이요, **앙급자손(殃及子孫)**이라고 하지마는 실은 **앙급자**

천양(天壤) 하늘과 땅.
공(公) 공익. 공중.
사필귀정(事必歸正) 세상 모든 일이 반드시 바른 이치 대로 돌아간다는 뜻.
사필귀정(事必歸定) 세상 모든 일이 반드시 정해진 대로 돌아간다는 뜻.
앙급자손(殃及子孫) 재앙이 자손에게 미친다는 뜻.

신(殃及自身)이니라."

27. 정산 종사 말씀하시기를 "실낱같은 사심이 단서가 되어 **영겁 대사**를 그르치게 되나니, 중도에 변심하여 타락한 사람들이 다 그대들의 스승이니라."

28. 정산 종사 말씀하시기를 "욕심과 착심에 끌려 죄 무서운 줄을 모르는 것이 마치 물고기가 미끼에 끌려 죽을 것을 모르는 것 같고, 진리를 속일 수도 있고 인과를 면할 수도 있다고 생각하는 것이 마치 그물 안의 물고기가 그물 안을 숨을 곳으로 아는 것 같으니라."

29. 정산 종사 말씀하시기를 "천진하여 **사(邪)** 없는 마음이 곧 천심(天心)이요, 천심으로 하는 심판이 곧 하늘의 심판이니, 자신의 선악을 자신이 천심으로 판정해 보면 곧 하늘의 심판을 알 수 있으리라."

30. 정산 종사 말씀하시기를 "과학이 아무리 발달하여도 **천리(天理)**가 할 일은 천리가 하고 사람이 할 일은 사람이 하느니라."

31. 정산 종사 말씀하시기를 "극하면 변하는 것이 천지의 이치라. 개인이나 가

앙급자신(殃及自身) 재앙이 자신에게 미친다는 뜻.
영겁 대사(永劫大事) 영원한 세월을 통해서 가장 중요한 일.
사(邪) 어리석고 거짓되며 사욕(私慾)에 집착하는 마음.
천리(天理) 천지자연의 이치.

정이나 단체나 국가나 모두 그 왕성할 때를 조심하여야 하느니라."

32. 정산 종사 말씀하시기를 "덕(德)이라는 글자를 '큰 덕'자라 하나니, 능히 **육도**와 **사생**을 감화시킬 근본이 이 덕이라. 이 위에 더 큰 것이 어디 있으리오."

33. 정산 종사 말씀하시기를 "인정이 과하면 착심이 되나, 적당하면 바로 그것이 덕이니라."

34. 정산 종사 말씀하시기를 "모든 일을 화(和)와 유(柔)로써 해결하면 능히 강(剛)을 이길 수 있고 부딪침 없이 그 일을 성취할 수 있으나, 아무리 화와 유로 하여도 되지 않을 때는 부득이 강을 쓰기도 하느니라."

35. 정산 종사 말씀하시기를 "강자가 약자를 진화시키는 데에 순수적(順數的) 진화가 있고 역수적 진화가 있나니, 순수적 진화는 도와주어 잘 되게 하는 것이요, 역수적 진화는 그 마음을 거슬려 분심을 일으켜서 잘 되게 하는 것이니라."

36. 정산 종사 말씀하시기를 "참다운 덕인은 밝을 자리에 능히 밝고 어두울 자

육도(六途) 일체 생령이 윤회하는 여섯 가지 세계. 천상, 인간, 수라, 축생, 아귀, 지옥.

사생(四生) 일체 생령이 태어나는 네 가지 유형. 태생은 태를 통해 태어나는 것, 난생은 알로 태어나는 것, 습생은 습지에서 태어나는 것, 화생은 의지한데 없이 태어나는 것.

화(和) 화기롭고 조화로움.

유(柔) 부드러움.

리에 능히 어두우니라."

37. 정산 종사 말씀하시기를 "덕인은 매양 나만 못한 사람에게 더욱 조심하느니라."

38. 정산 종사 말씀하시기를 "아랫사람이 윗사람 섬기기도 어렵지마는 윗사람이 아랫사람 위하기는 더욱 어려우니라."

39. 정산 종사 말씀하시기를 "**구시화문(口是禍門)**이라 하였으나 실은 **구시화복문(口是禍福門)**이니, 잘못 쓰면 입이 화문이지마는 잘 쓰면 얼마나 복문이 되는가."

40. 정산 종사 말씀하시기를 "말 한마디에 죄와 복이 왕래하나니, 한마디 말이라도 함부로 말라."

41. 정산 종사 말씀하시기를 "말은 후하게 하고 일은 민첩하게 하라."

42. 정산 종사 말씀하시기를 "수도인이 **혜수(惠受)**만 좋아하고 공부를 잘못하면 악도에 떨어지나니, 될 수 있는 대로 남의 덕을 적게 입고 공부하여야 빚이

구시화문(口是禍門) 입이 곧 재앙을 불러들이는 문이라는 뜻.
구시화복문(口是禍福門) 입이 곧 재앙과 복을 불러들이는 문이라는 뜻.
혜수(惠受) 다른 사람에게서 은혜를 받음.

적으니라."

43. 정산 종사 말씀하시기를 "**혜시** 받기를 좋아하지 말며, 신심 깊은 이의 혜시를 함부로 받지 말라. 자칫하면 **노적(露積)**에 불 질러 놓고 튀밥 주워 먹는 격이 되느니라."

44. 정산 종사 말씀하시기를 "육신의 발자취는 땅에 남고, 마음이 발한 자취는 허공에 도장 찍히며, 사람의 일생 자취는 끼쳐 둔 공덕으로 세상에 남느니라."

45. 정산 종사 말씀하시기를 "불보살 성현들은 운명을 초월하여 화복을 자유로이 수용하시나, 범부와 중생들은 운명에 끌리어 화복의 지배를 받느니라."

46. 정산 종사 말씀하시기를 "잘 참기가 어렵나니 참고 또 참으면 **영단(靈丹)**이 모이고, 꾸준히 하기가 어렵나니 하고 또 하면 심력(心力)이 쌓이어 매사에 **자재**함을 얻느니라."

47. 정산 종사 말씀하시기를 "**일심**의 힘은 위대하나니, 회상 초창 선진들이 **삼**

혜시(惠施) 다른 사람에게 은혜를 베풂.
노적(露積) 추수한 벼, 보리 따위를 쌓아 둔 더미.
영단(靈丹) 깊은 수행으로 마음과 기운이 뭉쳐져 얻어진 신령스러운 힘.
자재(自在) 걸리고 막힘이 없는 자유로움.
일심(一心) 전일하고 온전한 마음.

동(三冬)에 **방언**할 때 얼음을 깨고 물속에 들어가 일을 하였으되, **무오년 감기**처럼 심할 때도 아무 일 없이 지냈느니라."

48. 정산 종사 말씀하시기를 "참고 돌리는 공부를 입으로만 하는 것과 마음으로 알뜰히 하는 것이 크게 다르나니, 어려운 일을 몇 번만 능히 참고 돌리고 나면 그다음 일들은 수월하니라."

49. 정산 종사 말씀하시기를 "**주자(朱子)**는 '가시나무는 쳐내도 다시 길어나는데 **지란(芝蘭)**은 길러도 죽기 쉽다.' 하였거니와, 우리가 선은 행하기 어렵고 악은 범하기 쉽나니, 악심은 처음 날 때 끊어 버리고 선심은 놓치지 말고 잘 배양하여 수만 생 **불종 선근**이 뿌리 깊이 박히도록 힘을 쓰라."

50. 정산 종사 말씀하시기를 "성인도 시비나 증애는 있으나, 오직 공(公)을 표준으로 하여 시비를 가리고, 끌림 없는 마음으로 증애를 하시느니라."

삼동(三冬) 추운 겨울 석 달 동안.
방언(防堰) 바다를 막아 논을 만드는 일. 바닷물이 밀려들어오는 것을 막기 위해 둑을 쌓음.
무오년(戊午年) 감기 1918년 발생한 스페인 독감으로 우리나라에서만 740만 명이 감염되어 14만 명이 사망한 것으로 추정되고 있다.
주자(朱子) 본명은 주희(朱熹, 1130~1200)로 중국 남송의 유학자. 성리학(性理學)을 집대성하였다.
지란(芝蘭) 지초(芝草)와 난초(蘭草)를 아울러 이르는 말.
불종 선근(佛種善根) 부처의 종자가 될 만한 좋은 자질. 성격 또는 기질.

51. 정산 종사 말씀하시기를 "선은 악이 있으므로 드러나고 악은 선이 있으므로 개선 발전하는 것이나, 참다운 선은 상대적인 선악을 초월하여 선으로 나타나게 되느니라."

52. 정산 종사 말씀하시기를 "**범부**는 작은 선에 걸리어 큰 선을 행치 못하고 작은 지혜에 걸리어 큰 지혜를 얻지 못하나, 성인은 작은 선으로부터 큰 선을 행하고 작게 아는 것으로부터 크게 아는 것을 얻느니라."

53. 정산 종사 말씀하시기를 "악한 사람을 불쌍히 여길지언정 미워하지 말며, 선한 사람을 **추앙**할지언정 시기하지 말라."

54. 정산 종사 말씀하시기를 "상근기는 천연적으로 선한 근성을 가진 사람이요, 중근기는 배워 안 후에야 선을 행하는 사람이요, 하근기는 배워 알고도 선을 행하지 못하는 사람이니라."

55. 정산 종사 말씀하시기를 "당장에는 이겼다 할지라도 교만하고 방심하면 다음에는 질 것이요, 당장에는 졌다 할지라도 겸손하고 분발하면 다음에는 이기리라."

범부(凡夫) 지혜가 얕고 어리석은 사람.
추앙(推仰) 높이 받듦.

56. 정산 종사 말씀하시기를 "범부는 요구 조건만 많으므로 빚만 더 지고, 성인은 의무 조건만 많으시므로 복이 늘 족족하시니라."

57. 정산 종사 말씀하시기를 "한 부분의 해(害)를 받았다 하여 큰 은혜를 모르고 원망하는 것은, 한 끼 밥에 체했다 하여 밥을 원수로 아는 것 같으니라."

58. 정산 종사 말씀하시기를 "범부들은 작은 은혜와 처음 주는 은혜는 느낄 줄 아나 큰 은혜와 계속되는 은혜는 잘 모르나니, 근본적 큰 은혜를 잘 알아야 참다운 보은행을 하게 되느니라."

59. 정산 종사 말씀하시기를 "감사 생활만 하는 이는 늘 **사은**의 도움을 받게 되고, 원망 생활만 하는 이는 늘 **미물**에서도 해독을 받으리라."

60. 정산 종사 말씀하시기를 "한 물건도 미워하지 아니하여야 한 물건도 나에게 원한이 없느니라."

61. 정산 종사 말씀하시기를 "무슨 일이나 방심하면 이루지 못하느니라."

62. 정산 종사 말씀하시기를 "방심하지 않는 데에 성공이 있나니, 끝까지 중단

사은(四恩) 법신불의 네 가지 은혜. 천지은, 부모은, 동포은, 법률은.
미물(微物) 벌레 따위의 작은 동물.

말고 결과를 내라."

63. 정산 종사 말씀하시기를 "'아무 소용없다.'라는 말은 그 사업과 그 물건에 인연을 끊는 말이니 쓰지 말라."

64. 정산 종사 말씀하시기를 "하늘은 짓지 않은 복을 내리지 않고, 사람은 짓지 않은 죄를 받지 않느니라.[天不降不作之福 人不受不作之罪]"

65. 정산 종사 말씀하시기를 "원은 큰 데에 두고 공은 작은 데부터 쌓으며, 대우는 **괘념**치 말고 공덕 짓기에만 힘을 쓰면, 큰 공과 큰 대우가 돌아오느니라."

66. 정산 종사 말씀하시기를 "사람이 한세상을 살고 갈 때 의(義)가 유여하여야 하며, 덕(德)이 **유여**하여야 하며, 원(願)이 유여하여야 하느니라."

67. 정산 종사 말씀하시기를 "세상에서 몰라준다고 한하지 말라. 진리는 공정한지라 쌓은 공이 무공(無功)으로 돌아가지는 않으며, 같은 덕이라도 **음덕**과 **무념**의 덕이 최상의 공덕이 되느니라."

천불강부작지복 인불수부작지죄 天不降不作之福 人不受不作之罪.
괘념(掛念) 마음에 둠.
유여(裕餘) 모자라지 않고 넉넉함.
음덕(陰德) 드러나지 않게 행하는 어질고 착한 덕행.
무념(無念) 은혜를 베풀되 '베푼다'는 생각이나 흔적이 없는 것.

제11 법훈편

68. 정산 종사 말씀하시기를 "용맹에 세 가지가 있나니, 일의 선후를 알지 못하고 **완력**만 주장하는 것은 만용(蠻勇)이요, 정의를 세우기 위하여 불의를 치는 것은 의용(義勇)이요, 외유내강으로 정당한 뜻을 굽히지 않고 꾸준히 정진하는 것은 도용(道勇)이니라."

69. 정산 종사 말씀하시기를 "부끄러움에 세 가지가 있나니, 알지 못하되 묻기를 부끄러워함은 우치(愚恥)요, 나타난 부족과 나타난 과오만을 부끄러워함은 외치(外恥)요, 양심을 대조하여 스스로 부끄러워하고 의로운 마음을 길이 챙김은 내치(內恥)니라."

70. 정산 종사 말씀하시기를 "세속에도 네 가지 기쁜 때가 있다 하였거니와, 묵은 병이 절로 나은 때[**宿病自解時**] 얼마나 기쁘며, 널리 영약을 보시하는 때[**普施靈藥時**] 얼마나 기쁘며, 모든 법이 통달하게 밝아지는 때[**諸法通明時**] 얼마나 기쁘며, 만생이 다 **귀의**하는 때[**萬生歸依時**] 얼마나 기쁘리오."

71. 정산 종사 말씀하시기를 "옛 충신은 '죽어서 솔이 되어 **독야청청**하리라.' 하였으나, 우리는 살아서 솔이 되어 다 함께 청정하며 회상과 세계에 충(忠)을

완력(腕力) 힘으로 억누름.
귀의(歸依) 마음을 바쳐 의지함.
숙병자해시 보시영약시 제법통명시 만생귀의시 宿病自解時 普施靈藥時 諸法通明時 萬生歸依時.
독야청청(獨也靑靑) 홀로 푸르다는 뜻으로 홀로 높은 절개를 지켜 늘 변함이 없음을 이르는 말.

다하자."

72. 정산 종사 말씀하시기를 "있은즉 막히고 **공**한즉 통하며, 막힌즉 어둡고 통한즉 밝으니라."

73. 정산 종사 말씀하시기를 "**평상심** 공부 잘한 이가 참 도인이니, 빈부와 귀천과 고락간에 도심(道心)이 일관하여야 큰 도인이니라."

공(空) 텅 빔.
평상심(平常心) 평등하고 떳떳한 마음. 차별과 집착이 없이 담담하고 한결같은 마음.

제12 공도편

公道編

공도편(公道編) 전무출신의 공도 정신을 고취하고 공심(公心)·단합·합력 등을 강조한 법문으로 구성되어 있다.

1. 정산 종사, **전무출신**들에게 훈시하시며 '경륜통우주 신의관고금(經綸通宇宙 信義貫古今)'이라 써 주시고, 말씀하시기를 "경륜은 우주에 통하고 신의는 고금을 일관하라. 경륜이란 발원이요 계획이니 발원과 계획이 커야만 성공도 클 것이요, 신의란 신념과 의리니 그 발원을 이루기까지 정성과 노력을 쉬지 아니하여야 큰일을 성취하느니라."

2. 정산 종사 말씀하시기를 "한번 전무출신하기로 말로 하고 글로 쓰고 천지 **허공 법계**와 대종사 **성령**과 대중 앞에 고하였거든 그 신의를 영원히 지키라. 천하 사람이 다 이 공부를 아니하고 천하 사람이 다 이 사업을 아니하고 천하 사람이 다 비평 조소할지라도 나는 이 정신을 굽히지 않고 나아가리라는 굳은 마음으로 끝까지 이 일에 전무하라."

3. 정산 종사 말씀하시기를 "전무출신이 아무 자각이 없이 억지로 끌려다니면서 고통을 이기지 못하고 근본정신에 어긋나는 생활을 한다면 차라리 **재가**로서 교단 일을 돕는 것만 못하나니, 세상 여인들의 수절하는 것도 그 대의를 모르고 억지로 하다가는 극하면 도리어 크게 타락하는 수가 있듯이 자각 없는 수도인도 근본정신에 비추어 아무 반성이 없으면 도리어 크게 타락하는 수가 있

전무출신(專務出身) 출가 교도로서 신앙과 수행에 전념하며 세상을 위하여 심신을 오롯이 헌신 봉공하는 사람.

허공 법계(虛空法界) 허공처럼 텅 비어 보이지 않는 신령스러운 세계.

성령(聖靈) 성스러운 영혼.

재가(在家) 세간에서 생활하는 일반 교도.

느니라. 그러므로 옳은 법을 만나고 옳은 지도인을 만났을 때 항시 구도 일념으로써 **낙도**를 하며, 닥쳐오는 **순역 경계**를 능히 이기고 각자의 직장에 **안분**하면서 **회상**을 받들어 미래를 개척하여야 영원한 장래에 꽃다운 전무출신이 되리라."

4. 정산 종사 말씀하시기를 "의로운 일에 고난과 굴곡이 많은 역사는 많을수록 만고에 영예로우나 옳지 못하게 환락에 젖었던 역사는 만고에 부끄러움만 남게 되느니라. 옛날 예수께서는 모든 사람을 위하여 스스로 십자가의 형벌을 감수하셨고, 신라의 **이차돈(異次頓)**은 부처님의 **법음**을 세상에 전하기 위하여 스스로 몸을 바쳐 **이적**으로 죄업 중생을 **제도**하시었으니, 공중을 위해서는 죽는 것도 이같이 아끼지 아니하셨거든 하물며 그 남은 고행 난행이야 다시 말할 것이 무엇이리오. 이는 실로 만고에 공심의 표본이 될 만하니라."

5. 정산 종사 말씀하시기를 "억울한 경계에도 안분하고 위에서 몰라주어도 원

낙도(樂道) 도(道)를 즐김.
순역 경계(順逆境界) 순경과 역경. 순경은 순조롭고 편안한 상황, 역경은 힘들고 어려운 상황.
안분(安分) 자신의 환경과 처지에 편안한 마음을 지니는 것.
회상(會上) 궁극적 진리를 깨달은 부처 혹은 성자의 가르침을 실현하는 곳. 교단.
이차돈(異次頓) 신라 법흥왕 때의 인물로 한국 불교사상 최초의 순교자.
법음(法音) 깨달음으로 인도하는 가르침.
이적(異蹟) 신비스럽고 기이한 행적.
제도(濟度) 구원. 구제.

망이 없으며 공이야 어디로 가든지 나랏일만 생각하던 이순신(李舜臣) 장군의 정신과, 세상 사람이 비겁하게 여길지라도 나라를 위해서는 **정적(政敵)**을 피해 가던 **조(趙)나라 인상여(藺相如) 정승**과, **지조** 없다는 누명을 무릅쓰고도 민중을 위해서 벼슬을 맡았던 **황희(黃喜) 정승**의 정신은 공사하는 이들이 본받을 만한 정신이니라."

6. 정산 종사, **백범 김구(白凡 金九)**의 서거 소식을 들으시고 민족의 손실을 통탄하시며, 그 백절불굴의 의(義)와 주도면밀한 신(信)과 근검 실행의 역(力)을 찬양하신 후 말씀하시기를 "우리는 선생의 그 장한 정신을 추모하는 동시에 우리 회상의 운전에도 그와 같은 마음으로 일일이 추진해 나간다면 이 회상의 발전에 큰 힘이 될 것이니, 그대들도 한번 정당한 도에 입각했거든 어떠한 천신만고를 낭할시라도 이해와 고락과 생사를 **불고**하고 끝끝내 굴하지 아니할 대의를 세우며, 한번 동지로서 동고동락을 맹세하고 정의(情誼)로써 사귀었거든 어떠한 처지에 있게 되든지 그 지키는바 신(信)을 길이 변하지 말며, 한번

정적(政敵) 정치적으로 적대 관계에 있는 사람.
조(趙)나라 중국 전국시대 7대 강국의 하나.
인상여(藺相如) 정승 중국 전국시대 조나라의 재상으로 정적인 염파(廉頗)와 서열을 다투지 아니하고 나라를 원만히 이끈 인물.
지조(志操) 원칙과 신념을 굽히지 아니하고 끝까지 지켜 나가는 꿋꿋한 의지.
황희 정승(黃喜, 1363~1452) 고려 말기에서 조선 초기의 인물. 어질고 깨끗한 관리의 표본.
백범 김구(白凡 金九, 1876~1949) 독립운동가이자 정치가. 백범은 그의 호이다.
불고(不顧) 돌아보지 않거나 돌보지 않음.

이 사업을 성취하기로 발원하였거든 어떠한 일을 하게 되든지 활동은 늘 부지런히 하고 **수용**은 늘 검소히 하여 영원한 세상에 이 대업을 원만히 성취하도록 노력하라."

7. 정산 종사 말씀하시기를 "**교목세신**(喬木世臣)이라는 말이 있나니, 세신이란 곧 대대로 나라를 받들어 나라와 가문이 운명을 같이할 만한 중한 신하를 이름으로, 우리는 이 회상과 생사고락을 같이할 만한 동지를 곧 이 회상의 세신이라 하느니라. 그러므로 그대들은 이 회상과 이 교법을 위해서는 삼세를 통하여 고락과 근심을 함께하며, 이 법이 없어지면 나도 없어지고 이 법이 흥하면 나도 흥하는 것으로 알아서, 신라의 이차돈(異次頓)과 같이 생명까지도 바칠 수 있는 혈심 인물들이 되라. 옛날 백제(百濟)는 처음에는 열 명의 세신이 있어 십제(十濟)라 이름하였다가 후일에 백 명의 세신이 있게 되어 백제라 이름하였다 하나니, 우리도 천 인이면 천 인, 만 인이면 만 인이 다 이 회상과 생명을 같이하여 천하의 권리로도 흔들지 못하고 금은보패로도 달래지 못할 참다운 전무출신이 많이 나면 날수록 우리 회상은 영원히 **흥왕**하고 시방에 빛나리라."

8. 정산 종사 말씀하시기를 "모든 사업의 성공과 실패의 원인이 그 사업 주인

수용(需用) 일상생활에서 사용하는 물건.
교목세신(喬木世臣) 여러 대에 걸쳐 중요한 벼슬을 지낸 집안 출신이어서 나라와 운명을 같이하는 신하. 교목은 줄기가 곧고 굵으며 높이 자라서 대들보나 기둥감이 될 만한 나무.
흥왕(興旺) 번창하고 왕성함.

들의 존심(存心)과 방심(放心)에 달려 있나니, 시종이 한결같이 꾸준한 정성심과 주의심을 놓지 않는 것이 존심으로 이것이 성공의 원인이요, 좀 고생이 된다 하여 열의가 식거나 좀 오래되었다 하여 함부로 하는 것이 방심으로 이것이 실패의 원인이니라. 그러므로 부처님 사업을 하고 부처가 될 공부를 하는 우리는 부단한 정성과 끊임없는 주의심을 놓지 말고 영원히 **퇴전**치 않는 큰 성공을 거두도록 힘써야 할 것이니라."

9. 정산 종사 말씀하시기를 "도량에 산다 하여 다 도인이며 출가를 하였다 하여 다 참다운 전무출신이리오. 우리가 대종사와 **선진**들의 피땀으로 이루신 이 사업의 근본을 한때라도 잊어서는 안 되나니, **영산**에서 숯을 팔고 **삼동**(三冬)에 **언**을 막던 일, **변산**에 내왕하시면서 **강밥**으로 끼니를 때우시고 돗자리 행상으로 노자를 장만하던 일, **익산 총부** 건설 당시에 농사를 짓고 엿을 고던 일

퇴전(退轉) 물러남. 퇴보.
선진(先進) 도문(道門)에 먼저 입문한 사람. 선배.
영산(靈山) 전남 영광군 백수읍에 위치한 원불교의 발상지. 소태산 대종사가 탄생, 성장, 구도 과정을 거쳐 대각하고 교단 창립의 기초를 다졌던 성지.
삼동(三冬) 추운 겨울 석 달 동안.
언(堰) 바닷물이 밀려들어 오는 것을 막기 위하여 쌓은 둑.
변산 전북 부안군에 위치해 있으며 일명 봉래산으로 불리어진다. 예로부터 천재(天災)나 전쟁에도 안심하고 살 수 있다는 열 군데의 땅, 즉 십승지지(十勝之地)의 한 군데로 알려진 명산(名山)이다. 소태산 대종사는 이곳에서 5년간 머무르며 교법을 초안하고 창립 인연들을 만났다.
강밥 국이나 찬도 없이 먹는 맨밥. 또는 누룽지.
익산 총부 원불교 중앙총부의 옛 이름.

등, 이 회상의 창립사를 생각한다면 흙 한 줌과 기둥 하나가 다 대종사와 선진들의 피땀의 결정체라. 언제나 검소하고 낭비하지 말며, 소(小)로써 대(大)를 이루신 근실한 창립 정신을 대대로 잊지 말고 이어 나아가야 할 것이니라."

10. 정산 종사 말씀하시기를 "서울의 어떤 부호 집에서는 사당에 소금 지게를 보관하여 그 조상이 소금 장사로 살림 이룬 것을 기념하는 동시에 자손 대대로 그 근검한 정신을 잊지 아니한다 하니 얼마나 본받을 만한 일인가. 우리 회상도 대종사와 9인 선진들의 근검하신 혈성으로 이루어진 이 사업의 근본을 한 때라도 잊어서는 아니 되나니, 어떠한 곤궁과 고난이라도 창립 초기의 가난하던 때를 생각하여 즐겁게 돌파하여야 영원히 이 회상이 발전하리라."

11. 정산 종사 말씀하시기를 "공금은 곧 여러 사람을 위한 대중의 돈이므로 개인의 돈을 범용(犯用)한 것보다 그 죄가 훨씬 중하나니 공금 쓰기를 무서워하라." 또 말씀하시기를 "불보살 성현 같은 큰 공인(公人)을 비방하고 모해(謀害)하면 **생함(生陷) 지옥**에 든다 하였나니 그 죄에는 천지 허공 법계의 노여움이 따르기 때문이니라."

12. 정산 종사 말씀하시기를 "학식이 적고 인물이 출중하지 못하여 비록 하급의 직을 가지고 평생을 지내더라도 대중을 위하고 도를 위하여 낙도하는 마음이 쉬지 않는다면 그는 곧 큰 도인이요 참 전무출신이며, 그 마음이 항상 처지

생함 지옥(生陷地獄) 산 채로 떨어지는 지옥.

에 안분하지 못하고 자기의 인격은 생각하지 않고 과분한 대우나 바란다면 그는 참다운 전무출신이 아니니라."

13. 정산 종사 말씀하시기를 "전무출신은 스스로 발원하고 스스로 주인 되어 영생토록 몸 바칠 각자의 성직이므로, 누가 나를 알아주지 않음을 근심할 일도 아니요 나에게 대우 없음을 성낼 일도 없느니라."

14. 정산 종사 말씀하시기를 "회상과 자기를 하나로 보고 활동하는 사람은 남이 알아주든 몰라주든 언제나 마음이 한가롭지마는, 회상과 자기를 둘로 알고 활동하는 사람은 몰라주면 야속하고 원망이 나오게 되나니, 그대들은 항상 자기의 심신을 완전히 이 회상에 바치는 사람인가 회상을 이용하여 사사나 도모하려는 사람인가를 반성하여 **지공무사**한 **공도자**가 되기에 힘을 쓰라."

15. 정산 종사 말씀하시기를 "공부나 사업이나 주인의 심경으로 하는 이가 있고 머슴의 심경으로 하는 이가 있나니, 주인의 심경으로 하는 공부는 **삼세**를 통하여 이 공부만이 영원히 제도 받을 길인 것을 자신하고 하기 싫으나 하고 싶으나 남이 알아주나 몰라주나 간에 꾸준히 힘을 쌓아 가는 것이요, 머슴의 심경으로 하는 공부는 스승이나 남의 이목에 끌려 마지못해서 하는 공부니라.

지공무사(至公無私) 지극히 공정하여 사사로움이 없음.
공도자(公道者) 세상을 위하여 헌신 봉공하는 사람.
삼세(三世) 과거, 현재, 미래의 영원한 세상.

사업계에서도 공중의 소유를 내 것같이 알뜰히 아끼고 교중의 **권속**을 가족같이 알뜰히 챙기며 교중의 근심을 자기의 근심으로 삼고 교중의 낙을 자기의 낙으로 삼아서 이해와 고락을 교단과 같이하는 것이 주인의 사업이요, 교중의 재물이 소모되고 교중의 명예가 손상되어도 자기에게는 상관이 없는 것같이 건성으로 대하며 약간의 공이 있으면 **상(相)**만 남아서 불평이나 하고 남이 알아주는 것이나 헤아리는 것은 머슴의 사업이니라. 주인은 알뜰하고 상이 없으므로 알뜰하고 국한 없는 공이 돌아오나니, 주인의 공부와 주인의 사업을 꾸준히 계속하면 마침내 **시방세계**가 **오가의 소유**인 지경에 이르게 되며, 이러한 인물들이 우리 회상의 큰 주인이 되나니라."

16. 정산 종사 말씀하시기를 "한 가정의 살림에도 주인은 머슴보다 걱정이 많나니, 자기 살림이기 때문에 더 생각을 하게 되며, 살림 속을 더 알므로 걱정을 먼저 하게 되느니라. 걱정을 하는 것도 알아야 걱정이 있나니, 불보살들은 **생사 대사**를 알고 **인과보응**을 알고 만생령이 다 한 권속임을 알기 때문에 걱정 없는 가운데 큰 걱정이 있으시고, 범부 중생들은 모두 모르고 **자행자지**하기 때

권속(眷屬) 한집에서 거느리고 사는 식구.
상(相) 집착으로 마음에 남아 있는 흔적.
시방세계(十方世界) 온 세상. 시방은 동·서·남·북·동남·서남·동북·서북의 8방과 상·하를 합친 전체 공간.
오가(吾家)의 소유 나 자신의 소유.
생사 대사(生死大事) 인생에 있어서 태어나고 죽는 일이 매우 큰 일이라는 뜻.
인과보응(因果報應) 지은 바(원인)에 따라 반드시 결과를 받게 되는 원리.
자행자지(自行自止) 자기 마음대로 하고 싶으면 하고 하기 싫으면 하지 않음.

문에 걱정의 바다 속에서도 참 걱정이 없느니라. 그러므로 교중 살림에 대하여서도 걱정스러운 일은 앞장서서 함께 걱정하고 알뜰히 챙기어 그 해결에 힘쓰는 이가 공도의 참다운 주인이니라."

17. 정산 종사 말씀하시기를 "주인은 모든 일에 앞장을 서며, 자기가 주인이기 때문에 불평이 없으며, 중심이 되는 일이나 변두리의 일이나 모든 일꾼을 다 아끼고 챙기며, 모든 고락을 전체와 같이하며, 순역 경계를 따라 그 일을 버리지 아니하고 그 성취를 위하여 끝까지 힘쓰나니, 그대들은 이러한 대도 회상에 참예[42]하여 얼마나 주인의 심념(心念)을 가졌는가 자주 살펴서 거룩한 이 공도에 알뜰한 주인이 되라."

18. 정산 종사 말씀하시기를 "나는 **공산[公山 宋慧煥]** 동지에게 잠시 요양할 것을 권하다가 알뜰한 법설을 들었노라. '기위 한 세상 바친 몸이니, 맡은 이 일이나 잘하여 도인들 많이 나오고 동지들 건강하게 할 수 있다면 그것으로 만족하고 아무 여한이 없으니 자신의 걱정은 말라.'라고 하더라. 공사를 하자면 자신도 돌보아야 하겠지마는 이러한 마음이 전무출신의 참 정신이요 공도의 주인 된 심경이니라."

19. 정산 종사, 학인들에게 말씀하시기를 "단체의 생명은 규율이니, 한번 지도

참예(參預) 참여.
공산 송혜환(宋慧煥, 1905~1956) 전북 진안 출생. 법호는 공산(公山)이며 법훈은 대봉도. 제1대 성업봉찬회 부회장 등을 역임하였다.

인을 정하여 지도를 받기로 서원하였으면 알뜰히 **신봉**하고 그 지도에 순종하며, 의논할 때는 자유로운 뜻을 말하되 공의를 거쳐 발령(發令)된 후에는 기꺼이 공의에 순응하여야 법다운 **공가**의 인물이니라."

20. 정산 종사 말씀하시기를 "모든 인사(人事)에 관계되는 의논은 기관 기관이 서로 양보하고 사람 사람이 서로 대의를 잡아 적재적소로 마땅하게 배치하되, 의견이 끝내 상대되는 때는 양방의 의견을 **난만히** 들어 본 후 다수의 의견에 따를 것이니라."

21. 정산 종사 말씀하시기를 "교단 생활을 하는 사람이 **공변된** 규율을 함부로 어기거나, 한두 사람의 감정으로 교단의 발전에 지장을 주거나, 인과와 **불생불멸**의 도에 의혹을 품게 하여 여러 사람의 **복혜 양전(兩田)**을 파괴하거나, 대중에게 신심과 공심을 장려하지 못하고 은근히 형식과 외화로 흐르게 하면 공가(公家)와 법계에 중죄가 되나니, 중죄를 짓지 말지니라."

신봉(信奉) 믿고 받듦.
공가(公家) 공익의 일을 하는 단체나 기관.
난만히(爛漫-) 충분히.
공변된(公遍-) 공평하고 정당하여 어느 한 편에 치우치거나 사사로움이 없는 것.
불생불멸(不生不滅) 생겨나지도 않고 없어지지도 않는다는 뜻으로 영원히 변함이 없는 진리의 실상을 뜻함.
복혜(福慧) 양전(兩田) 복덕과 지혜의 터전.

22. 정산 종사 말씀하시기를 "교단 생활을 하는 가운데, 그 사람을 가까이하면 **까라지던** 공부심도 일어나고 없던 사업심도 생겨나며, 의혹이나 원망심도 풀어지고 있던 걱정 근심도 사라지게 하는 사람이 있나니, 이러한 사람은 곧 그 마음이 살아 있는 사람이요, 동지들의 마음을 살려 주고 이 회상을 이뤄 내는 주인공이니라."

23. 정산 종사 말씀하시기를 "전무출신 하나하나의 잘잘못이 우리 회상 전체의 잘잘못이 되나니, 아무쪼록 법도 있고 **줄 맞은** 규칙 생활을 하라. 단체는 규칙과 **법도**로써 얽어 놓은 것이니, 우리 하나하나가 이 법을 어기지 않고 잘 지키며, 총부를 비롯하여 지방과 기관 전체가 하나같이 법답게 움직여 가야, 우리 회상이 끊임없이 발전되고 이 법으로 세계를 제도하게 되리라."

24. 정산 종사, 원기 39년 2월에 남녀 대중에게 말씀하시기를 "교단의 발전이 해를 지낼수록 뚜렷해지나니, 남들이 별로 관심을 가지지 않던 과거와는 달리 교단의 중심부인 총부 대중이 먼저 공부와 사업과 생활이 어느 모로나 세상에 표준이 되고 교단에 모범이 되어야 할 것이니라. 비록 창립 초기 9인 제자 같은 정신 통일은 기대하기 어렵다 하더라도 대중의 정신이 지도인의 정신에 이탈되지는 아니하여야 할 것이니, 자주 지도를 청하고 그 지도에 잘 순응하라. 지도인의 말이 서지 아니하면 그 단체는 어지러워지느니라. 또한, 세상을 부러

까라지던 기운이 빠져 축 늘어지던.
줄 맞은 어긋남이 없이 반듯한.
법도(法度) 법률과 제도.

워 말고 오직 여기에 모든 희망을 걸고 사(私) 없이 노력하라. **천록(天祿)**이 내리지 아니하면 큰 영광은 누리지 못하나니, 우리의 **교운**은 큰 천록이라 이 교단의 발전과 함께 우리의 생활은 따라서 향상되리라. 지금 우리의 의식 생활이 비록 곤궁하다 하나 초창기에 비하면 수도하는 생활로는 족하며, 이러한 생활 가운데에서 잘 하면 도인도 되고 후세에 덕까지 끼치게 되었으니 이 어찌 대종사의 은혜가 아니신가. 정신을 차리어 두마음 먹지 말고 오직 외길로 힘써 나아가라."

25. 정산 종사, 원기 39년 5월에 다시 말씀하시기를 "근본정신은 다 같이 교단을 위하는 공심이라도 그것을 실지에 베풀어 쓰는 방법에는 우열 장단이 없지 않나니, 언제나 **대국적 견지**에서 좋은 방법을 골라서 쓰고 그 법에 잘 순응하라. 한 가지 일을 가지고도 말하기에 따라서 일이 커지기도 하고 작아지기도 하나니, 모든 일을 될 수 있는 대로 작게 만들어 수월하게 처리하고 의리에 근거하여 처사하는 것이 도가 정치의 근본이니라. 갈라지는 것으로 발전을 도모하는 것은 단합하는 것으로 발전을 도모함만 같지 못하나니, 남자나 여자나 늙은이나 젊은이나 다 같이 힘을 합하여, 좋은 일은 서로 격려하고 밀고 나아가며, 좋지 못한 일은 서로 충고하고 고쳐 나가서 어떻게든지 이 회상만 발전시키면 그만이 아닌가. 남자계가 남자계만 생각하지 않고 여자계 일을 앞장서서 협력해 주고, 여자계가 여자계만 생각하지 않고 남자계 일을 앞장서서 협력해

천록(天祿) 하늘이 내려주는 복록.
교운(敎運) 원불교의 운세.
대국적 견지(大局的見地) 전체의 큰 흐름을 보는 관점.

주며, 재가·출가와 노인·청년이 또한 다 그렇게 한다면 의리는 의리대로 서고 일은 일대로 잘될 것이니, 이것이 얼마나 아름답고 넉넉한 도가의 풍속이겠는가. 오직 그 일에 대한 시비만 표준으로 할 것이요 남녀나 노소의 상을 표준으로 하지 말며, 오직 그 대의를 표준으로 할 것이요 자타나 원근을 차별하는 상(相)을 표준으로 하지 말라. 개인의 잘잘못은 어디까지나 개인을 상대하여 권장하고 교정할 것이요, 몇몇 잘못을 전체에 둘러씌워 시비하지 말라. 우리 남녀 대중이 모든 일을 이와 같이 화합과 의리를 표준으로 하여 진행한다면 이 회상은 분열 없이 꾸준히 발전하리라."

26. 정산 종사, 이어 말씀하시기를 "고금을 막론하고 모든 단체가 성공하는 근본은 대중의 정신 통일에 있나니, 우리 남녀 대중이 다 9인 제자의 정신을 그대로 이어받아 모든 근심과 낙을 오직 여기에 붙이고, 한마음 한뜻으로 나아간다면 우리 회상은 날로달로 발전을 볼 것이나, 남녀 대중의 마음 마음에 무슨 고장이 있으면 우리의 발전은 지체되리라. 9인 제자의 창립 정신에는 자신이나 사가에 대한 걱정은 없었나니, 중생을 위하는 이는 자신의 노후나 병들 때 일 등을 스스로 생각할 겨를이 없으며, 남녀나 자타의 상에 끌려 대체를 그르치지 아니하느니라. 자기 일만 앞세워 걱정하면 사람이 옹졸하고 **비루**해지며, 이웃을 먼저 생각하고 동지를 먼저 근심해 주어야 참다운 동지요 불보살이니라."

27. 정산 종사 말씀하시기를 "우리 회상에서도 과거 일이 좋으면 과거사를 참

비루(鄙陋) 비겁하고 야비함. 행동이나 성질이 너절하고 더러움.

고하고 새 의견이 옳으면 그 의견에 좇아서 누구의 의견으로든지 교단만 발전시키면 될 것이거늘, 자기가 낸 의견은 세우려고 애를 쓰면서 남이 낸 의견은 비록 좋은 의견이라도 기꺼이 따르지 않고 방관하는 수가 없지 않나니, 이러한 생각은 단체나 국가의 진보를 막고 그 힘을 약하게 하는 독소라. 대중 생활을 하는 사람들은 좋은 의견이거든 자타의 상을 떠나 기쁘게 따르고 협력하는 정신을 먼저 가져야 하느니라."

28. 정산 종사 말씀하시기를 "회룡고조(回龍顧祖)라는 말이 있나니, 이는 산의 지맥이 뻗어 내려오다가 그 본산을 돌아다보는 형국을 이름이라. 무정한 산맥도 그 근본을 잊지 아니하고 돌아다보므로 그 **지기**(地氣)가 **매양** 승하다 하느니라. 돌이켜 살펴보면 우주 만유는 허공을 근본으로 하고 있고, 모든 **유정**은 각기 마음을 근본으로 하고 있고, 모든 인류는 각기 조상을 근본으로 하고 있고, 여러 단체는 그 단체의 **창도자**와 선진자들과 그 단체를 **총관**하는 중앙을 근본으로 하고 있나니, 우리 회상도 대종사를 비롯하여 선진들의 피땀 어린 노력으로 이루어졌고, 각 지방과 각 기관은 중앙을 인하여 건립되어 있으므로, 우리는 항상 대종사와 선진 여러분의 노고를 잊지 아니하고 감사와 **경모**의 뜻

지기(地氣) 땅의 기운.
매양 항상.
유정(有情) 영식(靈識)이 있는 생명체.
창도자(唱導者) 창립자. 사상, 종교 따위를 앞장서서 주장하고 이끄는 사람.
총관(總管) 총체적으로 관리함.
경모(敬慕) 깊이 존경하고 사모함.

을 길이 가져야 할 것이며, 각 지방과 기관은 그 근본이 되는 중앙을 잊지 아니하고 항상 받들고 협조하는 정신을 가져야 할 것이니라."

29. 정산 종사, 이어 말씀하시기를 "그러나 본(本)과 말(末)이 둘이 아니며, 선진과 후진이 둘이 아니며, 중앙과 지방 기관이 둘이 아니니, 선진이 없으면 후진이 어찌 있고, 후진이 없으면 선진의 공로가 어찌 드러나며, 중앙이 없으면 지방과 기관이 어찌 있고, 지방과 기관이 없으면 중앙이 어찌 그 계획을 실현하리오. 그러므로 우리는 매양 각자의 서원을 발하는 데에도 그 근본을 잘 살펴서 근본에 세울 것이요, 각자의 공부를 진행하는 데에도 근본을 잘 살펴서 근본이 되는 공부에 정진할 것이요, 모든 사업을 진행하는 데에도 각자의 처지를 잘 살펴서 선진자는 선진자의 임무를 다하고 후진자는 후진자의 도리를 다하며, 부모 **사장(師長)**은 부모 사장의 책임을 다하고 자녀 제자는 자녀 제자의 의무를 다하여, 각자 각자가 다 그 근본과 처지를 살펴서 자기의 의무와 책임을 다한다면 모든 일에 결함됨이 없을 것이니라. 그러나 **발원**이나 수행이 그 근본을 놓고 끝에 흐르며, 후진이 선진을 망각하고 지방과 기관이 중앙을 저버린다면 이는 본을 놓고 말을 취함이라 그 사업이 성실하기를 기대하기 어려울 것이며, 선진과 중앙이 후진과 기관을 잊어버리고 자기의 이익과 대우만을 바란다면 이는 본만 취하고 말을 놓는 것이라 어찌 본과 말이 합치된 원만한 성과를 보리오. 그러므로 우리는 모든 일에 매양 그 근본과 처지를 잘 살펴서 서

사장(師長) 스승과 웃어른.
발원(發願) 간절한 원을 세움.

로 바탕이 되고 서로 의지하는 정신으로써 회상의 발전과 각자의 발원 성취에 매진하여야 할 것이니라."

30. 정산 종사 말씀하시기를 "우리 사업 기관이 여러 가지로 벌여 있으나 전체가 다 우리 사업이니, 항상 자기 맡은 사업만 생각하지 말고 전체의 사업을 두루 생각하라. 맡은 일에 구분이 있고 선후와 대소는 있을지라도 다른 사업을 무시하면 원만히 우리 사업이 추진되지 못하나니, 맡은 임무에 충실하면서 전체 사업을 내 일같이 살펴야 참으로 큰 사업의 주인이니라."

31. 정산 종사 말씀하시기를 "우리의 육신은 **육근**이 들어서 운전해 가는바, 육근 가운데 어느 한 부분에 일이 생기면 다른 부분에서는 그 일에 직접 **소임**이 아닐지라도 총력을 집중하여 그 부분의 공을 세워 주어서 그 일의 잘됨을 따라 육신 전체의 공이 드러나게 되는 것같이, 한 단체의 단합도 서로서로 각자의 소임을 다하면서 원만하고 아량 있는 마음으로써 전체의 일에 잘 협동하고 한 사람 한 사람의 공을 전체의 공으로 돌려야 그 단체가 길이 흥왕하고 크게 성공하느니라. 그러므로 우리는 이름과 책임이 서로 다를지라도 우리의 근본인 교단을 위해서는 여러 몸이 한 몸이 되고 여러 마음이 한 마음이 되어 틈 없는 심경으로 서로 도우며, 동지의 능력과 공을 나의 능력과 공으로 알아서 일심 합력하여야만 교단의 사업이 크게 발전되리라."

육근(六根) 눈, 귀, 코, 혀, 몸, 뜻의 감각과 인식 기관.
소임(所任) 맡은바 책임.

32. 정산 종사 말씀하시기를 "사심(私心)이 공(空)해야 공심(公心)이 나고, 공심이 나야 단합이 되며, 단합이 되어야 **시방**을 화(和)하는 참 주인이 되느니라."

33. 정산 종사 말씀하시기를 "무엇이나 본래에는 큰 것도 아니요 작은 것도 아니지마는, 아무리 작은 것이라도 모이면 능히 큰 것을 이루고, 아무리 큰 것이라도 흩어지면 마침내 작은 것이 되느니라. 저 하늘은 무형한 공기와 공기의 결합이요, 이 지구는 작은 먼지와 먼지의 결합이며, 한 방울 두 방울의 물이 **대해 장강**을 이루었고, 한 사람 두 사람이 세계의 인류를 이루었으며, 억만 거액도 한 푼 두 푼이 그 근본이요, 불보살 성현의 큰 정신도 온전한 한 생각이 모이고 모인 것이라, 무엇이나 합하면 큰 것이요 거기에서 큰 위력이 생기나니, 저 하늘과 땅을 보고 저 바다를 보라. 그러므로 남다른 경륜으로 남다른 사업을 뜻하는 이는 반드시 먼저 단결의 위력을 통찰하고, 그 대익을 체득하여 단결의 실현에 노력하나니, 우리의 급선무는 단결이니라."

34. 정산 종사 말씀하시기를 "**천지만엽**으로 흩어진 마음을 본래의 **성품**에 돌이켜서 일심이 되게 함은 곧 마음의 단결이요, **가권**의 마음이 일심이 되어 단

시방(十方) 온 세상. 시방은 동·서·남·북·동남·서남·동북·서북의 8방과 상·하를 합친 전체 공간.
대해 장강(大海長江) 넓고 큰 바다와 길고 긴 강.
천지 만엽(千枝萬葉) 천 개의 가지와 만 개의 잎. 여러 갈래로 나뉘어 어수선함.
성품(性稟) 본래 마음. 자성, 본성, 진성, 불성 등으로도 표현.
가권(家眷) 가족과 권속.

란하고 화평하게 살도록 함은 곧 가정의 단결이요, **흉금**을 토로하고 생사를 같이하여 **동심합력**하게 함은 곧 동지의 단결이요, 의식과 용도에 낭비를 막고 근검절약을 장려하여 공익의 큰 재단을 조성하는 것은 곧 **정재(淨財)**의 단결이요, 우리 **대도 정법**으로 세계의 인류를 지도 교화하여 **동귀일체(同歸一體)**를 실현하자 함은 곧 세계의 단결이니, 인격은 반드시 마음의 단결로 향상될 것이며, 가정은 반드시 가족의 단결로 **융창**할 것이며, 단체는 반드시 동지의 단결로 발전될 것이며, 공익 기관은 반드시 정재의 단결로 조성될 것이며, 세계는 반드시 인류의 단결로 크게 발달하리라."

35. 정산 종사 말씀하시기를 "**중근기**의 단합은 모래와 같아서 아무리 모아 놓아도 낱낱이 부스러지고, **하근기**의 단합은 진흙과 같아서 낱은 가늘지마는 뭉치면 덩이를 이루고, **상근기**의 단합은 큰 바위와 같아서 그대로 큰 단합을 이

흉금(胸襟) 마음 깊이 품은 생각.
동심합력(同心合力) 한 마음으로 힘을 합함.
정재(淨財) 순수한 마음으로 정성을 모은 재물.
대도 정법(大道正法) 크고 원만하고 바른 가르침.
동귀일체(同歸一體) 함께 돌아가 한 몸이 됨.
융창(隆昌) 기운차게 일어나거나 대단히 번성함.
중근기(中根機) 자세히 아는 것도 없고 혹은 모르지도 아니하여 항상 의심을 풀지 못하고 법과 스승을 저울질하는 근기.
하근기(下根機) 사(邪)와 정(正)의 분별도 없으며 계교와 의심도 내지 아니하여 인도하면 인도하는 대로 순응하는 근기. 공부의 정도나 지견이 낮은 사람.
상근기(上根機) 정법을 보고 들을 때에 바로 판단과 신심이 생겨나서 모든 공부를 자신하고 행하는 근기.

루느니라."

36. 정산 종사 말씀하시기를 "물도 **낱**이 없고 허공도 낱이 없어서 항상 잘 단합하나니, 우리가 단합하려면 먼저 마음에 낱을 없애고, 오직 지공무사한 자리에 돌아가야 하느니라. 일체의 낱을 찾아볼 수 없는 큰 단합은 우주의 원리와 합치되므로 그 위력이 천지와 더불어 같으니라."

37. 정산 종사 말씀하시기를 "집 하나를 짓는 데에도 대들보도 있어야 하고 기둥도 있어야 하고 **서까래**도 있어야 하며, 소소한 모래 한 줌 종이 한 장이라도 필요한 것은 다 있어야 하듯이, 이 회상을 이뤄 내고 발전시키는 데에도 여러 방면의 크고 작은 인재들이 다 모여서 각자의 임무를 다하여 주어야만 하는 것이니, 각 방면의 모든 동지가 한 분 한 분 얼마나 정답고 소중한가. 그러므로 대종사께서 '선후진의 모든 동지가 서로서로 업어서라도 받들고 반기라.' 하시었나니, 우리 동지들은 늘 서로 애호하고 돕고 받들며, 어떠한 허물이 있다 할지라도 감싸고 용서하고 이끌어서, 한가지로 이 대업에 동심합력해야 우리의 교운이 무궁하리라."

38. 정산 종사, 어떤 일로 **학인**들이 불화함을 보시고 말씀하시기를 "그대들이 아무리 천하를 차지하는 큰 공을 세운다 할지라도, 불화하면 내 마음이 불안할

낱 따로따로 나누어진 것.
서까래 대들보에 걸쳐 가로지른 나무.
학인(學人) 공부인. 도(道)를 배우는 사람.

뿐만 아니라 일도 또한 잘되지 못할 것인즉, 오직 한 가지 일을 할지라도 화합하는 가운데 일을 하여야 내 마음도 기쁘고 그 일도 잘되리니, 큰 성공을 하려거든 먼저 화합부터 하라."

39. 정산 종사 말씀하시기를 "어떠한 일이 **대의**에 크게 어긋나거나 큰 손해날 일이 아니거든 지나치게 상대적으로 처사하지 말라. 작은 일로 불화하여 상대가 되면 큰일에 큰 손해를 보는 수가 있느니라." 또 말씀하시기를 "져서 큰 손해 없을 터이니, 대의를 좇아 2, 3할만 이기라. 대인은 이길 능력이 있으면서도 져주고, 소인은 이길 능력이 없으면서도 이기려 드느니라."

40. 정산 종사 말씀하시기를 "항상 **심고**할 때 세상을 좋게 하며, 동지들을 좋게 하며, 천하의 모든 사람을 다 좋게 하기로 심고하라. 천하와 동지의 고락을 자신의 고락으로 알고 나아가야 **윤기**가 바로 닿고 **맥맥이** 상통하여 큰 성공을 보느니라."

41. 정산 종사 말씀하시기를 "전무출신의 공동생활은 정신 일체(一體)와 육신 일체의 **본지**를 잘 이해하여 매사에 서로 친애(親愛)를 주로 하되, 동지 간에 혹

대의(大義) 원칙이 되는 근본 뜻이나 정신.
심고(心告) 법신불 사은 전에 마음으로 고하여 기원함.
윤기(倫氣) 사람과 사람 사이에 지켜야 할 도리와 따뜻한 정(情).
맥맥이(脈脈-) 맥과 맥이. 마음과 마음이. 또는 기운과 기운이.
본지(本旨) 근본 뜻.

정신상 과오가 있을 때는 간격 없는 애정으로 진실히 충고하고 그 과오가 외부에 누설되지 않도록 주력하며, 충고를 받은 이는 감사한 마음으로 회개에 힘쓸 것이요, 동지 간에 지식 우열이 상대할 때는 그 우(優)한 이가 열(劣)한 이를 절대로 하시하지 말고 힘 미치는 대로 지식을 알려 주는 데에 노력하며, 어떠한 묘법이나 독특한 견문이 있을 때는 때를 따라 모든 동지에게 전해 주는 데에 노력할 것이요, 동지 간에 혹 육체상 병고가 생긴 때는 가족의 **정의**에 의하여 힘 미치는 대로 정성껏 원조하며, **애경재상(哀慶災祥)** 등 일이 있을 때는 힘 미치는 대로 서로 **동정**할 것이니라.”

42. 정산 종사 말씀하시기를 "옛 성인이 '**돕는 벗 세 가지가 있나니, 곧고 너그럽고 앎이 많은 벗이라.**' 하셨는바, **삼세**의 **숙연**과 윤기로 얽힌 우리 동지들은 **세세생생** 서로 도울 동지요 도반이라. 서로서로 곧고 바르게 깨우치며 너그럽고 알뜰히 인도하여, 진실한 **동심 동체**의 동지가 되어야 할 것이니라.”

정의(情誼) 따뜻한 정과 신의.
애경재상(哀慶災祥) 슬픈 일과 경사스러운 일과 재앙과 상서로운 일.
동정(同情) 정을 나눔. 남의 어려운 처지를 자기 일처럼 딱하고 가엾게 여김.
돕는 벗 ~ 벗이라 『논어(論語)』 계씨(季氏)에서 유래한 말로 원문은 "益者三友 損者三友 友直 友諒 友多聞 益矣(익자삼우 손자삼우 우직 우량 우다문 익의)”이다.
삼세(三世) 과거, 현재, 미래의 영원한 세상.
숙연(宿緣) 숙세의 깊은 인연.
세세생생(世世生生) 태어나고 죽음을 되풀이하는 수많은 생애.
동심 동체(同心同體) 한 마음 한 몸.

43. 정산 종사 말씀하시기를 "공(公)과 사(私)는 원래 둘이 아니니, 국한을 크게 잡으면 사도 다 공이 되고, 국한을 작게 잡으면 공도 다 사가 되느니라."

44. 정산 종사 말씀하시기를 "사욕에 끌려 우리의 근본인 큰 **서원**을 잊지 말라. 각자의 공부도 '나만 특별한 공부를 하여 내가 오직 특별한 사람이 되리라.' 하면 사가 낀 공부라 큰 공부를 이루지 못할 것이요, 사업도 사가 든 마음으로 공을 계교한다면 큰 사업을 이루지 못할 것이니, 그 마음의 출발부터 사욕이 없이 오직 무아 무욕한 공부를 하고, 지공무사한 사업을 하여야 큰 공부 큰 사업을 이루느니라."

45. 정산 종사 말씀하시기를 "대종사께서 가장 꺼리신 바는 **독선기신(獨善其身)**으로 공중도 불고하고 동지도 불고하고 저 혼자만 독특한 공부를 꾀하는 제자였나니, 모든 동지와 함께 **동정**이 한결같은 대승의 공부를 하고 모든 동지와 함께 고락을 나누는 대승의 사업을 하여야 대종사의 참다운 제자요 우리의 알뜰한 동지니라."

46. 정산 종사 말씀하시기를 "불경에 삼륜 청정(三輪淸淨)이란 말이 있나니, 주는 이와 받는 이와 주는 것 등 세 가지가 다 공(空)하여야 참다운 희사가 된다 하심이니라. 그러므로 부처님 사업에 물질이나 자녀나 자신을 바치되, 오직

서원(誓願) 성불 제중의 큰 원.
독선기신(獨善其身) 자기 개인의 수행에만 전념하는 것.
동정(動靜) 일이 있을 때와 없을 때.

빈 마음으로 바치는 것이 참 희사가 되고, 그렇게 희사한 이가 참다운 **법계(法界)**의 조상이 되느니라."

47. 정산 종사 말씀하시기를 "우리가 사은의 지중한 은혜를 알아 그 은혜에 보답하는 세 가지 사업이 있나니, 교육과 교화와 자선이라. 자신이 교육을 받은 후에는 후진을 가르치고 이웃을 교화하며 자비와 선행을 널리 베풀어 교육·교화·자선을 아울러 실천하라. 교육·교화·자선은 교단의 세 가지 사업 목표일 뿐 아니라 우리 공도 사업자들의 영생의 세 가지 봉공 요건이니라."

48. 정산 종사 말씀하시기를 "적극적인 포교도 좋지마는 대도 정법이라도 너무 **강권**하거나 지나치게 선전만 하면 도리어 가치 없이 인식되기 쉽나니, 포교를 하는 이는 먼저 상대자의 근기를 잘 살펴서 기연에 맞게 도를 권할 것이며, 자신의 수행으로써 자연히 **권도(勸導)**가 되게 하여야 실효 있는 포교가 될 것이니라."

49. 정산 종사 말씀하시기를 "입교를 많이 시키는 것이 제도의 한 방법은 되나, **벌제위명(伐齊爲名)**으로 입교만 시키는 것은 참 제도가 아니요, 신심이 확실히 설 때까지 자주 보살펴 주어야 참 제도를 받게 되나니, 이왕에 입교의 **연**

법계(法系) 법의 계통.
강권(强勸) 억지로 권유함.
권도(勸導) 권장하고 이끌어 줌.
벌제위명(伐齊爲名) 겉으로는 어떤 일을 하는 것 같으나 실속이 없음.

원이 되었거든 제도를 받도록까지 꾸준히 공을 들여 참다운 연원이 되어야 할 것이니라."

50. 정산 종사 말씀하시기를 "사람을 교화하는 이는 자신이 먼저 실지로 느끼고 체험하여 신념에서 우러나오는 말로 설교를 하며, 진실하게 참다운 인연을 널리 맺고 대중을 두루 살펴 감화시켜야 모든 사람과 참다운 법연이 맺어지고 기운이 서로 응하여 참된 교화가 이뤄지느니라."

51. 정산 종사, 지방 교무들에게 말씀하시기를 "우리의 몸이 곧 대종사의 분신이요 회상의 일부라. 우리가 잘하면 대종사의 **위덕**과 회상의 명예가 더욱 드러나고 우리가 잘못하면 대종사의 위덕과 회상의 명예가 **오손되나니**, 우리는 항상 각자의 몸을 가벼이 알지 말고 일동일정을 신중히 할 것이요, 교도를 교화하는 데에는 비록 소소한 일이라도 먼저 몸으로써 성의껏 시범할 것이며, 항상 기울지 않는 태도로 대중을 널리 포섭할 것이요, 교도들의 신앙심과 사업심을 항상 중앙에 잘 연락시켜야 하느니라. 교무가 만일 본부 연락에 힘쓰지 아니하고 편벽되게 신심을 집중하거나 지방의 사업에만 국한되게 한다면 통일적 교화가 되지 못할 뿐 아니라 회상은 반드시 병들게 되느니라."

52. 정산 종사, 교무들에게 말씀하시기를 "교화에 종사하는 사람은 항상 당파

연원(淵源) 입교하도록 이끌어 주는 역할.
위덕(威德) 위엄과 덕화.
오손되나니(汚損-) 더럽혀지고 손상되나니.

와 **친소**에 초월할 것이요, 대하는 곳마다 진실한 정성을 다할 것이요, 질병·재난·애경 등에 그 인사를 잃지 말 것이요, 상하를 막론하고 공경히 대응하여 모든 교제(交際)에 결함이 없도록 할 것이니라."

53. 정산 종사, 교무들에게 말씀하시기를 "자신이 먼저 몸으로써 시범할 것이요, 동지들에게 권고하여 같이 법을 실행할 것이요, 항상 본부에 연락을 잘하고 지방 요인들과 의논을 잘할 것이니라."

54. 정산 종사, **김창준(金昌峻)**이 부임할 때 글을 써 주시니, '도덕이 천지에 있으나 천지는 말이 없고, 사람이 그 이치를 쓰매 말도 있고 교화도 있나니, 동하나 정하나 그 도를 행하여 대종사의 교화를 크게 유통케 하라.[**道德在天地 天地默無言 唯人用其理 有言有導化 擧止行其道 宗化大流通**]'

55. 정산 종사, **서세인**이 부임할 때 말씀하시기를 "모든 일을 사심 없이 알뜰히 하면 총부를 떠난다고 우리가 멀리 있는 것이 아니니, 일은 공(公)과 사(私)를 분명히 하고, 남녀와 재정에 관한 일은 더욱 공명히 하며, 매사를 자신이 먼

친소(親疏) 친하고 친하지 않음.
김창준(金昌峻, 1911~1957) 경북 상주 출생. 법호는 순산(純山). 화해교당, 왕촌교당 교무 등을 역임하였다.
도덕재천지 천지묵무언 유인용기리 유언유도화 거지행기도 종화대유통 道德在天地 ~ 宗化大流通.
서세인(徐世仁) 1925년 부산 하단 출생. 법호는 은타원(恩陀圓)이며 법훈은 종사. 동래교당 교무, 미주서부교구장 등을 역임하였다.

저 실천하여 대중이 스스로 따라오게 하라. 자신 공부를 한다 하여 공사에 등한히 한다면 전무출신의 본분이 아니니, 공부는 사업을 하기 위한 것이 되고 사업은 공부를 하기 위한 것이 되어 둘이 아니게 하라. 교화는 덕화보다 더한 것이 없고 공부는 일심 공부가 근본이 되나니, 밖으로 널리 덕을 베풀고 안으로 심력 얻는 데에 노력하면 자연히 천지와 합력이 되어 교화와 공부에 큰 힘이 되리라."

56. 정산 종사 말씀하시기를 "사람에게 가장 중요한 것은 마음이라. 인생의 가치가 그 마음이 바르고 바르지 못한 데에 달려 있으며, 가정·사회·국가 또한 그 지도자들의 마음 여하로 흥망과 성쇠가 좌우되나니, 교단의 지도자들은 반드시 정심(正心)에 입각하여 모든 일을 공정하게 처리하여야 자신들도 신망을 잃지 않을 것이요, 대중이 미로(迷路)에 방황함이 없이 참다운 수행과 공덕을 쌓아서 이 회상이 무궁하게 흥왕하리라."

57. 정산 종사 말씀하시기를 "먼저 자기의 기운을 화하게 한 후에 사람을 널리 교화하는 것이 공부인의 심법이요 지도자의 덕이니, 지도자들은 **은악양선**을 주로 하여 저 사람이 폭력으로써 대하면 **인(仁)**으로 용서하고, 저 사람이 **교사(巧詐)**로써 대하면 진(眞)으로 바루며, 저 사람이 권세와 이해로써 대하면 공의

은악양선(隱惡揚善) 다른 사람의 잘못은 너그러이 이해하고 용서하여 감싸주며 다른 사람의 잘 한 일은 널리 드러내고 칭찬해 주는 일.
인(仁) 어질고 자애로움.
교사(巧詐) 교묘하게 속임.

(公義)와 정의(情誼)로 응하여, 능히 천하 **창생**을 **심화**(心和) **기화**(氣和)로써 두루 교화하여야 하느니라."

58. 정산 종사 말씀하시기를 "예로부터 권세 밑에는 원망과 위태함이 따른다 하였나니, 종교도 그 법을 잘못 이용하여 어디에 **의세**를 하거나 세력을 부리고 보면 그 종교는 병들기 시작하느니라. 그런즉 교단의 지도자들은 교세가 왕성하면 왕성할수록 추호라도 세력을 부리거나 교만한 일이 없게 하며, 자신들도 앎이 있을수록 더욱 하심하고 지위가 높을수록 더욱 겸손하여 영원히 병들지 않는 교단이 되게 하라. 성품 자리에는 원래 상하와 귀천의 차별이 없느니라."

59. 정산 종사 말씀하시기를 "앞으로 이 회상에 **무등**(無等)**한** 도인들이 많이 날 것이며, 세상에서 도인들에게 많은 지도를 청하게 될 것이나, 도인들은 물욕에 담박하고 명예에 초월하여, 혹 대중을 위하여 부득이 위를 가질지라도 오직 상(相) 없는 봉공을 할 따름이요, **물욕**이나 명예심으로 사업을 한다든지 권리를 탐하여 오래 그 위에 머물지는 아니하리라."

창생(蒼生) 세상의 모든 사람.
심화(心和) 마음이 따뜻하여 자비스러워 모두를 살리는 것.
기화(氣和) 기운이 부드럽고 따뜻하여 모두를 감싸주는 것.
의세(倚勢) 세력에 기대고 의지함.
무등(無等)**한** 비교할 수 없이 탁월한.
물욕(物慾) 재물을 탐내는 마음.

60. 정산 종사 말씀하시기를 "큰 지도자가 **무념의 대덕**으로써 대중을 두루 포섭하는 것이, 비컨대 몸 가운데 심장이 가슴 속 깊이 들어있어 전신을 **총섭**함과 같다 할 것이니라."

61. 정산 종사 말씀하시기를 "공사를 경륜하고 지도하는 이는 먼저 대의를 바로잡고 인심을 두루 살피며, 계획을 잘 세우고 경리에 밝아야 하느니라."

62. 정산 종사 말씀하시기를 "지도자의 처사에 네 가지 요령이 있나니, 첫째는 법규에 탈선됨이 없고 친소에 편착함이 없이 공평 정직하게 처사함이요, 둘째는 **소아(小我)**를 놓고 전체를 살피며 **근(近)**에 얽매이지 않고 **원(遠)**을 관찰하여 **대국적**으로 처사함이요, 셋째는 인정과 의리를 바탕으로 하여 화기롭고 유여하게 처사함이요, 넷째는 회계가 분명하고 시종이 한결같이 명백하게 처사함이니라."

63. 정산 종사 말씀하시기를 "대중을 지도하는 이는 일동일정에 항상 사심 없는 온전한 마음으로 취사를 하여, 말을 할 때도 그 말이 굴러가면 인류 사회에

무념의 대덕(無念-大德) 은혜를 베푼 후에 베풀었다는 관념과 상이 없는 큰 덕.
총섭(總攝) 전체를 통괄함.
소아(小我) 개인적인 욕망과 집착에 사로잡힌 나.
근(近) 가까운 곳. 또는 가까운 시일.
원(遠) 먼 곳. 또는 먼 앞날.
대국적(大局的) 전체의 큰 흐름을 보는 관점.

어떠한 이해가 미칠 것인가를 잘 살펴서 한마디 말이라도 신중히 하여야 하느니라."

64. 정산 종사 말씀하시기를 "대중의 마음은 마침내 덕 있는 이를 따르고, 하늘 뜻은 마침내 사 없는 이에게 돌아가느니라." 하시고, '군심경순유덕자 천명종귀무사인(群心竟順有德者 天命終歸無私人)'이라 써 주시니라.

제13 도운편

道運編

도운편(道運編) 돌아오는 세상에 대한 전망과 새 회상의 밝은 운수, 전 인류가 대동 화합하는 길인 삼동윤리 등의 법문으로 구성되어 있다.

1. 정산 종사 말씀하시기를 "대종사께서 우리 회상 초창 당시에 친히 **구술하신** 가사 가운데 '사오십 년 결실(結實)이요, 사오백 년 결복(結福)이라.' 하신 말씀이 있었나니, 이는 우리 회상의 **전도**를 예언하심이니라. 결실이라고 함은 새 회상의 법 종자가 이 국토에서는 분명한 결과를 보게 될 것을 의미함이요, 결복이라고 함은 그 법 종자가 세계에 널리 전파되어 온 세상에 고루 **복과(福果)**를 맺게 될 것을 의미함이니, 우리 회상은 창립 사오십 년 안에 이 나라에서 **완실한** 결과를 볼 것이요, 사오백 년 안에 온 세계에 **편만**하여 **일체 생령**이 한 가지로 **귀의**하는 바가 되리라."

2. 정산 종사 말씀하시기를 "우리의 목표는 세계니, 조금 이루어 놓은 것에 만족하지도 말고, 목전(目前)의 소소한 고난에 실망하지도 말라. **1대 기념 총회** 이후로 은연중 밀려오는 기운만을 살펴보아도 우리가 완실한 기운을 탈 날이 머지않나니, **천지 운수**도 철 바뀌는 것 같아서 동지 이후가 오히려 추운

구술하신(口述-) 말씀하신.
전도(前途) 미래.
복과(福果) 복된 열매.
완실한(完實-) 매우 충실한.
편만(遍滿) 두루 가득함.
일체 생령(一切生靈) 영식(靈識)이 있는 모든 존재.
귀의(歸依) 마음을 바쳐 의지함.
1대 기념 총회 제1대 성업봉찬대회(第一大聖業奉贊大會). 원기 38년(1953) 4월 26일에 열린 제1대 36년간의 성과를 결산하고 제2대(二代)를 맞이하는 기념대회.
천지 운수(天地運數) 천지가 운행되는 운세와 도수(度數).

것 같으나 실은 그때 **일양(一陽)이 시생(始生)**한 것이요, **정이월**의 추운 **품**이 아직 봄이 아득한 듯하나 삼월 동풍이 한 번 불어오면 문득 천지에 봄이 가득함을 보느니라."

3. 정산 종사 말씀하시기를 "정법 회상도 초창기에는 대개 그 존재가 미약한 듯하나 새 세상을 맡은 기운이요 바른 기운인지라 때가 되면 일시에 큰 기운을 발하게 되느니라. 그러므로 원불교의 이름 아래 진실한 공심으로 활동을 하면 우리 회상이 받은 기운이 그 사람과 그 일에도 통하여져서 처음에는 혹 고단하고 어렵던 일도 차차 무난히 성취되며 가는 곳마다 옹호와 우대를 받게 될 것이나, 만일 거짓을 꾸미거나 공을 빙자하여 사사를 경영하면 그 일도 잘되지 않을뿐더러 모르는 사이에 그의 앞길이 막히고 대중의 싫어함과 미워함을 받아 점점 재앙의 구렁에 빠지게 되나니, 아무쪼록 더욱 지극한 정성과 알뜰한 공심으로 꾸준히 노력하여 능히 천지의 기운을 움직이며 천지의 기운을 인수하여 이 좋은 교운의 주인공이 되기에 노력하라."

4. 정산 종사 말씀하시기를 "새로운 큰 도운이 돌아오고 있건마는 그 도운을 받고 못 받는 것은 오직 각자의 마음 가지기에 달려 있는 것이 마치 방송 시간이 되어 방송을 하고 있건마는 듣는 사람이 수신 조절을 하지 않으면 그 방송

일양(一陽)이 시생(始生) 양 기운의 싹이 생기기 시작함.
정이월 정월(正月)과 이월(二月)을 아울러 말함.
품 모습. 또는 분위기.

을 들을 수 없는 것 같고, 농사 시기가 돌아와 **대풍(大豊)의 전조**가 보이지마는 농부가 때에 맞추어 씨 뿌리고 가꾸지 아니하면 수확을 얻을 것이 없는 것 같으니라."

5. 정산 종사 말씀하시기를 "새 도운은 진실한 법이 주장(主掌)하는 운수니, 거짓 없고 꾸밈없고 **허장성세**가 없이 안에 실다운 힘만 있으면 때를 따라 **기국** 대로 발천(發闡)이 되려니와, 행동이 말만 못하고 실이 이름만 못하고 숨은 것이 나타난 것만 못하여 어느 모로나 허망하고 거짓됨이 드러나는 이는 자연히 세상에 서지 못하게 되리라. 새 도운은 화하는 법이 주장하는 운수니, 개인이나 단체나 국가나 간에 좀 어리석은 듯 숫하고 너그럽고 덕기가 있어서 남과 잘 화동하면 성공이 있을 것이요, 너무 약빠르고 **경위(涇渭)지고** 각박하고 막된 티가 있어서 남과 자주 상충하면 대소사 간에 성공을 이루기가 어려우리라. 새 도운은 공변된 법이 주장하는 운수니, 알뜰하고 공심 있고 부지런하여 어느 모로나 대중에게 이익을 주는 이는 스스로 서려 하지 아니하여도 자연히 모든 지위와 권리가 돌아올 것이요, 저만 알고 사욕만 부리어 어느 모로나 대중에게 해독을 주는 이는 아무리 서려 하여도 **필경** 세상에 서지 못하게 되리라."

대풍(大豊)의 전조 큰 풍년의 조짐.
허장성세(虛張聲勢) 실속은 없으면서 큰소리를 치거나 허세를 부림.
기국(器局) 근기와 국량.
경위지고(涇渭--) 옳고 그름을 분별하고 따지고.
필경(畢竟) 마침내. 결국에는.

6. 정산 종사 말씀하시기를 "과거에는 도인들이 누더기를 입고 초야에 묻히어 가난과 천함을 스스로 달게 받았으나, 미래에는 도가 있을수록 부와 귀가 스스로 따르게 될 것이니, 오죽 못난 도인이 의식을 걱정하며 세상에 서지 못함을 근심하리오. 그러나 도인들은 수도를 **명리(名利)**보다 귀히 여기므로 돌아오는 지위도 힘써 사양할 것이요, 청빈을 사치보다 자랑스럽게 여기므로 돌아오는 물질도 공사에 쓰느니라. 다시 말하거니와 새 도운은 곧 원만하고 사 없는 대도덕의 운수라. 그 도운을 받는 데에는 원만하고 무사한 도덕의 마음이 근본이 되나니, 다 같이 마음 개조에 더욱 힘써서 이 **희유한** 대 도운의 주인공이 되기를 부탁하노라."

7. 학인이 여쭙기를 "돌아오는 세상에는 어떠한 법이 제일 주장이 되겠나이까?" 정산 종사 말씀하시기를 "제일 원만하고 바르고 사실적인 법이 주장이 되리니, 과거 시대에는 모든 교법이 각각 편협한 지역에서 일어나 그 시대의 인심에 맞추어 성립되었으므로 비록 일면에 치우친 법이라도 능히 인심을 지도할 수 있었으나, 앞으로는 세상의 교통이 더욱 열리고 시대의 사상이 서로 교환되므로 사면을 다 통하는 원만한 법과 과불급이 없는 바른 법이 아니면 대중의 마음을 두루 지도하기가 어려울 것이며, 과거 시대에는 인심이 대개 미개

명리(名利) 명예와 권세와 이익.
희유한(稀有-) 흔하지 않고 매우 드문.

하므로 모든 교법이 **방편**과 **장엄**을 많이 이용해 왔으나, 앞으로는 인심이 차차 밝아지므로 사리를 바로 해석하고 사실로 활용하는 법이 아니면 대중의 마음을 지도하기가 어려운 까닭이니라."

8. 또 여쭙기를 "돌아오는 세상에는 어떠한 사람이 제일 귀한 사람이 되겠나이까?" 정산 종사 말씀하시기를 "참되고 공심 많은 사람이 제일 귀한 사람이 되리니, 과거 시대에는 영웅과 호걸이라 하는 이들이 권모술수로 인심을 농락하여 자기의 욕망을 채워 왔었고, 지금도 사람들이 모략과 수단으로 지위를 얻는 수가 더러 있으나, 앞으로는 인지가 고루 밝아짐을 따라 그 모략 그 수단을 서로 알게 되므로 속이는 이와 속을 이가 따로 없고 오직 참되고 거짓 없는 사람을 환영할 것이며, 과거 시대에는 사회의 생활이 국한이 많고 사람의 견문이 너무나 고루하므로 이기주의와 가족주의의 **유**가 인심을 지배해 왔으나, 앞으로는 **천하일가(天下一家)**의 도운이 열리게 되므로 이기주의와 가족주의로는 사회에 출세하기가 어렵고, 오직 큰 공심을 가진 사람이라야 대중의 환영을 받으며 널리 세상에 드러나게 되는 까닭이니라."

방편(方便) 부처가 중생을 구제하기 위하여 사용하는 다양한 방법. 비유적 가르침, 제도, 의식 등.
장엄(莊嚴) 법당이나 각종 의식 행사에서 아름답고 존귀하게 꾸미는 갖가지 치장을 말함.
유(類) 부류(部類).
천하일가(天下一家) 천하가 한집안 된다는 뜻.

9. 정산 종사 말씀하시기를 "종교의 귀일처는 **일원(一圓)**이요, 정치의 표준은 **중도(中道)**니, 일원의 진리를 깨닫고 그 진리를 해석해 보면 모든 진리의 귀일할 곳이 일원임을 알게 될 것이며, 정치의 도에 여러 조건이 많으나 모든 정치의 요점을 세상에 맞도록 종합하면 과불급 없는 중도 정치라야 능히 모든 정치의 표준이 될 것이니, 종교가 일원에 돌아오고 정치가 **중정**이 되어야 시끄러운 이 세상이 안정될 것이며, 앞으로 세상이 밝아질수록 일원과 중정의 법이 차차 세상에 서게 되리라." 또 말씀하시기를 "도는 일원의 도가 제일이요, 정치는 중정의 정치가 제일이니, 일원은 진리의 **체(體)**요, 중정은 진리의 **용(用)**이니라."

10. 학인이 여쭙기를 "**선천(先天)** 기운이란 어떤 기운이오니까?" 정산 종사 답하시기를 "선천 기운이란 새 시대에 어긋나는 정신이니, 지난해의 묵은 잎은 어쩔 수 없이 떨어지고 새해의 새잎이 득세하는 것같이, 이기욕이나 미신 등 과거 시대의 묵은 정신은 결국 새 세상에서는 발붙일 곳이 없게 되리라." 또 말씀하시기를 "동양의 옛 성인들은 통달한 어른들이라. **하도낙서(河圖洛書)**에

일원(一圓) 일원의 진리.
중도(中道) 한 편에 기울지 않고 넘치거나 모자람이 없이 꼭 알맞음.
중정(中正) 한 편에 기울지 않고 넘치거나 모자람이 없이 바르고 원만함.
체(體) 근본 바탕.
용(用) 작용.
선천(先天) 지나간 세상.
하도낙서(河圖洛書) 하도(河圖)와 낙서(洛書). 하도는 황하(黃河)에서 출현한 용마(龍馬)의 등에 나타난 그림으로 복희(伏羲)가 이를 얻어 주역의 팔괘(八卦)를 제작했다고

이미 **선후천의 대운**을 밝혀 놓으셨느니라."

11. 송천은(宋天恩)이 사뢰기를 "음(陰) 세계와 양 세계에 대하여 알고 싶나이다." 정산 종사 말씀하시기를 "음 세계와 양 세계는 곧 밤 세계와 낮 세계 같으니라. 밤은 어두운지라 모든 사물을 바로 분간하기가 어렵고, 설사 안다 할지라도 국한된 범위만 알게 되며, 밤이 되면 서로 문호를 닫고 잠을 자게 되는 것 같이, 음 세계는 막히고 좁고 활동이 적고 치우침이 많으니라. 그러나 양 세계는 곧 대낮과 같아서, 인지가 고루 진화하고, 주의 주장이 밝고 원만해지며, 문호가 서로 열리게 되고, 서로 만나 넘나들며 활동하는 세상으로, 이른바 대문명 세계니라."

12. 정산 종사 말씀하시기를 "과거 시대에는 **상극**되는 **복마(伏魔)**의 도로써 세상일을 할 수도 있었으나, 미래 시대에는 **상생**하는 **해마(解魔)**의 도가 아니면

전해지며, 낙서는 낙수(洛水)에서 출현한 신령스러운 거북의 등에 나타난 그림으로 하우(夏禹)가 이를 얻어 「홍범구주(洪範九疇)」를 제작했다고 전해진다. 하도는 선천(先天)의 팔괘와 낙서는 후천(後天) 팔괘와 연관되어 있다.

선후천의 대운 선천에서 후천으로 바뀌는 큰 운세.

송천은(宋天恩) 1936년 전북 익산 출생. 법호는 융산(融山)이며 법훈은 종사. 원광대학교 원불교학과 교수, 총장 등을 역임하였고 저서로는 『열린시대의 종교사상』, 『일원문화 산고』 등이 있다.

상극(相剋) 서로 해를 끼치는 해독이 나타나는 관계.

복마(伏魔) 마(魔)를 징벌하여 항복 받는 것.

상생(相生) 서로 살리는 은혜가 발현되는 관계.

해마(解魔) 마(魔)를 감싸고 포용하여 갈등을 해소함.

무슨 일이든지 이루지 못하나니, 이는 천지의 대운이 **해원 상생(解寃相生)**의 시기에 이른 까닭이니라."

13. 정산 종사 말씀하시기를 "한 몸의 주장(主掌)은 마음이요, 교(敎) 가운데 주장은 마음 잘 밝힌 교라. 불법이 마음법을 가장 잘 밝혀 놓았나니, 불법의 **정맥**을 올바로 살려낸 회상이 새 세상의 **주교(主敎)**가 되느니라."

14. 정산 종사 말씀하시기를 "대종사께서 이 회상을 여실 준비로 여러 차례 이 땅에 **수생(受生)**하시었나니, 혹은 드러나게 혹은 숨어서 이 나라에 많은 인연을 미리 심으셨느니라." 또 말씀하시기를 "금강산(金剛山)이 **법기보살(法起菩薩)** 도량이라는 전설은 세상을 구제할 새 법이 이 나라에서 일어날 것을 예시함이요, **서역**에서 **상제보살(常啼菩薩)**이 법기보살을 만나러 온다는 것은 서양 사람들이 동방에 법을 구하러 오리라는 뜻이니라."

해원 상생(解寃相生) 상극의 원한을 풀어버리고 상생의 선연을 맺는 것.
정맥(正脈) 바른 법맥.
주교(主敎) 한 시대와 세상을 책임지고 중생을 교화하는 종교.
수생(受生) 몸을 받아 태어남.
법기보살(法起菩薩) 『화엄경(華嚴經)』의 제보살주처품(諸菩薩住處品)에 나오는 보살로 금강산에 머물면서 주로 반야(般若)에 관한 설법을 한다고 함.
서역(西域) 중국의 서쪽에 있던 여러 나라를 통틀어 이르는 말.
상제보살(常啼菩薩) 『반야경(般若經)』을 수호하는 보살로 중생이 고통을 받는 것을 보고 연민하여 항상 울고 있기 때문에 붙여진 이름.

15. 정산 종사, 학인들에게 말씀하시기를 "그대들의 책임이 무겁나니, 이 나라를 세계의 일등국으로 만들라. 일등국은 돈으로나 힘으로 만드는 것이 아니니, 도덕으로 만들면 이 나라가 세계의 중심국이 되리라."

16. 정산 종사 말씀하시기를 "과거에는 모든 지역의 교통이 불편하고 인지가 **몽매**하므로 불보살 성현들이 동서남북에 각각 지방을 맡아 분산 출현하시어 부분적으로 회상을 펴시었으나, 현재와 미래에는 세계가 한집처럼 가까워진 까닭에 모든 불보살 성현들이 한 회상에 모이시어 판이 큰 회상을 벌이시느니라."

17. 정산 종사 말씀하시기를 "앞으로 세상이 더욱 열리면 나라와 나라 사이에 국경이 따로 없고 이 지방에서 살다가 저 지방에 가서 사는 것같이 이주와 왕래가 쉬울 것이요, 인종과 국적의 차별이 없이 덕망 있고 유능한 사람이 그 나라 인민들의 지지를 받으면 그 나라의 지도자가 될 수도 있는 것이 지금 나라 안에서 다른 지방 사람이라도 그 지방의 장(長)이 될 수 있는 것 같으니라."

18. 정산 종사 말씀하시기를 "세상이 개벽 되는 시기에는 **순수**의 일꾼들과 **역수**의 일꾼들이 서로 대립하는 가운데 서로 발전하여 좋은 세상 건설을 촉진하

몽매(蒙昧) 꿈속을 헤매듯 어리석고 사리에 어두움.
순수(順數) 상생과 조화의 운수에 따르는 것.
역수(逆數) 상생과 조화의 운수에 거스르는 것.

느니라." 또 말씀하시기를 "'**동란자(動亂者)**도 성인이요 **정란자(靖亂者)**도 성인이라.' 하셨나니, 때를 맞추어 일으키고 때에 맞게 진정시키는 이를 성인이라 하고 그렇지 못한 이를 배은자라 하느니라. 일에는 순서가 있나니, **사체(事體)**의 순서를 알아 그에 맞는 방편을 베푸는 것이 곧 성인의 자비 방편이니라."

19. 정산 종사 말씀하시기를 "물질 위주로 균등 사회가 되겠는가. 공도 정신이 골라져야 균등 사회가 되느니라. 투쟁 위주로 평화 세계가 되겠는가. 은혜를 서로 느껴야 참다운 평화 세계가 되느니라."

20. 정산 종사 말씀하시기를 "선전이나 광고 등으로 이 회상이 주교가 되겠는가. 오직 참다운 사람이 많이 나서 대종사의 정신을 크게 드러내고, 개인의 수양으로나 교단의 사업으로나 오직 실적이 드러나서, 민중의 인심이 쏠리고 세상의 인정을 받아야 이 회상의 발전이 있느니라."

21. 정산 종사 말씀하시기를 "지금 물질문명에 도취한 세상 사람들에게 정신문명을 말한들 어찌 다 알아들으리오마는, 앞으로 오는 세상에는 사람들의 정신이 훨씬 밝아져서 자기가 지은 죄복과 자기 성품의 내역과 전생의 모든 일을 자기가 이생에서 살아온 젊었을 때 일같이 잘 알 것이며, 물질문명과 정신문명

동란자(動亂者) 난(亂)을 일으키는 사람.
정란자(靖亂者) 난(亂)을 평정하는 사람.
사체(事體) 어떤 일의 대체(大體).

이 **쌍전 병행**하는 시대가 될 것이니 조금만 더 지내보라. 참으로 좋은 세상이 오고 있느니라."

22. 정산 종사 말씀하시기를 "세계 평화를 실현하는 데 세 가지 큰 요소가 있나니, 주의는 **일원주의**요, 제도는 **공화제도**요, 조직은 **십인 일단**의 조직이니라."

23. 정산 종사 말씀하시기를 "천하에 큰 도 셋이 있나니, 하나는 서로 이해하는 도요, 둘은 서로 양보하는 도요, 셋은 중정의 도라. 이 세 가지 도를 가지면 개인으로부터 세계에 이르기까지 능히 평화를 건설할 수 있느니라."

24. 정산 종사 말씀하시기를 "옛날 **초나라** 사람이 **실물**(失物)하매, 초왕은 '**초인이 잃으매 초인이 얻으리라.**' 하였는데, 그 후 공자께서는 '**사람이 잃으매 사람이 얻으리라.**' 하셨고, 우리 대종사께서는 '만물이 잃으매 만물이 얻으리

쌍전(雙全) 함께 온전히 함.
병행(竝行) 아울러 행함.
일원주의(一圓主義) 일원상 진리를 최고의 이상과 근본 이념으로 하는 삶의 태도 또는 주의.
공화제도(共和制度) 여러 사람의 합의를 통하여 의사 결정을 하는 제도.
십인 일단(十人一團) 원불교 교화 조직인 교화단을 이름. 10인 1단을 원칙으로 단장과 중앙, 단원으로 구성됨.
초(楚)나라 중국 춘추전국시대의 나라 중 하나.
실물(失物) 물건을 잃어버림.
'초인이 잃으매 초인이 얻으리라' '사람이 잃으매 사람을 얻으리라' 유향(劉向)의 『설원(說苑)』에 나오는 말로 원문은 "楚人失弓 楚人得之 又何求焉(초인실궁 초인득지 우

라.' 하시었나니, 이는 그 주의의 발전됨을 보이심으로, 초왕은 나라를, 공자는 인류를, 대종사는 우주 만물을 한집안 삼으셨나니, 이것이 곧 세계주의요 일원주의니라."

25. 정산 종사 말씀하시기를 "근래에 여러 방면에서 공화(共和)라는 말이 많이 쓰이나니 이는 참으로 좋은 소식이라. 이 세상이 모두 이름과 실이 함께 공화의 정신을 가진다면 천하에 어려운 일이 무엇 있으리오. 그러므로 우리는 세상을 상대할 때 권리를 독점하려 하지 말며, 이익을 독점하려 하지 말며, 명예를 독점하려 하지 말며, 대우를 독점하려 하지 아니하면 스스로 공화가 되어 평화는 자연히 성립되리라."

26. 정산 종사 말씀하시기를 "세계 평화는 한 사람 한 사람의 화하는 마음에서부터 이루어지나니, 화하는 마음이 곧 세계 평화의 기점이니라."

27. 정산 종사 말씀하시기를 "**요순**은 천하를 서로 사양하고, **제후**는 아홉 고을을 서로 사양하매, 그 화기가 천하에 충만한지라, 그 정경을 **풍류에 올린즉** 봉황이 춤을 추었다 하나니, 인화(人和)는 양보로써 이루어지고, 화(和)가 지극하

> 하구언 : 초나라 사람이 활을 잃으면 초나라 사람이 얻을 진대 어찌 다시 찾을 일인가), 人遺弓 人得之而已 何必楚也(인유궁 인득지이이 하필초야 : 사람이 활을 잃으매 사람이 얻을 뿐이다. 어찌 초나라에 한정할 일인가)"이다.
> **요순(堯舜)** 고대 중국의 요 임금과 순 임금을 아울러 이르는 말.
> **제후(諸侯)** 요순 시대에 일정한 영토를 가지고 백성을 다스리던 신하.
> **풍류(風流)에 올린즉** 음악으로 작곡하여 연주하니.

면 천하의 기운이 따라서 통해지느니라."

28. 정산 종사 말씀하시기를 "개인으로부터 세계에 이르기까지 평화를 요구는 하면서도 평화를 얻지 못하는 것은 서로 은혜를 모르거나 알고도 보은의 실행이 없기 때문이니, 그러므로 대종사께서는 네 가지 큰 은혜를 발견하시어 모든 사람에게 보은 감사의 생활을 하게 하심으로써 참다운 세계 평화의 길을 터놓으셨느니라."

29. 정산 종사 말씀하시기를 "**심량(心量)**이 광대하다 함은 마음에 막힘이 없는 것을 이름이니, 마음이 **증애**에 편착이 없고, 국경에 국한이 없고, **순역**에 집착이 없고, 고락에 잡힘이 없으면, 곧 심량이 광대하다 하느니라." 또 말씀하시기를 "천하를 구제할 큰 법은 유형한 지역의 한계와 무형한 마음의 한계가 함께 툭 트이어 **사통오달**이 되어야 하느니라."

30. 정산 종사 말씀하시기를 "과거에는 주로 천하를 다스리는 도로써 평천하에 이르게 하려 하였으나, 미래에는 평천하의 도를 근본으로 삼고 천하 다스리는 도를 이용하여 평천하에 이르게 할 것이니, 천하 다스리는 도는 정치의 길

심량(心量) 사람을 포용하는 도량과 일을 처리하는 능력이나 재주.
증애(憎愛) 미움과 사랑.
순역(順逆) 순경과 역경. 순경은 순조롭고 편안한 상황, 역경은 힘들고 어려운 상황.
사통오달(四通五達) 어느 것에도 막히지 않고 걸림 없이 두루 통함.

이요 평천하의 도는 **도치·덕치**의 길이니라."

31. 정산 종사 말씀하시기를 "불교의 진수는 공(空)인바 그릇 들어가면 **공망(空妄)**에 떨어지며, 유교의 진수는 규모인바 그릇 들어가면 국집하며, 도교의 진수는 **무위자연**인바 그릇 들어가면 자유 방종에 흐르며, 과학의 진수는 분석 정확인바 그릇 들어가면 **유(有)**에 사로잡혀 물질에만 집착하나니, 이 네 가지 길에 그릇 들어가지 아니하고 모든 진수를 아울러 잘 활용하면 이른바 원만한 법통을 이루며 원만한 인격이 되리라."

32. 정산 종사 말씀하시기를 "인지가 미개하고 **계한**이 편협한 시대에는, 개인만을 본위로 하는 이기적 개인주의나, 한 가족을 본위로 하는 가족주의나, 한 단체 한 사회를 본위로 하는 단체주의나, 한 국가를 본위로 하는 국가주의가, 각각 그 시대와 국한 안에서 인심을 지배하였고, 아직도 그 **여풍**이 곳곳에 남아 있음을 볼 수 있으나, 불보살 성현들은 일찍부터 이 모든 국한을 초월하여 세계를 본위로 하는 큰 정신을 주로 고취하시었나니, 이른바 대자대비가 세계

도치(道治)·덕치(德治) 도치는 원리와 신앙으로 교화, 덕치는 인정과 덕화로 교화하는 것.
공망(空妄) 공(空)에 대한 잘못된 이해와 그에 집착하는 태도.
무위자연(無爲自然) 자연 그대로의 순수한 상태.
유(有) 경험적 실증이 가능한 현상 세계.
계한(界限) 경계와 국한.
여풍(餘風) 남아 있는 풍조(風潮).

주의며, **인의**의 정신이 세계주의며, 박애의 정신이 세계주의라. 성인들은 천하를 일가로 보고 만민을 한 **권속**으로 삼아 세계 인류가 다 같이 구제받을 대도덕을 제창하시었으며, 특히 불교에서는 세계와 인류뿐 아니라 **시방세계 육도 사생**을 다 같이 본위로 하는 대정신을 크게 **창도**하시었나니, 곧 세계주의의 극치라 할 것이니라."

33. 정산 종사 말씀하시기를 "현하 시국의 대운을 **촌탁(忖度)**하건대 인지가 새로 개벽 되고 국한이 점차 확장되어 바야흐로 대세계주의가 천하의 인심을 지배할 초기에 당하였나니, 이는 곧 대도 대덕의 대문명세계가 건설될 큰 조짐이라. 이 주의는 지극히 원만하고 지극히 공변되어 모든 낡은 국한들을 **돈연히** 벗어나서 육도사생이 다 같이 위없는 낙원에서 공존공영하게 하고야 말 것이니라. 그러나 개인주의나 가족주의나 단체주의나 국가주의를 아주 없애자는 것이 아니라, 세계주의를 본위로 하여 그 강령하에 이 모든 주의를 잘 운용하고

인의(仁義) 유교에서 인도 정의의 핵심으로 제시한 덕목. 인(仁)은 사람을 널리 사랑하는 어진 마음, 의(義)는 불의를 물리치고 정의를 실천하는 의로움.

권속(眷屬) 한집에서 거느리고 사는 식구.

시방세계(十方世界) 온 세상. 시방은 동·서·남·북·동남·서남·동북·서북의 8방과 상·하를 합친 전체 공간.

육도(六途) 일체 생령이 윤회하는 여섯 가지 세계. 천상, 인간, 수라, 축생, 아귀, 지옥.

사생(四生) 일체 생령이 태어나는 네 가지 유형. 태생은 태를 통해 태어나는 것, 난생은 알로 태어나는 것, 습생은 습지에서 태어나는 것, 화생은 의지한데 없이 태어나는 것.

창도(唱導) 앞장서서 주장하고 이끌어 나감.

촌탁(忖度) 헤아려 봄.

돈연히(頓然-) 단숨에. 일시에.

보면 대세계주의 낙원을 건설하는 데 도움이 있을 것이니, 이러한 좋은 **시운**에 처하여 전무후무한 대도 회상의 창립 사도가 된 우리 대중들은 먼저 각자의 마음에 세계 일가의 큰 정신을 충분히 확립하며 그 큰 정신을 세상에 널리 베풀어서 일체 생령과 함께 **광대 무량**한 큰 낙원의 생활자가 되기를 더욱 발원하며, 날로달로 마음을 새로이 하고 이 공부 이 사업에 더욱 정진하여 **원만구족**하고 **지공무사**한 대세계주의의 선도자가 되어 주기를 간절히 부탁하노라."

34. 정산 종사, 원기 46년 4월에 삼동윤리(三同倫理)를 발표하시며 말씀하시기를 "삼동윤리는 앞으로 세계 인류가 크게 화합할 세 가지 대동(大同)의 관계를 밝힌 원리니, 장차 우리 인류가 모든 편견과 편착의 울안에서 벗어나 한 큰 집안과 한 큰 권속과 한 큰 살림을 이루고 평화 안락한 하나의 세계에서 함께 일하고 함께 즐길 기본 강령이니라. 지금 시대의 대운을 살펴보면 인지가 더욱 열리고 국한이 점차 넓어져서 바야흐로 대동 통일의 기운이 천하를 지배할 때에 당하였나니, 이것은 곧 천하의 만국 만민이 하나의 세계 건설에 함께 일어설 큰 기회라. 오래지 아니하여 세계 사람들이 다 같이 이 삼동윤리의 정신을 즐겨 받들며 힘써 체득하며 이 정신을 함께 실현할 기구를 이룩하여 다 같이 이 정신을 세상에 널리 베풀어서 이 세상에 일대 낙원을 이룩하고야 말 것이니라. 그러므로 이러한 좋은 시운에 이러한 회상을 먼저 만난 우리 대중은 날로

시운(時運) 시대의 운수.
광대 무량(廣大無量) 헤아릴 수 없이 넓고 큼.
원만구족(圓滿具足) 부족함도 없고 결함도 없이 모든 것을 완전히 갖춤.
지공무사(至公無私) 지극히 공정하여 사사로움이 없음.

달로 그 마음을 새로이 하고 이 공부 이 사업에 더욱 정진하여 다 같이 이 좋은 세상 건설에 선도자가 되어 주기를 간절히 부탁하노라."

35. 정산 종사, 이어 말씀하시기를 "삼동윤리의 첫째 강령은 동원도리(同源道理)니, 곧 모든 종교와 교회가 그 근본은 다 같은 한 근원의 도리인 것을 알아서 서로 대동 화합하자는 것이니라. 이 세상에는 이른바 세계 3대 종교라 하는 불교와 기독교와 회교가 있고, 유교와 도교 등 수많은 기성 종교가 있으며, 근세 이래 이 나라를 비롯하여 세계 각처에 신흥종교의 수도 또한 적지 아니하여, 이 모든 종교가 서로 문호를 따로 세우고 각자의 주장과 방편을 따라 교화를 펴고 있으며, 그 **종지**에서도 이름과 형식은 각각 달리 표현되고 있으나 그 근본을 추구해 본다면 근원이 되는 도리는 다 같이 일원의 진리에 벗어남이 없느니라. 그러므로 모든 종교가 **대체**에서는 본래 하나이며, 천하의 종교인들이 다 같이 이 관계를 깨달아 크게 화합할 때는 세계의 모든 교회가 다 한집안을 이루어 서로 넘나들고 융통하게 될 것이니, 먼저 우리는 모든 종교의 근본이 되는 일원 대도의 정신을 투철히 체득하여, 우리의 마음 가운데 모든 종교를 하나로 보는 큰 정신을 확립하며, 나아가 이 정신으로써 세계의 모든 종교를 일원으로 통일하는 데 앞장서야 할 것이니라."

36. 정산 종사, 이어 말씀하시기를 "삼동윤리의 둘째 강령은 동기연계(同氣連

종지(宗旨) 종교의 가장 근본되고 중심이 되는 교의(敎義)와 취지(趣旨).
대체(大體) 일이나 내용의 기본적인 큰 줄거리.

契)니, 곧 모든 인종과 생령이 근본은 다 같은 한 기운으로 연계된 동포인 것을 알아서 서로 대동 화합하자는 것이니라. 이 세상에는 이른바 4색 인종이 있으며, 같은 인종 중에도 여러 민족이 있고, 같은 민족 중에도 여러 씨족이 있어서, 여러 지역에 각각 나뉘어 살고 있으나, 그 근본을 추구해 본다면 다 한 기운으로 연하여 있는 것이므로, 천지를 부모 삼고 우주를 한집 삼는 자리에서는 모든 사람이 다 같은 동포 형제이며, 인류뿐 아니라 금수 곤충까지도 본래 한 큰 기운으로 연결되어 있느니라. 그러므로 천하의 사람들이 다 같이 이 관계를 깨달아 크게 화합한다면 세계의 모든 인종과 민족들이 다 한 권속을 이루어 서로 친선하고 화목하게 될 것이며, 모든 생령에게도 그 덕화가 두루 미칠 것이니, 우리는 먼저 모든 인류와 생령이 그 근본은 다 한 기운으로 연결된 원리를 체득하여 우리의 마음 가운데 일체의 인류와 생령을 하나로 보는 큰 정신을 확립하며, 나아가서는 이 정신으로써 세계의 인류를 평등으로 통일하는 데 앞장서야 할 것이니라."

37. 정산 종사, 이어 말씀하시기를 "삼동윤리의 셋째 강령은 동척사업(同拓事業)이니, 곧 모든 사업과 주장이 다 같이 세상을 개척하는 데에 힘이 되는 것을 알아서 서로 대동 화합하자는 것이니라. 지금 세계에는 이른바 두 가지 큰 세력이 그 주의와 체제를 따로 세우고 여러 가지 사업을 각각 벌이고 있으며, 중간에 선 세력과 그 밖에 여러 사업가가 각각 자기의 전문 분야와 사업 범위에 따라 여러 가지 사업들을 이 세상에 벌이고 있어서, 혹은 그 주장과 방편이 서로 반대되는 처지에 있기도 하고 혹은 서로 어울리는 처지에 있기도 하나, 근본을 추구하여 본다면 그 목적은 다 같이 이 세상을 더 좋은 세상으로 개척하자는데 벗어남이 없는 것이며, 악한 것까지라도 선을 각성하게 하는 한 힘

이 되느니라. 그러므로 모든 사업이 그 대체에서는 본래 동업이며, 천하의 사업가들이 다 같이 이 관계를 깨달아 서로 이해하고 크게 화합할 때는 세계의 모든 사업이 다 한 살림을 이루어 서로 **편달**하고 병진하다가 마침내 중정(中正)의 길로 귀일하게 될 것이니, 우리는 먼저 이 중정의 정신을 투철히 체득하여 우리의 마음 가운데 모든 사업을 하나로 보는 큰 정신을 확립하며, 나아가서는 이 정신으로써 세계의 모든 사업을 중정으로 통일하는 데 앞장서야 할 것이니라."

편달(鞭撻) 격려하고 북돋음.

제14 생사편

生死編

생사편(生死編) 생사 거래의 원리와 방법, 영혼 천도의 의미와 방법, 인연에 따른 천도 등에 관한 법문으로 구성되어 있다.

1. 정산 종사 말씀하시기를 "**생사 대사**(生死大事)를 해결하는 데에 세 가지 계단이 있나니, 하나는 본래에 생사가 없고 생사가 둘 아닌 자리를 깨달아 아는 것이요, 둘은 본래에 생사가 없고 생사가 둘 아닌 자리를 **체 받아** 지키는 것이요, 셋은 본래에 생사가 없고 생사가 둘 아닌 자리를 베풀어 활용하는 것이라. 이 세 가지 계단의 실력을 갖추어야 생사 대사를 완전히 해결하였다 하느니라."

2. 정산 종사 말씀하시기를 "**생사 거래**에 세 가지 **근기**의 차가 있나니, 하나는 애착 탐착에 끌려서 거래하는 근기로, 가고 오는 길에 **정견**을 하지 못하고 항상 **전도**되어 닥치는 대로 **수생**하여 **취생몽사**하며 원한이나 증오에 끌려 **악도**에 타락함이요, 둘은 굳은 원력을 세우고 거래하는 근기로, **정법 회상**에 철저한

생사 대사(生死大事) 인생에 있어서 태어나고 죽는 일이 매우 큰 일이라는 뜻.

체 받아(體−) 표준으로 삼아. 본받아서.

생사 거래(生死去來) 태어나고 죽는 것이 가면 오고 오면 가는 영원히 쉼이 없는 일이라는 뜻.

근기(根機) 불법을 믿고 이해하며 수행할 수 있는 능력 또는 자질.

정견(正見) 미혹에 빠지지 않고 바르게 봄.

전도(顚倒) 바르게 보이지 않고 바뀌어서 거꾸로 보이는 것.

수생(受生) 몸을 받아 태어남.

취생몽사(醉生夢死) 술에 취한 듯 살다가 꿈을 꾸듯이 죽는다는 뜻으로, 아무 생각 없이 한평생을 허망하게 살아감을 비유하여 이르는 말.

악도(惡途) 어둡고 괴로운 길. 또는 육도 중 지옥·아귀·축생·수라계의 윤회를 의미함.

정법 회상(正法會上) 궁극적 진리를 깨달은 부처 혹은 성자의 바른 가르침을 실현하는 곳, 교단.

신념과 **발원**을 가지고 평소 수행을 하며 **최후의 일념**을 청정히 하면 오나가나 부처님 회상에 찾아 드는 것이 마치 자석에 쇠가 따르는 것같이 됨이요, 셋은 마음의 능력으로써 생사를 자유로 하는 근기로, 이는 철저한 수행의 결과 **삼대력**을 원만히 얻은 불보살 성현들이 **육도** 거래를 **임의**로 하심이니라."

3. **학인**이 사뢰기를 "'**정업**(定業)을 면치 못한다.' 하신 말씀과 '**천업**(天業)을 돌파한다.' 하신 말씀에 대하여 일러 주소서." 정산 종사 말씀하시기를 "정업을 면치 못한다 함은 이미 정해진 업에 대하여는 죄복을 주는 권능이 상대방에 있으므로 한번 결정된 업은 면할 도리가 없이 받게 된다는 말씀이요, 천업을 돌파한다 함은 그렇게 주어지는 업이라도 받는 이는 곧 자신이기 때문에 마음의 자유를 얻은 이는 그 죄복에 마음이 구애되지 아니하고 항상 그 마음이 편안하므로 곧 그 업을 자유로 한다는 말씀이니라."

4. 정산 종사 말씀하시기를 "욕심과 착심이 많을수록 그 **영식**(靈識)이 높이 솟

발원(發願) 간절한 원을 세움.
최후의 일념(一念) 생을 마치는 순간의 마지막 한 생각.
삼대력(三大力) 삼학 수행을 아울러 닦아 얻은 힘. 수양력, 연구력, 취사력.
육도(六途) 일체 생령이 윤회하는 여섯 가지 세계. 천상, 인간, 수라, 축생, 아귀, 지옥.
임의(任意) 마음대로 왕래함.
학인(學人) 공부인. 도(道)를 배우는 사람.
정업(定業) 정해진 업. 과보를 반드시 불러오는 업.
천업(天業) 하늘이 내린 업. 천지자연의 조화 속에서 인간이 받는 제약. 생로병사, 윤회 등.
영식(靈識) 영혼.

지 못하고 악도에 떨어지게 되나니, 마치 탁하고 무거운 것은 아래로 가라앉는 것 같고, 욕심과 착심이 없을수록 그 정신이 높이 솟아서 **선도**에 수생하게 되나니, 마치 맑고 가벼운 것이 높이 오르는 것 같으니라."

5. 정산 종사 말씀하시기를 "사람의 영식이 최후의 일념을 확실히 챙기며 청정한 마음으로 구애 없이 떠난즉 가고 오는 길에 매함이 없으나, 그렇지 못한 영은 그 **영로**에 미혹이 많나니 더욱 **천도** 행사가 필요하니라."

6. 정산 종사 말씀하시기를 "천도라 함은 **영가(靈駕)**로 하여금 **이고득락(離苦得樂)**케 하며, **지악수선(止惡修善)**케 하며, **전미개오(轉迷開悟)**케 하는 것이니, 일심이 청정하여 천도할 것 없는 데까지 천도함이 참다운 천도가 되느니라. 우리의 마음은 무형한 것이나 일심이 되면 우주의 큰 기운과 합치하므로, 수도인

선도(善途) 밝고 행복한 길. 또는 육도 중 천상·인간계의 윤회를 의미함.

영로(靈路) 영혼이 가는 길.

천도(薦度) 죽은 사람의 명복을 빌고 그 영혼을 선도(善途)로 인도하는 것. 영가(靈駕)가 괴로움을 떠나서 즐거움을 얻고, 악업을 끊고 선업을 지으며, 무명 번뇌에서 벗어나 깨달음을 얻도록 축원하는 것.

영가(靈駕) 죽은 사람의 넋. 영혼.

이고득락(離苦得樂) 괴로움을 벗어나서 즐거움을 얻음.

지악수선(止惡修善) 악을 그치고 선을 행함.

전미개오(轉迷開悟) 번뇌의 미혹을 벗어나 깨달음에 이름.

들이 청정 **도량**에 모여 지성으로 **축원**을 하면 **영근**(靈根)에 감응이 되어 쉽게 천도를 받게 되나니, 이는 자손이나 후인이 **열반인**을 위하여 행하여야 할 가장 중요한 일 가운데 하나가 되느니라. 그러나 한갓 **치재**(致齋) 행사만이 능사가 아니니, 제일 중요한 것은 본인이 평소에 본인의 천도를 위하여 적공을 하는 것이요, 후인들도 행사에만 그치지 말고 항시 열반인을 위하여 **심고**도 하고 열반인을 위하여 **적선**도 하여, 열반인의 공덕이 길이 세상에 미치게 하는 것이 천도의 중요한 조건이 되느니라."

7. 정산 종사 물으시기를 "무엇이 악도에 떨어지지 아니하는 중요한 밑천이 될꼬?" **조전권**이 답하기를 "철저한 신심과 법에 대한 이해와 고락 증애에 끌리지 않는 마음이 중요한 밑천이 되겠나이다." 말씀하시기를 "거기에 더 할 말은 없을까?" **이동진화**(李東震華) 사뢰기를 "자각이 있어야 하겠나이다." 말씀

도량(道場) 수행자의 처소. 또는 수도 하는 곳.
축원(祝願) 원하는 바를 간절히 아뢰고 이루어지기를 빎.
영근(靈根) 영혼의 바탕을 나무뿌리에 비유한 말. 나무뿌리에 영양분이 필요하듯이 영가의 천도를 위해 영적(靈的) 자양분이 필요하다는 것을 비유한 표현.
열반인(涅槃人) 여기에서는 삶을 다하여 목숨을 마친 사람을 의미. 원래 열반인이란 불도를 완전하게 이루어 일체의 번뇌를 해탈한 경지에 이른 사람을 말한다.
치재(致齋) 재(齋)를 거행함.
심고(心告) 법신불 사은 전에 마음으로 고하여 기원함.
적선(積善) 선한 공덕을 쌓음.
조전권(曺專權, 1909~1976) 전북 김제 출생. 법호는 공타원(空陀圓)이며 법훈은 종사. 동산선원장, 중앙훈련원장 등을 역임하였다.
이동진화(李東震華, 1893~1968) 경남 함양 출생. 법호는 육타원(六陀圓)이며 법훈은

하시기를 "거기에 더 할 말은 없을까?" 시자 사뢰기를 "원력과 일심이 소중한 밑천이 되겠나이다." 말씀하시기를 "세 사람의 대답이 다 옳으니라."

8. **박제권(朴濟權)**이 여쭙기를 "무엇이 천도의 가장 큰 요건이 되나이까?" 정산 종사 답하시기를 "**서원 일심**과 **청정 일념**이니라." 또 여쭙기를 "어떠한 것이 서원이며, 어떻게 하여야 청정해지나이까?" 답하시기를 "욕심을 떠나 마음을 발함이 서원이요, 밉고 사랑스러운 데 끌리지 아니하면 청정해지느니라.[離慾發心曰誓願 不着憎愛曰淸淨]"

9. 정산 종사 말씀하시기를 "열반을 앞두고 갖추어야 할 보물 세 가지가 있나니, 하나는 공덕이요, 둘은 상생의 선연이요, 셋은 청정한 일념인바, 그중 가장 중요한 것이 청정 일념이니라. 아무리 공덕을 쌓고 **선연**을 맺었다 하더라도 평소에 공부 없는 사람은 이것이 다 **아상**이나 착심의 자료로 화하기 쉽나니, **공수래공수거**의 원리를 철저히 깨달아 최후 일념을 청정하게 하는 것이 제일 큰

종사. 서울교당 창립주. 중앙총부 교감, 교령 등을 역임하였다.

박제권(朴濟權) 1925년 일본 동경 출생. 법호 곤타원(坤陀圓)이며 법훈은 종사. 이리교구장, 일본교구장 등을 역임하였다.

서원 일심(誓願一心) 성불 제중의 큰 서원을 세우고 마음을 온전히 모으는 것.

청정 일념(淸淨一念) 사심 잡념이 없이 맑고 깨끗한 오직 한 생각.

이욕발심왈서원 불착증애왈청정 離慾發心曰誓願 不着憎愛曰淸淨.

선연(善緣) 좋은 인연.

아상(我相) 모든 것을 자기 본위로만 생각하여 자기와 자기의 것만 좋다 하는 자존심.

공수래공수거(空手來空手去) 빈손으로 왔다가 빈손으로 간다는 뜻.

보배가 아니고 무엇이리오."

10. 학인이 여쭙기를 "영가를 위하여 치재하는 효과가 어떠하나이까?" 정산 종사 답하시기를 "인연이 없던 영가에게는 불연을 맺어 줌이 되고, 신심이 있던 영가에게는 서원을 굳혀 줌이 되며, 공부가 깊은 영가에게는 특별히 필요는 없으나 대중과의 **법연**에 도움이 되느니라."

11. 정산 종사 말씀하시기를 "가을을 지낸 과수에는 꽃도 없고 잎도 졌으나 그 뿌리에 거름을 하고 그 줄기에 소독을 하여 주어야 새봄에 꽃과 잎이 무성하며 과실도 충실하게 여는 것같이, 영가를 위하여 재를 지내는 것도 그 육신은 **지수화풍**이 이미 흩어졌으나 그 영근에 정성과 법력으로써 거름을 하고 소독을 하여 주는 격이라. 그 영가가 새 육신을 받는 길에 큰 도움이 되는 것이며, 우리가 수행을 하는 데에도 일 없을 때 준비를 잘하여 놓아야 동할 때 걸림 없이 잘 활용하게 되느니라."

12. 정산 종사 말씀하시기를 "상장(喪葬)은, 사람의 일생을 마치고 보내는 일이라 친근자로서는 그 섭섭함이 비할 데 없는 것이요, 당인으로서는 이 몸을 버리고 새 몸을 받을 시기라 반드시 올바른 천도를 얻어야 할 것인바, 그중에도 주(主)와 종(從)을 말한다면 천도를 주로 하고 **정곡(情曲)**과 형식은 종으로

법연(法緣) 불법의 인연.
지수화풍(地水火風) 사대(四大). 흙, 물, 불, 바람으로 세상 만물을 구성하는 네 가지 요소.
정곡(情曲) 애절한 정.

하는 것이 옳으니라. 재(齋)는 열반인의 천도를 위하여 베푸는 법요 행사니, 독경 축원 등으로 청정한 일념을 챙기게 하고 남은 착심을 녹이게 하며 선도 수생의 인연을 깊게 하는 동시에 **헌공** 등으로써 영가의 명복을 증진하게 하자는 것이요, 모든 관계인으로 하여금 **추도 거상(居喪)의 예**를 지키도록 하자는 것이니, 어느 하나에도 결함됨이 없도록 모든 성의를 다하여야 할 것이니라."

13. 정산 종사, **예전**을 편찬하시며 **영결사**를 지으시니 이러하니라. '영가시여! 영가의 가지고 있던 그 형체는 지수화풍 사연(四緣)이 이미 흩어지옵고 안이비설신의 육근도 이제 그 **명색**을 감추게 되오니, 이에 따라 영가의 수용하던 **재색**과 **명리**가 영가에는 이미 한 꿈으로 화하였으며, 친근 **권속**도 전날에 대하던 그 얼굴로는 서로 영결이 되었사오니, 생각한들 무슨 이익이 있으며 애착한들 무슨 실효가 있으리까. 영가의 과거 일생은 **고락 영고**를 막론하고 이미 다 마쳤

헌공(獻貢) 공익사업에 재물 등을 바치는 행위.
추도(追悼) 거상(居喪)의 예 죽은 사람을 생각하고 슬퍼하며 상(喪)을 치르는 예(禮).
예전(禮典) 원불교의 기본 교서의 하나로 예의 근본 정신, 형식과 절차 등을 밝힌 경전. 소태산 대종사는 관혼상제의 혁신을 중심으로 예전을 발표하였는데, 정산 종사는 가례와 교례의 일부를 보완하고, 조신의 예를 새로이 첨가하여 새 예전을 편찬하였다.
영결사(永訣辭) 매장이나 화장 전에 영가를 떠나보내며 마지막으로 위로하고 천도 발원을 비는 글.
명색(名色) 이름과 형상.
재색(財色) 재물에 대한 욕심과 남녀 간의 애욕.
명리(名利) 명예와 권세와 이익.
권속(眷屬) 한집에서 거느리고 사는 식구.
고락 영고(苦樂榮枯) 일생동안 겪어온 괴로움과 즐거움, 영화(榮華)와 쇠락.

사오니, 과거의 **세간** 애착은 조금도 염두에 남기지 마시옵고, 오직 **생멸 거래**가 없고 망상 번뇌가 끊어진 본래의 참 주인을 찾아서 미래 세상에 반드시 **불과**를 얻고 대중을 이익 주며, 금생에 모였던 모든 선연도 **불토 극락**에 다시 만나서 한가지로 **도업**을 성취하옵기를 깊이 축원하오며 간절히 부탁하옵나이다.'

14. 정산 종사, **친제 송도성(宋道性) 종재식**에서 설법하시기를 "오늘을 당하여 할 말이 없으나, 여러분이 나보다 더 슬퍼하니 그 정의를 가히 알 수 있으며, 대중이 한결같이 아까워하는 충정을 보니 주산(主山)에 대하여도 좋은 일이요, 우리 회상으로도 좋은 기운이 도는 것을 느끼노라. 일전에 한 교우가 무수히 **낙루**하며 말하기를 '우리 회상 발전의 한고비에 대종사께서 떠나시고 주산까지 가니 이것이 우리에게 큰 비운이 아닌가.' 하기에 나는 답하기를 '그대는 큰 공사판에 가 본 일이 있는가. 큰 공사판의 **도감독**들은 처음부터 끝까지 한 공사장

세간(世間) 세상살이.

생멸 거래(生滅去來) 삶과 죽음의 끝없는 오고 감. 생사윤회.

불과(佛果) 수행을 통해서 성취하는 부처의 능력과 경지.

불토 극락(佛土極樂) 부처의 가르침이 실현되는 낙원 세계.

도업(道業) 도(道)를 수행하고 깨달아 실천하는 일.

친제(親弟) 친 동생.

송도성(宋道性, 1907~1946) 경북 성주 출생. 법호는 주산(主山)이며 법훈은 종사. 중앙 총부 총무부장, 교정원장 등을 역임하였다.

종재식(終齋式) 열반 후 49일째에 지내는 천도재. 열반인이 49일간 중음(中陰)에 머물고 있다가 새 몸을 받는다는 믿음에서 올리는 천도 축원 의식.

낙루(落淚) 눈물을 흘림.

도감독(都監督) 여러 감독 가운데 우두머리.

에만 매여 있는 것이 아니라, 다른 데에도 볼 일이 있으면 이쪽 일 끝나기 전에 저쪽에 가 보기도 하고, 미리 준비할 것이 있으면 준비를 해 오기도 하며, 또 쉴 때면 잠시 쉬기도 하듯이, 한 회상의 큰 주인들도 혹은 동, 혹은 서에 바쁘게 준비할 일이 있기도 하고, 또 잠시 쉴 일이 있기도 하나, 큰 눈으로 볼 때는 결국 다 한 일판 한 일이니 너무 슬퍼 말라.'라고 하였노라. 그런즉 우리는 대종사께서나 여러 선진이 앞서서 바쁘게 가시었으되, 가셔도 아주 가신 것이 아니요 새로운 준비를 위하여 잠시 가신 것으로 믿고, 다 같이 안심하면서 후사만 잘 이어받아 나아가며, 이와 같이 알뜰하고 순일한 정으로써 이 회상의 발전에 더한 층 노력을 기울인다면, 우리의 교운은 **영천 영지** 무궁토록 **양양**하리라."

15. 정산 종사, **이명훈**이 병이 중하매 한 송(頌)을 주시니, '묵은 업 갚아 가니 오는 날 청정하고, 죽고 삶 한결같아 언제나 이 일이라. 불연이 심중하니 모든 일 근심 없고, 영생에 보배 될 것 믿음과 서원이라. **이참**하고 **사참**하니 **도량**이 청정이라.[舊業日償 來頭淸淨 死生一如 不斷不休 佛緣深重 萬事無憂 永生之

영천 영지(永天永地) 영원한 하늘과 땅처럼 한없는 세월.
양양(洋洋) 앞길이 한없이 넓어 발전의 여지가 많음.
이명훈(李明勳, 1922~1947) 전북 임실 출생. 법호는 화타원(華陀圓). 이리교당 교무를 역임하였다.
이참(理懺) 참회의 한 방법으로 원래 죄업이 텅 빈 본성을 깨달아 안으로 모든 번뇌 망상을 제거해 가는 것.
사참(事懺) 참회의 한 방법으로 불·법·승 삼보(三寶) 전에 자기가 지은 죄업을 뉘우치고 날로 모든 선업을 쌓아 가는 것.
도량(道場) 수행자의 처소. 또는 수도 하는 곳.

寶 信與誓願 理懺事懺 道場淸淨]'

16. 정산 종사, 이명훈 **추도식**에서 설법하시기를 "나무도 못다 크고 중도에 꺾이면 아깝겠거든, 사람으로서 큰 서원과 포부를 다 펴지 못하고 중도에 떠나니, 어찌 애석하지 아니하리오. 그러나 한량없는 진리 자리로 볼 때는 생사도 없고 거래도 없어서 영원히 불멸하는 **수(壽)**가 있나니, 비록 젊은 죽음이라도 거룩한 서원과 뿌리 깊은 신심을 가졌다면 영생의 보물을 간직한지라, 진리적으로는 도리어 축복할 만한 일이 들어있으며, 더욱이 **정녀**로서 일생을 오롯이 마쳤으니, 그의 일생은 값없는 백 년에 비할 바 아니리라. 그런즉 여러 동지는 그를 위하여 슬퍼하고 애석해하는 데 그치지 말고, 그가 할 일까지 더 담당할 만한 힘을 길러서 그가 다 펴지 못한 뜻을 이루어 주기로 결심하는 것이 떠나가는 동지를 참으로 위하는 마음이니라."

17. 정산 종사, **박창기(朴昌基) 위령재**에 설법하시기를 "사람이 어렸을 때 첫

구업일상 내두청정 사생일여 부단불휴 불연심중 만사무우 영생지보 신여서원 이참사참 도량청정 舊業日償 ~ 道場淸淨.
추도식(追悼式) 죽은 사람을 추모하며 애도하는 마음으로 거행하는 의식.
수(壽) 목숨. 생명.
정녀(貞女) 원불교의 출가 교도로서 독신으로 세상을 위하여 심신을 오롯이 헌신 봉공하는 여자 교역자.
박창기(朴昌基, 1917~1950) 서울 출생. 법호 묵산(黙山)이며 법훈은 대봉도. 중앙총부 교감을 역임하였다.
위령재(慰靈齋) 죽은 사람의 영혼을 위로하고 천도하기 위하여 거행하는 재(齋).

출발을 잘 하기가 어려운데 화려한 도시 생활을 기쁘게 버리고 대종사 **법하에서** 고이 자랐으며, 풍족한 생활 속에서 사치하지 않기가 어려운데 새 옷 새 신발을 사양하면서 공사에 공헌하였으며, 위험을 무릅쓰고 의(義)를 행하기가 어려운데 생명을 걸고 동지를 보호하다 떠났으니, 그 영의 앞길에 혜복이 족할 것을 믿거니와, 모든 것을 천업(天業)으로 돌리고 서원을 더욱 굳게 하며, 모든 한과 상대를 여읜 곳에 **영지 불매(靈知不昧)**한다면 이것이 오직 참된 천도의 길이니라.”

18. 정산 종사, 한국전쟁 중 희생 교도 합동 위령재에 표어로 설법하시기를 “일념이 청정하면 **숙업**이 자멸하고, 상생 상화하면 만복이 **흥륭**하리라.” 하시고, “한 풍랑이 일어나매 **사해(四海)** 물이 요란하더니, 한 풍랑이 그치매 천하가 **안연**하도다. 우리 마음도 이와 같아서, 한 생각이 요란하매 모든 업이 뒤를 따르더니, 한 생각이 안연(晏然)하매 천하 만방이 장차 부처님 세계로 화하여 일체중생이 다 함께 부처님 세계에서 즐기리로다. 모든 영가여! 원망도 없고 시비도 없는 부처님의 참다운 세계를 알아 길이길이 참다운 극락을 수용할지어다.”

법하에서(法下--) 법의 품안에서.
영지 불매(靈知不昧) 신령하고 밝게 알아 어둡지 아니함.
숙업(宿業) 묵은 업. 지난 세상에서 지은 여러 가지 선악의 업.
흥륭(興隆) 흥하여 크게 융성함.
사해(四海) 사방의 바다. 온 세상.
안연(晏然) 안정되어 아무 걱정이 없고 평안함.

19. 정산 종사, 이날 다시 설법하시기를 "한국전쟁 중 애석하게 참변 당한 몇몇 교우를 생각하면 섭섭하기 이를 데 없으나, 옛날 **육조 대사** 같은 대도인도 묵은 업으로 인하여 생명을 앗으러 온 자까지 있었다 하거든, 여러 영가가 과거 **무수 겁**을 드나들 때 어찌 상극의 업이 없었으리오. 그러므로 이번 참변은 다 묵은 큰 빚을 크게 갚아 버린 기연이 되었나니, 오히려 통쾌히 생각하고 앞으로 다시는 상극의 빚을 지지 아니하기로 작정하면 영로가 길이 광명하려니와, 만일 다시 투쟁으로 갚으려 하면 상극의 원인이 되어 악연이 길이 끊일 날이 없으리라. 여러 영가는 모든 **원진**과 집착을 놓아 버리고 **원융무애**한 부처님의 상생 대도에 **귀의**하라. 한 생각 돌리면 너도 살고 나도 사는 상생의 길이 열리어 다 같이 화하게 되고, 한 생각 잘못하면 너도 죽고 나도 죽는 상극의 길에서 같이 망하게 되리라. 일체중생이 한 진리 한 천지 가운데 생을 받은 동포 형제들인바, 이 속에서 지옥을 만드는 것도 천당을 건설하는 것도 다 우리에게 달린 것이니, 이왕이면 좋은 세상 살기 좋은 극락을 만들어야 할 것이 아닌가. 여러 영가에 설사 앞으로 죄업이 더 남아 있다 할지라도 마음에 원망이 없고 거는 마음이 없으면 악업이 점차 스스로 소멸하여 가려니와, 비록 남은 죄업이 없다 할지라도 원망하고 거는 마음이 있으면 악업은 영원히 사라지지 않을 것

육조 대사(六祖大師, 638~713) 중국 선종(禪宗)의 제6조로서 혜능(慧能)이라고도 하며 5조 홍인(弘忍)의 법을 이어 남종선(南宗禪)을 개창하였다. 그의 설법을 기록한 『육조단경(六祖壇經)』이 전해진다.
무수 겁(無數劫) 헤아릴 수 없이 길고 긴 시간.
원진(怨瞋) 원망하고 증오하는 마음.
원융무애(圓融無礙) 원만하여 걸림 없이 두루 통달함.
귀의(歸依) 마음을 바쳐 의지함.

이니, 여러 영가는 과거에 잘 지냈거나 잘못 지냈거나 원통했거나 억울했거나 간에 모든 것을 다 잊어버리고, 오직 조촐한 마음과 상생의 대도로써 완전한 **해탈**과 천도를 얻어서 **선도 낙지**에 웃음을 머금고 출현할지어다."

20. 정산 종사, 부친[久山 宋碧照]의 임종이 가까우신지라, 한 구의 송(頌)으로 최후를 부탁하시니 '부처 되어 **제중**하기 서원하시고 **청정**한 한 생각에 귀의하소서.[誓願成佛濟衆 歸依淸淨一念]'

21. 정산 종사, **송혜환(宋慧煥)** 영가에 고하시기를 "공산(公山) 동지의 몸은 가시었으나 참 공산은 간 것이 아니니, 공산의 그 알뜰한 봉공 정신과 창립 공로는 우리 회상의 발전과 아울러 한없는 세월에 길이 빛날 것이요, 최후 일념에까지 굳게 뭉치어진 대서원력과 깊은 정의는 앞으로 이 회상에 천 공산 만 공산을 배출할 큰 원동력이 될 것을 믿고 기원하는 바이다."

해탈(解脫) 모든 속박에서 벗어난 자유로움.
선도 낙지(善途樂地) 천도·인도·수라·아귀·축생·지옥의 육도 가운데 비교적 즐거움이 많은 세계인 인도와 천도를 의미.
구산 송벽조(宋碧照, 1876~1951) 경북 성주 출생. 법호는 구산(久山)이며 법훈은 대희사. 마령교당, 원평교당 교무 등을 역임하였다.
제중(濟衆) 고통 받는 중생을 구제하는 것.
청정(淸淨) 사심 잡념이 없이 맑고 깨끗함.
서원성불제중 귀의청정일념 誓願成佛濟衆 歸依淸淨一念.
송혜환(宋慧煥, 1905~1956) 전북 진안 출생. 법호는 공산(公山)이며 법훈은 대봉도. 제1대 성업봉찬회 부회장을 역임하였다.

22. 정산 종사, **박제봉(朴濟奉) 부보**를 장수(長水)에서 들으시고 영가에 고하시기를 "제산(霽山) 동지 영가시여! 성품의 본래 자리에는 와도 왔다 할 것이 없고 가도 갔다 할 것이 없으며, 그에 따라 따로 슬퍼할 것도 없고 기뻐할 것도 없으나, 현실 나타난 것으로 볼 때는 오매 온 것이 분명하고 가매 간 것이 분명하여, 이에 따라 만나매 반갑고 갈리매 섭섭한 정이 없지 아니한지라, 멀리서 부보를 듣고 석별의 정을 금할 수 없는 동시에 가서 애도의 정을 다 펴지 못함을 섭섭히 여기는 바입니다. 그러나 우리가 한가지로 이 대업을 위하여 한없는 세상을 드나들 적에, 본래의 그 서원과 본래의 그 **신성**을 그대로 지니고 나아가면, 우리가 와도 이 일에 벗어나지 아니하고 가도 이 일에 벗어나지 아니하여, 오고 감이 오직 본래의 이 일뿐이니, 무슨 **봉별지회(逢別之懷)**가 따로 있으리오. 제산 동지 영가시여! 오고 감이 없는 가운데 고이 가셨다가, 오고 감이 없는 가운데 고이 돌아오시기를 부탁하는 바입니다."

23. 정산 종사, **최도화(崔道華)** 영가에 고하시기를 "사람의 육신은 지수 화풍 네 가지 인연이 합했다 흩어졌다 하는 것이요, 사람의 마음은 **희로애락애오욕**

박제봉(朴濟奉, 1888~1957) 울산 출생. 법호는 제산(霽山). 서울교당 교무, 중앙총부 예감 등을 역임하였다.
부보(訃報) 상을 당한 사람이 죽은 이의 친척, 친지 등 연고자들에게 알리는 소식.
신성(信誠) 정성스러운 믿음.
봉별지회(逢別之懷) 만나고 헤어짐에 따라 생겨나는 느낌이나 생각.
최도화(崔道華, 1883~1954) 전북 진안 출생. 법호는 삼타원(三陀圓)이며 법훈은 대호법. 만덕산 주무, 전주교당 순교 등을 역임하였다.

(喜怒哀樂愛惡欲)의 일곱 가지 뜻이 일어났다 가라앉았다 하는 것이니, 이것은 모두 거짓된 몸 거짓된 마음이요, 그 가운데 오직 맑고 **조촐**하여 생멸과 거래가 없는 중에 **영령**하고 **소소**하여 능히 **만법**의 근본이 되는 참 몸 참 마음이 있나니, 이것이 이른바 **자성 광명**이라. 삼타원(三陀圓) 영가시여! 이것을 아시는지요. 오직 여기에 의지하여 미래의 서원을 세우시며 미래의 인연을 찾고 지으시기를 **심축**하는 바입니다."

24. 정산 종사, **최은혜화(崔恩惠華)** 영가에 고하시기를 "**희우애락(喜憂哀樂)** 생사 터니 가고 오니 **본지(本地)**로다. **일직심(一直心)** 그대로 가셨다가 일직심 그대로 오시어 길이길이 부처님 회상의 참 일꾼이 되소서."

희로애락애오욕(喜怒哀樂愛惡欲) 사람의 일곱 가지 감정(七情). 기쁨, 노여움, 슬픔, 즐거움, 사랑, 싫어함, 욕심.
조촐 물들지 않아 순수하고 깨끗함.
영령(靈靈) 매우 신령스러움.
소소(昭昭) 한없이 밝음.
만법(萬法) 세상의 모든 존재, 현상, 원리의 통칭.
자성 광명(自性光明) 모든 사람이 갖추고 있는 본래 성품에서 발하는 지혜의 밝음.
심축(心祝) 마음 깊이 축원함.
최은혜화(崔恩惠華, 1899~1958) 전북 임실 출생. 법호는 선타원(善陀圓). 전주교당에서 주무, 순교 역할을 하였다.
희우애락(喜憂哀樂) 기쁨, 근심, 슬픔, 즐거움.
본지(本地) 천연 그대로의 본성(本性), 또는 정법 회상.
일직심(一直心) 오롯하고 곧은 마음.

25. 정산 종사, **송창허(宋蒼虛)** 영가에 고하시기를 "'한 생각 조촐한 마음이 이 도량이라 **항하사 칠보탑**을 지음보다 승하도다. 보탑은 **필경** 부서져 티끌이 되려니와 한 생각 조촐한 마음은 **정각**을 이룬다.' 하였나니, 진산(晋山) 영가시여! 이에 청정 일념으로 길이 광대한 원을 잊지 마소서."

26. 정산 종사, **조송광(曺頌廣)** 영가에 고하시기를 "**전념(前念)**이 청정하면 **후념(後念)**이 청정할 것이니, 청정 일념을 **음양 거래**의 노선으로 삼으소서."

27. 정산 종사, **유허일(柳虛一)** 영가에 고하시기를 "사람이 세상에 처하여 무슨 일을 할 때는 최초의 한 생각이 잘 나기가 어렵고 한 세상을 끝마칠 때는 최후의 한 생각을 잘 챙기기가 어렵나니, 그일 그일에 최초의 한 생각이 바르면

송창허(宋蒼虛, 1896~1961) 경북 성주 출생. 법호는 진산(晋山). 유일학림 교수를 역임하였다.

항하사(恒河沙) 갠지스강의 모래라는 뜻으로 무수히 많은 수량을 비유적으로 이르는 말.

칠보탑(七寶塔) 일곱 가지의 보배로 만든 탑.

필경(畢竟) 마침내. 결국에는.

정각(正覺) 올바른 깨달음.

조송광(曺頌廣, 1876~1957) 전북 정읍 출생. 법호는 경산(慶山). 기독교 장로 출신으로 원기 13년부터 9년간 불법연구회 2대 회장직을 역임하였다.

전념(前念) 앞에 일어나는 마음. 혹은 전생의 최후 일념.

후념(後念) 뒤에 따르는 마음. 혹은 후생의 최초 일념.

음양 거래(陰陽去來) 사(死, 음)와 생(生, 양)의 길을 가고 오는 것.

유허일(柳虛一, 1882~1958) 전남 영광 출생. 법호는 유산(柳山)이며 법훈은 대봉도. 중앙총부 교감, 교정원장 등을 역임하였다.

일생에 모든 일이 바를 것이요, 일생을 끝마칠 때 최후의 한 생각이 바르면 영원한 장래가 능히 바를 수 있는지라, 바른 생각으로써 오시고 바른 생각으로써 가시면 오고 가는 사이에 항상 **미한 길**에 주저하지 아니하고 바로 부처님 회상에 돌아오게 되시리니, 이것은 영가의 평소 소원이요 미래의 길이요 우리 대중의 함께 기원하는 바라, 영가시여! 거듭 부탁하노니, 서원은 부처 되어 중생 제도하는 데 세우시고, 마음은 바르고 조촐한 한 생각에 의지하소서."

28. 정산 종사, 4·19 희생 학생 영가들에 고하시기를 "이 세상에는 살아도 죽은 사람이 있고 죽어도 산 사람이 있나니, 이것은 그 마음과 의기가 살고 죽는 데 달린 것이라. 이번에 희생된 학생 여러분은, 몸은 비록 짧은 일생으로 끝마쳤다 할지라도, 민족을 위하고 세계에 끼친 그 공심은 영원히 살아 멸하지 아니할지니, 이것이 곧 여러분의 영원불멸할 대생명이라. 여러분은 세세생생 조금도 퇴전치 말고 **분원(忿怨)**치 말며 더욱 전진하여 길이 대중의 선도자가 되기를 축원합니다."

29. 정산 종사, 병상에서 글을 지으시니 '**공적**하고 **영지**함이 이 자성이라. 전후

미한(迷-) 길 미혹에 빠질 수 있는 갈림길.
4·19 1960년 4월 19일에 학생과 시민들이 대한민국 자유당 정권의 부정과 부패에 저항하며 일으킨 민주화운동.
분원(忿怨) 몹시 분하여 원망함.
공적(空寂) 텅 비어 고요함.
영지(靈知) 신령스럽게 앎.

좌우 본래부터 **탕연**하도다.[空寂靈知是自性 前後左右本蕩然]' 또 글을 지으시니 '우리 자성 가운데 만법 원래 평등해, 본래 거래 없거니 어찌 고락 있으랴.[自性中樞 萬法元平 本無去來 豈有苦樂]'

30. 정산 종사, 병환이 **침중**하신지라 **시봉진**이 다시 특별 기도를 드리고자 사뢰니, 말씀하시기를 "**법계**에서 아는 사람은 법계에서 알아서 하리니, 이후 기도는 그만두라."

31. 정산 종사 말씀하시기를 "사람이 서로 진심으로 후세를 약조하면 그대로 되는 수가 흔히 있으나, 인연을 특별히 지정치 않고 대중과 두루 친화하다가 그 영이 사심 없이 뜨고 보면 모두 친절한지라, 아무에게라도 적당한 인연에 기회 있는 대로 수생을 하게 되지마는, 편착으로 특별히 지정한 인연은 거기에서 기회가 어긋나면 그 착을 따라 그 인연의 주위에서 좋지 못한 수생을 하기 쉬우니라."

32. 정산 종사, 한 교우가 약용으로 산 잉어를 바치거늘 "죽은 것은 없더냐?"

탕연(蕩然) 넓고 커서 걸림이 없음.
공적영지시자성 전후좌우본탕연 空寂靈知是自性 前後左右本蕩然.
自性中樞 ~ 豈有苦樂 자성중추 만법원평 본무거래 기유고락.
침중(沈重) 매우 무겁고 위태로움.
시봉진 모셔 받드는 사람들.
법계(法界) 허공처럼 텅 비어 보이지 않는 신령스러운 세계.

하시고, 그가 간 후 시자에게 "못에 놓아 기르라." 하시니라.

33. 정산 종사, 병상에서 말씀하시기를 "약을 쓰되 살생을 하여 약을 만들지는 말라." 또 말씀하시기를 "이생도 함부로 못 하려니와 영생 일은 더욱 어렵게 알지니라."

34. 정산 종사, 병상에서 글을 부르시며 "이 글을 적어 전하라." 하시니, '인간의 모든 고락 원래 실상 없는 것, 자성을 관조하니 본래 **탕평**하도다.[人間苦樂元無實 自性觀照本蕩平]'

탕평(蕩平) 텅 비어서 걸리고 막힘이 없음.
인간고락원무실 자성관조본탕평 人間苦樂元無實 自性觀照本蕩平.

제15 유촉편

遺囑編

유촉편(遺囑編) 정산 종사가 열반을 앞두고 제자들에게 부촉한 법설. 미래 세계에 대한 전망과 교단의 장래에 대한 부촉, 삼동윤리와 사대경륜 등에 관한 법문으로 구성되어 있다.

1. 정산 종사, 병상에서 물으시기를 "우리의 본의가 무엇인지 아느냐?" 시자 사뢰기를 "도덕으로 천하를 한집안 만드는 것이옵니다." 말씀하시기를 "네 말이 옳다. **도덕천하 위일가**(道德天下爲一家)가 우리의 본의니라."

2. 정산 종사, **김대거**(金大擧)와 **시자**에게 말씀하시기를 "이 시대는 **개벽 시대**요 **교역 시대**라 모든 것이 교역되고 융통되나니, 우리의 경전 가운데 그 범위가 혹 지역이나 종파에 국한된 듯 해석될 부분은 이 시기에 잘 정리하여 대종사의 **근본 성지**(聖志)를 남음 없이 드러내고 **주세 경전**의 존엄에 조금도 손상됨이 없게 하라. 그 대체는 이미 다 정해 있으니 더 드러낼 데는 드러내고 그대

도덕천하 위일가(道德天下爲一家) 도덕으로 온 세상을 한 집안으로 만드는 것.

김대거(金大擧, 1914~1998) 전북 진안 출생. 법호는 대산(大山)이며 법훈은 종사. 원불교 종법사를 역임하였고 저서로는 『교리실천도해』, 『정전대의』 등이 있다.

시자(侍者) 귀한 사람이나 어른을 가까이서 모시고 받드는 사람.

개벽 시대(開闢時代) 선천의 묵은 세상이 지나가고 후천의 새로운 세계가 전개된다는 의미. 소태산 대종사는 선천을 어두운 음 세계, 후천을 밝은 양 세계라 표현하기도 했다. 음 세계는 모순과 상극으로 불평등·불합리가 지배하는 세상이라면, 양 세계는 상생과 질서로 평등과 평화, 정신문명과 물질문명이 조화되는 대문명 세계이다.

교역 시대(交易時代) 선천과 후천이 바뀌는 큰 변화의 시대.

근본 성지(根本聖旨) 본래의 성스러운 뜻. 성자의 본래 뜻.

주세 경전(主世經典) 한 시대와 세상을 책임지고 중생을 교화할 수 있는 가르침을 담은 경전.

로 둘 데는 두되 **사은 사요**와 **삼학 팔조**만 잘 드러나면 **만고 대법**이니라."

3. 정산 종사 말씀하시기를 "묵은 세상과 새 세상이 바뀌고 있나니, 낡은 것은 가고 새것이 서는 것이 **상도**니라. 우리가 모두 새 사람이 되어야 하나니, 그대들이 지금 새 세상의 기운으로 몇 살이나 되었는지 살펴보라."

4. 정산 종사 말씀하시기를 "과거 시대는 좁은 시대요 새 시대는 훨씬 더 너른 시대라 판이 마구 넓어지나니 이런 세상 만나기가 어려우니라." 또 말씀하시기를 "대종사 말씀하신 대명국(大明局)이란 곧 대명 세계를 이름이니라."

5. 정산 종사 말씀하시기를 "지금은 동서양이 두루 통하는 시대라 모든 법을 한 법으로 융통시켜야 하느니라. 물질문명은 서양이 위주니 기회 따라 바꾸어 오고, 정신문명은 동양이 위주니 기회 따라 바꾸어 주면 이 세상이 **전반 세계**

사은(四恩) 법신불의 네 가지 은혜. 천지은, 부모은, 동포은, 법률은.
사요(四要) 은혜를 사회적으로 실현하여 평등 세계를 건설하는 네 가지 요긴한 길. 자력 양성, 지자 본위, 타자녀 교육, 공도자 숭배.
삼학(三學) 법신불 일원상을 표본 삼아 인격을 함양해 가는 세 가지 수행 방법. 정신 수양, 사리 연구, 작업 취사.
팔조(八條) 삼학 수행을 촉진하는 신·분·의·성과 방해하는 불신·탐욕·나·우.
만고 대법(萬古大法) 영원한 미래에까지 중생을 교화할 수 있는 큰 가르침.
상도(常道) 떳떳하고 참된 도리.
전반 세계(氈盤世界) 법신불 사은의 은혜가 온 누리에 크게 드러나 모든 사람이 구제받고 함께 잘 살게 되는 이상(理想) 세계.

가 되리라. 대종사는 동서양의 대운을 겸하셨나니, 대종사의 도덕이 세계를 주재하게 될 것이며, 개벽의 공덕이 시방으로 미쳐 가나니, 곧 **일원 대도**가 **시방 공덕**이 되리라."

6. 정산 종사 말씀하시기를 "태평세계가 돌아오고 있으나, 그러한 세상이 하나둘의 힘으로 이뤄지지 아니하나니, 다 힘을 어울러야 하고 우리부터 실천하여야 쉽게 이뤄지리라. 지금은 세상이 통하는 때요 **사통오달**이 대도인의 심경이니, 국한에 얽매이지 말고 원망이나 섭섭은 풀기에 힘쓰라. 그러하면 만인이 다 은인이 되어 태평세계가 절로 이룩되리라."

7. 정산 종사 말씀하시기를 "우리가 **세세생생** 이 일을 하고 다녔나니, 불보살들은 혹은 동 혹은 서에 오시고 또 오시어 세세생생 이 일을 하고 다니시느니라."

8. 정산 종사 말씀하시기를 "우리의 주의는 세계주의니 이 주의를 세상에 반드시 실현하자. 대종사 같으신 큰 부처님은 전무하시니 모든 것을 대종사께 집중하고 국한 없는 공부와 국한 없는 사업에 힘을 모으자."

9. 정산 종사 말씀하시기를 "이제는 천하가 한집안이 되는 때이니 앞으로는 어

일원 대도(一圓大道) 일원의 진리를 바르게 드러낸 큰 가르침.
시방 공덕(十方功德) 온 우주에 가득 찬 한 없는 은혜.
사통오달(四通五達) 어느 것에도 막히고 걸림 없이 두루 통한다는 말.
세세생생(世世生生) 태어나고 죽음을 되풀이 하는 수많은 생애.

떤 지도자든지 세계주의로 나아가야 크게 성공하리라. 세계 사업을 하는 이는 각국 사람을 고루 생각해 주고, 세세생생 세계 평화를 책임지고 나아가야 하느니라."

10. 정산 종사 말씀하시기를 "대종사께서 대도를 깨치신 후, 석가모니 부처님께 연원을 정하시어 새 **회상**의 대의를 세우셨으므로 이 회상이 길이 발전할 기틀이 확립되었나니, 우리도 **연원 계통**을 실하게 대어야 **법통**의 대의가 확립되어 이 회상이 무궁하게 **융창**하리라."

11. 정산 종사 말씀하시기를 "맥이 떨어지면 죽는다 하나니, 도가에서 **법맥**이 상통되지 않으면 그 회상은 위축되고 마느니라. 스승과 제자 사이에는 **심법(心法)**의 맥이 서로 통하고, 동지와 동지 사이에는 정의(情誼)의 맥이 서로 통하여야 이 회상이 무궁한 번영을 누리리라."

12. 정산 종사 말씀하시기를 "동지 간의 잘못을 서로 제 잘못으로 알고 자기의 잘못을 살필지언정 동지를 원망하고 미워하지 말며 서로가 용서하고 깨우쳐 나

회상(會上) 궁극적 진리를 깨달은 부처 혹은 성자의 가르침을 실현하는 곳. 교단.
연원 계통(淵源 系統) 어떤 사상이나 이념의 뿌리.
법통(法統) 올바른 법의 진수. 법의 계통이나 전통.
융창(隆昌) 기운차게 일어나거나 대단히 번성함.
법맥(法脈) 스승에서 제자로 이어지는 법(法)의 진수(眞髓).
심법(心法) 마음을 사용하는 법도와 도량과 경륜.

아가면 정의가 상통하여 법의 맥이 서로 연할 것이요, 언제나 당시의 법을 주재하는 이에게 기운을 모아서 모르면 묻고 양심대로 직고하며, 법을 듣되 귀하게 알고 중하게 여겨야 심법이 상통하여 법의 맥이 길이 끊어지지 아니하리라."

13. 정산 종사 말씀하시기를 "부처님의 법통이 올바로 이어져 나가는 것을 법의 수명이라 하나니, 스승은 대대로 후계할 제자들을 잘 길러야 하고, 제자는 대대로 연원 계통을 올바로 이어받아야 그 법의 수명이 무궁하니라. 우리는 대종사의 정신을 오로지 이어받는 것이 대종사의 법의 수명을 올바로 이어받음이니, 이왕 법의 수명을 이어받으려면 크고 온전하게 이어받고 크고 온전하게 전해 주어야 법계의 큰 조상이 될 것이니라. 우리 회상의 법의 수명은 곧 일원대도의 **혜명(慧命)**이니라."

14. 정산 종사 말씀하시기를 "물도 근원 있는 물이라야 오래가듯이 우리도 법의 근원이신 대종사를 오롯이 받들고 끊임없이 알뜰히 사모하는 가운데 그 심법이 건네고 그 법맥이 끊임없으리라. 대종사 이하 법 높은 스승들을 알뜰히 신봉하여야 그 가운데 이 회상이 발전되리니, 우리에게는 위에 연원을 하고 아래로 유전해야 할 막중한 중간 소임이 주어져 있느니라."

15. 정산 종사 말씀하시기를 "**옛글**에 '**유실무실 오동실(有實無實梧桐實)**'이라

혜명(慧命) 지혜의 생명이라는 뜻으로 대도 정법의 정수를 의미함.
옛글 『최송설당(崔松雪堂)의 가사문집』 중 견민(遣悶)이라는 가사에 나오는 글.
유실무실 오동실(有實無實梧桐實) 열매가 달린 듯 만 듯한 오동나무 열매.

한 글귀가 있나니, 저 어린이들의 장난하는 것을 보면 무슨 큰일이나 하는 것처럼 종일 떠드나 그 결과는 별것 없는 것같이, 세상일도 별일이나 하는 것같이 서둘고 떠들던 일이 결과는 별로 볼 것 없는 일이 얼마나 많은가. 그러므로 가정이나 사회나 간에 **여진**이 있기로 하면 형식보다 실이 있어야 하고, 실이 있고 난 뒤에는 실다운 계승자가 끊임없이 있어야 하나니, 우리 회상도 신근이 두텁고 실다운 공부가 있어 **삼세**를 일관할 인물들이 많이 있어야 유실무실이 되지 않고 무궁한 발전이 있게 되리라."

16. 정산 종사, 시자에게 말씀하시기를 "**옛날에 한 사람**이 '**양류천사록 도화만점홍(楊柳千絲綠 桃花萬點紅)**' 이라는 글귀를 지어 놓고 스스로 만족하거늘, 그 스승이 보고 말하되 '양류가 어찌 천 실 뿐이며, 도화가 어찌 만 점뿐이리오. 양류사사록 도화점점홍(楊柳絲絲綠 桃花點點紅) 이라 하라.' 하여 그 글을 크게 살렸다 하나니, 법문을 기록하고 편찬하는 이가 크게 유의할 이야기니라."

17. 정산 종사, 병상에서 학인들의 성가를 들으시고 말씀하시기를 "내 어려서

여진 여유. 여지(餘地).
삼세(三世) 과거, 현재, 미래의 영원한 세상.
옛날에 한 사람 김부식(金富軾, 1075 ~ 1151). 이 글귀는 이규보의 『백운소설(白雲小說)』에 실린 김부식의 시 영춘(詠春)에 나오는 표현이다.
양류천사록 도화만점홍(楊柳千絲綠 桃花萬點紅) 버드나무 가지가지 푸르고 복사꽃 송이송이 붉구나.

천어처럼 생각되기를 '**풍류**로써 세상을 건지리라.' 하였더니, 옛 성인도 '풍기를 바루고 **시속**을 바꾸는 데에는 풍류 같음이 없다.' 하셨느니라. 성가를 일종의 노래로만 알지 말라. 그 속에 진리가 들어있나니, 그 가사를 새기며 경건히 부르라."

18. 정산 종사 말씀하시기를 "우리가 과거 세상에 **출세간** 인연으로도 **권속**이 된 적이 수없이 많았지마는, **세간** 인연으로도 서로 지친한 가족의 연(緣)을 이룬 적이 적지 않았느니라."

19. 정산 종사 말씀하시기를 "부모 자녀의 인연도 지중하나 사제의 인연 또한 지중하니라. 우리는 언제나 한 권속이니, 고생도 같이하고 즐거움도 같이 보며, 이생뿐 아니라 영생을 그러하자. 평생을 동거하며 영생을 동거하자."

20. 정산 종사 말씀하시기를 "세상에 제일 중한 것이 동지 간의 정의니, 우리의 정의는 억만년도 더 갈 정의니라. 동지 간의 의리를 배반하지 말며, 잘못한 동지라도 아주 버리지 말며, 동지 간의 정의를 많이 역설하라."

천어(天語) 하늘이 내려주는 말씀.
풍류(風流) 자연과 인생을 관조하여 풍치 있고 멋스러운 예술로 승화시키는 삶이나 태도.
시속(時俗) 시대의 민심과 풍속.
출세간(出世間) 세속을 벗어나 수도에 전념하는 생활.
권속(眷屬) 한집에서 거느리고 사는 식구.
세간(世間) 세속. 중생이 사는 세상. 세속 생활.

21. 정산 종사, 시봉진에게 말씀하시기를 "그대들이 남이 아니요, 여러 생의 다정한 형제간이니라. 그대들은 서로 사랑하기를 금같이 하고, 서로 위하기를 옥같이 하라."

22. 정산 종사 말씀하시기를 "가까운 인연을 잘 두어야 큰일을 하기가 수월하니라. 가까운 인연을 잘못 두면 평생에 어려움이 많으니라."

23. 정산 종사, **이동진화**에게 말씀하시기를 "인정과 의리가 도덕의 근본이니라." 또 말씀하시기를 "도덕을 어기는 사람과 자력을 못 얻은 사람은 새 세상에 서지 못하게 되리라."

24. 정산 종사, **이경순** 등에게 말씀하시기를 "앞으로 **중정**의 도가 천하의 **벼릿줄**이 되리라." **송영봉**(宋靈鳳) 등에게 말씀하시기를 "**삼동윤리**(三同倫理)는 천

이동진화(李東震華, 1893~1968) 경남 함양 출생. 법호는 육타원(六陀圓)이며 법훈은 종사. 서울교당 창립주. 중앙총부 교감, 교령 등을 역임하였다.

이경순(李敬順, 1915~1978) 경북 금릉 출생. 법호는 항타원(恒陀圓)이며 법훈은 종사. 대구교당 교무, 부산교구장 등을 역임하였다.

중정(中正) 한 편에 기울지 않고 넘치거나 모자람이 없이 바르고 원만함.

벼릿줄 그물의 위쪽 코를 꿰어 잡아당기게 된 줄. 이끌어가는 핵심.

송영봉(宋靈鳳) 1927년 전남 영광 길룡리 출생. 법호는 승타원(承陀圓)이며 법훈은 종사. 원남교당 교무, 미주동부교구장 등을 역임하였다.

삼동윤리(三同倫理) 세계 인류가 크게 화합할 세 가지 대동(大同)의 원리에 바탕한 윤리.

하의 윤리요 **만고**의 윤리니라."

25. 정산 종사, **황정신행**에게 말씀하시기를 "신이 있어야 법연이 계속되느니라." 또 말씀하시기를 "우리가 만고 동업자니라." 또 말씀하시기를 "귀인이 되라. 욕심 없는 사람이 제일 귀인이니라."

26. 정산 종사, **성성원(成聖願)** 등에게 말씀하시기를 "유아 작용(唯我作用)으로 공부를 하라. 자기를 대중 삼아 공부를 하라." 후일 다시 **유장순(柳壯順)** 등에게 말씀하시기를 "유아 작용으로 자기 공부를 하고, **유화 작용(唯和作用)**으로 세계 평화를 이룩하자."

27. 정산 종사, **송자명** 등에게 말씀하시기를 "여자들이 과거에는 천하일을 하기가 어려웠으나, 그대들은 대종사의 덕으로 천하의 일꾼이 되었나니, 서로 용서하고 서로 위해 주며, 세세생생 알뜰하게 이 사업에 전무하라. 단순한 몸으

만고(萬古) 영원한 세월.

황정신행(黃淨信行, 1903~2004) 황해도 연안 출생. 법호는 팔타원(八陀圓)이며 법훈은 종사. 한국보육원, 휘경학원 등을 설립하였다.

성성원(成聖願, 1905~1984) 전북 임실 출생. 법호 정타원(正陀圓). 재가 교도로서 경성지부 교무 등을 역임하였다.

유장순(柳壯順) 1923년 전북 완주 출생. 법호는 한타원(閑陀圓)이며 법훈은 대봉도. 약대교당 교무, 익산수도원 원장 등을 역임하였다.

유화 작용(唯和作用) 오직 상생상화(相生相和)로 심신을 작용하는 것.

송자명(宋慈明, 1926~2015) 경남 거창 출생. 법호는 제타원(濟陀圓)이며 법훈은 대봉도. 수계교당, 기장교당 교무 등을 역임하였다.

로 순결을 지키며, 영원한 세상에 더욱 큰 세계인이 되라."

28. 정산 종사, **이보원(李普圓)**에게 말씀하시기를 "지혜 많은 사람이 복은 적기 쉬우니 잘 조절해야 하느니라." 또 말씀하시기를 "앞으로는 모든 일이 사양으로 이루어지고 억지로는 아니 되며, 자기 양심 가진 대로 대우받게 되고 거짓으로는 대우받지 못하게 되리라."

29. 정산 종사, **송순봉(宋順鳳)**에게 말씀하시기를 "누구나 대인될 소질이 없지 않나니, 마음을 키우고 국을 더 넓혀서 대인 되는 공부를 부지런히 하라. 몸은 작아도 마음이 크면 대인이요, 몸은 커도 마음이 작으면 소인이니라." 또 말씀하시기를 "대인 되는 공부의 요령은 **만사 종관(萬事從寬)**이니라."

30. 정산 종사 말씀하시기를 "우리가 모두 **일원**의 전체 후손이니라. 앞으로는 종족이나 씨족의 구별을 따지지 아니하고 세계 사람들이 다 한 집안 자손으로 지내리라."

이보원(李普圓, 1934~1989) 전남 영광 출생. 법호는 보산(普山). 운봉교당 교무, 이리보화당 사장 등을 역임하였다.

송순봉(宋順鳳, 1933~2013) 전남 영광 출생. 법호는 태타원(台陀圓)이며 법훈은 종사. 대구교구장, 원불교대학원대학교 총장 등을 역임하였다.

만사 종관(萬事從寬) 모든 일을 너그럽게 처리함.

일원(一圓) 우주의 근원이 되는 궁극적인 진리. 법신불.

31. 정산 종사 말씀하시기를 "**위친계(爲親契)**의 범위를 크게 넓혀 세계 자손된 도리를 널리 다하라. 모든 것을 좁게 말고 널리 짜야 하나니, 동리마다 **동련계(同連契)**를 두어 서로 돕고 미풍양속을 북돋우면 태평세계가 멀지 않으리라."

32. 정산 종사, 의사들이 올 때마다 반기시며 말씀하시기를 "당신들은 모든 사람의 육신병을 치료해 주는 **양의(良醫)**가 되고, 우리는 모든 사람의 마음병을 고쳐 주는 양의가 되어, 다 함께 이 세상을 좋게 만들자." 간호사들에게 말씀하시기를 "좋은 세상이 돌아오고 있으니, 마음을 좋게 가져 다 같이 새 세상의 큰 일꾼이 되자."

33. 정산 종사, 시자에게 말씀하시기를 "어항을 치우라. 못에서 마음대로 헤엄침을 보리라. 화병을 치우라. 정원에 피어 있는 그대로를 보리라. **조롱**을 열어 주라. 숲에서 마음대로 나는 것을 보리라."

34. 정산 종사, 시자에게 말씀하시기를 "**삼원(三元)**과 **오성(五成)**이 새 세상의

위친계(爲親契) 가까운 친지들이 대소사에 협력하고 친목을 다지기 위해 만든 모임.
동련계(同連契) 동리 이웃 간에 서로 돕기 위해 만든 모임.
양의(良醫) 훌륭한 의사.
조롱 새를 가두어 기르는 새장.
삼원(三元) 후천 개벽 시대를 열어가는 세 분의 큰 성자.
오성(五成) 후천 개벽 시대를 완성해 가는 다섯 분의 큰 성자.

개벽을 주재한 뒤에 **영세 중정(永世中正)**하리라." 이어 말씀하시기를 "**선천(先天)**이 열리는 때에 **삼황오제(三皇五帝)**가 차례로 나와 개벽의 역사를 주재하시었다는 동양의 설화와 같이, **후천**이 열리는 데에도 삼원 오성이 차례로 나와 동서양을 망라한 개벽의 큰 공사를 주재할 것이요, 그런 후에는 영세토록 중정의 인물들이 중정의 다스림을 계속하여 태평성대가 한이 없으리라." 시자 여쭙기를 "삼원은 이미 다녀가셨고 대종사께서 인증하신 바도 있삽거니와 오성은 앞으로 언제 나오시며 누가 그분들을 인증하게 되오리까?" 말씀하시기를 "오직 때를 따라 차례로 나올 것이며 때를 따라 그 일을 하신 분들을 천하의 후인들이 저절로 **추숭**하여 천하가 스스로 인증하게 되리라."

35. 정산 종사, 병상에서 시자에게 대종경 초안을 읽게 하시고는 반드시 일어나 앉아서 들으시고, 피로를 느끼시면 읽기를 그치게 하신 후 누우시니라.

영세 중정(永世中正) 영원한 세상을 통하여 바르고 원만한 이상 세계가 실현됨.
선천(先天) 인간 문명사회가 시작되는 시대.
삼황오제(三皇五帝) 삼황과 오제를 아울러 이르는 말. 중국 고대의 전설적 제왕을 말하며 이들로 부터 중국 역사가 시작되었다는 설화속의 인물. 삼황은 일반적으로 복희씨(伏羲氏)·신농씨(神農氏)·여와씨(女媧氏)를 말하며 천황(天皇)·지황(地皇)·인황(人皇 또는 泰皇)으로 기록하기도 한다. 또한 삼황 가운데 여신인 여와씨 대신 수인씨(燧人氏)와 축융씨(祝融氏)라는 이름으로 기록된 경우도 있다. 오제는 황제헌원(黃帝軒轅)·전욱고양(顓頊高陽)·제곡고신(帝嚳高辛)·제요방훈(帝堯放勳:陶唐氏)·제순중화(帝舜重華:有虞氏)이며, 별도로 소호(少昊) 등을 드는 경우도 있어 일정하지 않다.
후천(後天) 밝은 양(陽)시대. 상생과 질서로 평등과 평화, 정신과 물질이 조화되는 대문명 세계.
추숭(追崇) 받들어 추모하고 숭배함.

36. 정산 종사, 원기 46년 12월에 병상에서 물으시기를 "내가 전에 세웠던 네 가지 계획을 기억하느냐." 하시자 사뢰기를 "교재 정비(敎材整備) 기관 확립(機關確立) 정교 동심(政敎同心) 달본 명근(達本明根) 네 가지였나이다." 말씀하시기를 "그 내역을 설명하여 보라." 하시자 사뢰기를 "교재 정비는 정전과 대종경을 완정하고 예전과 성가 등 모든 교서를 편수하여 대중 교화의 재료를 완전히 갖추자는 것이오며, 기관 확립은 교화·교육·자선·생산의 모든 기관을 더욱 충실히 세워서 인재와 경제와 사업의 근거를 완전히 갖추자는 것이오며, 정교 동심은 국가나 세계의 지도자들과 합심하여 정치와 교화 양면으로 평화 세계 건설에 함께 힘쓰자는 것이오며, 달본 명근은 이 모든 사업에 힘쓰는 중에도 각자의 수양에 등한하지 말아서 우리의 **본래사**를 요달하며 항상 그 근본을 잘 밝혀서 **불망기본(不忘其本)** 하자는 것으로 아옵나이다." 말씀하시기를 "네 말이 옳다. 그러나 이 모든 계획이 반이나 이루어졌느냐." 하시며 잠시 **추연**한 기색을 보이시더니, 25일 드디어 최후의 특별 유시를 내리시어, 김대거·**이공주(李共珠)**·**이완철(李完喆)**·

본래사(本來事) 근본이 되는 일. 서원.

불망기본(不忘基本) 근본을 잊지 않음.

추연(惆然) 슬프고 안타까운 모습.

이공주(李共珠, 1896~1991) 서울 출생. 법호는 구타원(九陀圓)이며 법훈은 종사. 감찰원장, 서울수도원장 등을 역임하였고 저서로는 『금강산의 주인』, 『일원상을 모본하라』 등이 있다.

이완철(李完喆, 1897~1965) 전남 영광 출생. 법호는 응산(應山)이며 법훈은 종사. 교정원장, 감찰원장 등을 역임하였고 저서로는 『응산문집』이 있다.

박광전·**이운권**(李雲捲)·**박장식** 여섯 분에게 교전 교서의 감수를 위촉하시고 시자 **이공전**에게 교전 편수의 조속 추진을 촉구하시니라.

37. 정산 종사, 원기 47년 1월부터 **환후**가 더욱 **침중**해지시는지라 각 기관과 지방의 요인들이 거의 모이었더니, 22일에는 간략한 목욕을 마치신 후 운집한 대중에게 말씀하시기를 "우리가 **다생 겁래**에 함께 공부 사업한 사람들이요, 처음 만난 사람들이 아니며, 앞으로도 늘 만나서 이 일을 할 사람들이니라." 다시 말씀하시기를 "누가 한번 삼동윤리를 설명해 보라." 시자의 청을 받아 김대거 사뢰기를 "동원도리는 이 세상 모든 종교가 한 울안 한 이치인 것을 말씀하신 것이오며, 동기연계는 이 세상 모든 생령이 한 집안 한 권속인 것을 말씀하신 것이오며, 동척사업은 이 세상 모든 사업이 한 일터 한 일꾼임을 말씀하신 것이온바, 이는 곧 대종사의 일원 대도에 근거한 대세계주의로서 스승님께서

박광전(朴光田, 1915~1986) 전남 영광 출생. 법호는 숭산(崇山)이며 법훈은 종사. 소태산 대종사의 첫째 아들로 원광대학교의 설립과 발전에 기여함. 원광대 총장을 역임하였고 저서로는 『대종경 강의』가 있다.

이운권(李雲捲, 1914~1990) 전남 영광 출생. 법호는 고산(高山)이며 법훈은 종사. 중앙선원장, 교정원장 등을 역임하였고 저서로는 『삼가정수(三家精髓)』 등이 있다.

박장식(朴將植, 1911~2011) 전북 남원 출생. 법호는 상산(常山)이며 법훈은 종사. 교정원장, 미주교구 교령 등을 역임하였고 저서로는 『평화의 염원』 등이 있다.

이공전(李空田, 1927~2013) 전남 영광 출생. 법호는 범산(凡山)이며 법훈은 종사. 정화사 사무장, 중앙문화원장 등을 역임하였고 저서로는 『범범록(凡凡錄)』이 있다.

환후(患候) 병을 높여 이르는 말.
침중(沈重) 병세가 매우 무겁고 위태로움.
다생 겁래(多生劫來) 아주 오랜 시간 계속 된 여러 생.

말씀하신 그대로 곧 천하의 윤리요 만고의 윤리가 되나이다." 말씀하시기를 "그 말이 옳으며, 세상의 대세가 차차 이 길로 돌아오고 있나니, 여러분이 먼저 잘 지키고 보급하여 우리의 법이 천하 만고의 대법이 되게 하라."

38. 정산 종사, 이어서 한 번 더 설명하게 하신 후 말씀하시기를 "물을 말이 있으면 물어보라." 잠시 후 시자가 대중의 뜻을 받아 여쭙기를 "이 삼동윤리의 요지를 스승님의 **게송**으로 삼으오리까?" 말씀하시기를 "그리하라. 과거에는 천하의 도가 다 나뉘어 있었으나 이제부터는 천하의 도가 모두 합하는 때이니, 대세계주의인 일원 대도로 천하를 한 집안 만드는 데 같이 힘쓰라." 하시고 "산회하라." 하시더니, 이날 오후 송(頌)하시기를 "한 울안 한 이치에 한 집안 한 권속이 한 일터 한 일꾼으로 일원 세계 건설하자." 하시고, 24일 **거연히** 열반하시느니라.

게송(偈頌) 깨달음의 경지를 전해주기 위해 표현한 시구(詩句).
거연히(遽然-) 홀연히.

주석 정산종사법어

인쇄	2018년 11월 1일 초판 1쇄 인쇄
발행	2018년 11월 9일 초판 1쇄 발행
발행처	원불교100년기념성업회
편찬위원장	이성전
주석연구위원	성도종, 김기원, 김도공, 이용선, 염관진, 이대진
펴낸이	주영삼
펴낸곳	원불교출판사
출판신고	1980년 4월 25일(제1980-000001호)
주소	전라북도 익산시 익산대로 501
전화	063)854-0784
팩스	063)852-0784

www.wonbook.co.kr

값 15,000원

ISBN 978-89-8076-331-3(03200)

잘못 만들어진 책은 구입처나 본사에서 교환해 드립니다.